Orí
Àṣẹ

Dados Internacionais de Catalogação na Publicação (CIP)
(Câmara Brasileira do Livro, SP, Brasil)

Zacharias, José Jorge de Morais
　　Orí Àṣẹ : a dimensão arquetípica dos Orixás / José Jorge de Morais Zacharias, Felipe Alves e Silva. - Petrópolis, RJ : Vozes ; São Paulo, SP: Sattva, 2025.

　　Bibliografia.
　　ISBN 978-85-326-6925-4

　　1. Arquétipo (Psicologia) 2. Orixás 3. Religiosidade
I. Silva, Felipe Alves e. II. Título.

24-223178   CDD-299.63

Índices para catálogo sistemático:
1. Orixás : Deuses : Religião de origem africana   299.63

Eliane de Freitas Leite - Bibliotecária - CRB-8/8415

José Jorge de Morais Zacharias
Felipe Alves e Silva

Orí
Àṣẹ

A dimensão arquetípica dos Orixás

Edição revista e ampliada

EDITORA VOZES
Petrópolis

SATTVA editora

© 2025, Editora Vozes Ltda.
Rua Frei Luís, 100
25689-900 – Petrópolis, RJ
www.vozes.com.br
Brasil

Em coedição com:
Sattva Editora
Rua Paes Leme, 136, cj. 1303, Pinheiros
05424-010 – São Paulo, SP
www.sattvaeditora.com.br

Todos os direitos reservados. Nenhuma parte desta obra poderá ser reproduzida ou transmitida por qualquer forma e/ou quaisquer meios (eletrônico ou mecânico, incluindo fotocópia e gravação) ou arquivada em qualquer sistema ou banco de dados sem permissão escrita da editora.

CONSELHO EDITORIAL VOZES	PRODUÇÃO EDITORIAL VOZES	EDITORA SATTVA
Diretor	Aline L.R. de Barros	**Editora**
Volney J. Berkenbrock	Anna Catharina Miranda	Vivian Lerner
	Eric Parrot	
Editores	Jailson Scota	**Revisora**
Aline dos Santos Carneiro	Marcelo Telles	Andrea Moraes
Edrian Josué Pasini	Mirela de Oliveira	
Marilac Loraine Oleniki	Natália França	
Welder Lancieri Marchini	Otaviano M. Cunha	
	Priscilla A.F. Alves	
Conselheiros	Rafael de Oliveira	
Elói Dionísio Piva	Samuel Rezende	
Ludovico Garmus	Verônica M. Guedes	
Teobaldo Heidemann		
Thiago Alexandre Hayakawa		

Secretário executivo
Leonardo A.R.T. dos Santos

Editoração: Rafaella Nóbrega Esch de Andrade
Diagramação: Sheilandre Desenv. Gráfico
Revisão gráfica: Fernanda Guerriero Antunes
Capa: Rafael Machado
Foto de capa: José Jorge de Morais Zacharias
Ilustrações: Ilana Oliveira Lerner

ISBN 978-85-326-6925-4 (Vozes)
ISBN 978-65-86420-14-2 (Sattva)

Este livro foi publicado em 1998 pela Editora VETOR. Esta é uma edição revista e ampliada em coedição com a Editora SATTVA.

Este livro foi composto e impresso pela Editora Vozes Ltda.

Dedicatória

Maria Stella Azevedo Santos, Mãe Stella de Oxóssi (*in memoriam*)
Débora Alves da Silva (*in memoriam*)
Maria de Morais/Lourdinha (*in memoriam*)
Joaquina de Morais Fazolin (*in memoriam*)
José Josemar de Oliveira Salvador de Yemanjá (*in memoriam*)
Carlos Bernardi (*in memoriam*)
Luiz Ogodô (*in memoriam*)
Priscila Oliveira (*in memoriam*)
Frei Francisco van der Poel/Frei Chico (*in memoriam*)
Sergio Antônio do Prado Junior
Márcia Pinho P. Fiuza de Andrade, Mãe Márcia de Yemanjá
Valéria Contrucci
Graziela Domini Peixoto de Yemanjá
Cristina Lopes
Ronilda Yiakemi Ribeiro
José e Tereza Caribé
Dulce Helena Rizzardo Briza
Juliana Cabral
Maristela Maximino
Renicleide Oliveira
Vívian Lerner
Sonia Maria Bufarah Tommasi

Sonia Marques
Melissa Vieira Teixeira
Associação Junguiana do Brasil – AJB
Instituto de Psicologia Analítica de Campinas – Ipac
Instituto de Psicologia Analítica da Bahia – Ipabahia
Interpsi/Unus – USP
GT Aion – Anpepp

Sumário

Apresentação, 9

Prefácio – Zacharias, o junguiano, mergulha no oceano mitológico
brasileiro e emerge carregado de conchas, peixes, pérolas,
estrelas-do-mar, 11

1 Tempo e espaço, origens, 17
1.1 Pindorama, 18
1.2 África, 20
1.3 África – Brasil, 24
1.4 O desenvolvimento do culto aos Orixás, 36
1.5 Questões sociais, 38
1.6 A construção histórica da umbanda, 44
1.7 Influências da matriz africana na cultura brasileira, 54

2 Psicologia analítica e religiosidade, 57
2.1 Preconceito e religião negra, 58
2.2 A psicologia analítica de Carl Gustav Jung, 65

3 Uma tipologia iorubá, 89
3.1 Os Orixás extrovertidos, 96
3.2 Os Orixás introvertidos, 98

4 Mundo humano dos Orixás, 103

5 O mundo mítico dos Orixás, 123

5.1 Mito de Criação, 126

5.2 Exu, a esfera, 132

5.3 Ogum, aquele que vai à frente!, 138

5.4 Oxóssi, o caçador de uma só flecha, 144

5.5 Obaluaê, o rei senhor da terra!, 150

5.6 Oxumaré, a serpente arco-íris, 156

5.7 Xangô, o Rei está presente!, 158

5.8 Iansã, a mãe dos nove céus, 163

5.9 Ibeji, nascidos de dois, 166

5.10 Oxum, a senhora das águas do rio, 170

5.11 Obá, a grande amazona, 173

5.12 Euá, a senhora da virgindade, 176

5.13 Logunedé, o caçador da mata e do rio, 180

5.14 Iemanjá, a grande mãe, 184

5.15 Nanã Buruku, a ancestral, 188

5.16 Irôko, a árvore primordial, 192

5.17 Ossaim, o dono das folhas, 195

5.18 Oxalá, o pai, velho e sábio, 199

6 A dimensão mítica na jurema sagrada e na umbanda, 205

6.1 Salve a jurema sagrada, 206

6.2 Entidades da umbanda, 220

7 A religião dos Orixás e novos paradigmas, 243

Referências, 257

Apresentação

A obra *Orí Àṣẹ: A dimensão arquetípica dos Orixás*, um dos primeiros trabalhos brasileiros a lançar um olhar da psicologia analítica às tradições e mitologias de matriz africana, foi originalmente publicado em 1998 pela Editora Vetor. O campo junguiano estava acostumado com estudos sobre mitologia greco-romana, egípcia e oriental, ainda sob uma visão europeia; no entanto, estudos sobre a religiosidade dos povos originários das américas e da diáspora africana havia poucos. A origem deste trabalho se deveu a experiências com diversas expressões religiosas, entre elas, em especial, os candomblés e as umbandas.

Como esta obra necessitava de ampliações, revisões e atualizações, e a procura por este tema na psicologia, especialmente na analítica, se difundiu ao longo do tempo, tornou-se importante lançar uma edição revista e ampliada. Para esta pesquisa em psicologia analítica da religião, Felipe Alves e Silva, que além de analista pelo Ipabahia/AJB tem longa experiência como sacerdote no candomblé e na jurema sagrada, em conjunto com o autor, fez parte importante da reconstrução da atual edição, corrigindo e ampliando perspectivas analíticas.

Espera-se que esta nova edição revista e ampliada do texto contribua para aprofundar a compreensão da riqueza desta vasta rede de símbolos, mitos e expressões do Sagrado em nossa cultura, favorecendo a desconstrução de preconceitos religiosos ainda presentes em nossa sociedade. Desejamos que a leitura traga novas perspectivas na busca do conhecimento. Axé!

José Jorge de Morais Zacharias
Abril de 2024

Prefácio

Zacharias, o junguiano, mergulha no oceano mitológico brasileiro e emerge carregado de conchas, peixes, pérolas, estrelas-do-mar

Uma vez que se considera a natureza viva e animada pelas forças, todo ato que a perturba deve ser acompanhado de um "comportamento ritualístico" destinado a preservar e salvaguardar o equilíbrio sagrado, pois tudo se liga a tudo, tudo repercute em tudo, toda ação faz vibrar as forças da vida e desperta uma cadeia de consequências cujos efeitos são sentidos pelo homem (Hampâté Bâ, 1982, p. 190).

O africano Hampâté Bâ (1982) alerta para o fato de que, em um mundo concebido como uma imensa rede de participação, um Todo onde tudo se liga a tudo, à palavra falada é atribuído valor fundamental. Seu caráter sagrado decorre de sua origem divina e das forças ocultas nela depositadas. A tradição africana concebe a fala como um dom de Deus, divina no sentido descendente, sagrada no sentido ascendente. A fala humana, eco e imagem da fala do Ser Supremo, coloca em movimento forças latentes, ativadas e suscitadas por ela – *como um homem que se levanta e se volta ao ouvir seu nome.*

Nesse contexto, é impossível conceber os mitos somente como frutos da fantasia ou da imaginação nem os entender como meros objetos literários ou lúdicos. Para além de sua origem ou de seus possíveis efeitos lúdicos, didáticos, terapêuticos, eles têm caráter sagrado e podem definir rotas a seguir.

Zacharias penetra no universo mitológico afro-brasileiro, e seu olhar de encantamento é atraído por elementos da ancestralidade iorubá. Conhece, mas não se detém por tempo exagerado em componentes mitológicos outros. Para dialogar com os seres da mitologia iorubá e trazê-los para nós, ele é convidado a ingressar na Mata. O que é a Mata, além dos temores e da atração que inspira? Além dos segredos que zelosamente oculta, dos mistérios que encerra? A Mata em si e em nós com suas forças perigosas, protetoras, salvadoras, curadoras. Pedras, rios, árvores, arbustos, plantas rasteiras, cipós. Lagos, lagoas, represas, fontes, arroios, nascentes. A Mata encontrando o Mar, sob ação do Vento. Solo duro, pedregoso, áspero, arenoso, de toque macio. Pântanos, lamaçais, brejos. O vento cantando, assobiando em suave brisa, violento, urrando e destruindo tudo. A chuva, leve garoa, chuva densa, tempestade, associada a trovões, relâmpagos, raios. O arco-íris atravessando o céu, abençoando e protegendo o retorno da serenidade.

Caprichosas formas de pedras, de plantas – raízes, troncos, caules, folhas, flores, frutos. Caprichosas formas de animais – os das águas, das terras, dos ares. Caprichosas vozes animais. Por cima de tudo a abóbada celeste, enfeitada de estrelas ou vestida de nuvens e sol. Lua linda, mais linda ainda em sua cheia. Na Mata. Na Mata o perigo. Na Mata, a salvação e a cura com pedras, plantas, animais.

Para nós do mundo urbano, do lado de lá, a Mata. Distante, inalcançável, uma ficção? Assunto de férias para alguns que a encontram geralmente asséptica, pré-cozida, quase pronta para o consumo. Mas, da Mata oculta, das forças que a habitam, das forças que ela é, quantos sabem? Quantos com elas interagem? Para dar conta de tanto mistério, o mito, intuição a respeito do sentido oculto dos fenômenos naturais e cósmicos. Histórias e explicações transmitidas de adultos a crianças ou outros adultos, falando de valores e virtudes, sugerindo condutas e precauções. Bruxas, feiticeiros, curandeiros, médicos tradicionalistas, xamãs, babalorixás, ialorixás, todos mediando entre poderes da Mata e necessidades humanas.

A multiplicidade étnico-racial da sociedade brasileira gerou um magnífico acervo de fábulas, contos, mitos e lendas da Mata. A participação africana nessa construção coletiva contou com significativos elementos do grupo étnico iorubá, da África Ocidental (Nigéria, Togo e República do Benim, a antiga Daomé), que trouxe para as nossas matas uma multidão de habitantes de seu imaginário e divindades de seu panteão, os Orixás, compreensíveis como *alma da natureza* ou *inteligência da natureza*. A criação do mundo contou com a participação de algumas dessas divindades e o destino de seres naturais e humanos se define numa relação íntima, intrínseca, com elas.

Orixás, chamados Primordiais, participaram da criação do mundo. Exu, o inspetor de rituais, o Grande Mensageiro, sempre presente, propiciando encontros, comunicação e comércio; Obatalá, também chamado Oxalá ou Orixalá, modelando os corpos humanos; Orunmilá, testemunhando a passagem pelo portal que conduz da dimensão espiritual à física, conhecedor, portanto, de todos os destinos individuais e coletivos. Ogum, Senhor dos Metais, divindade civilizatória. Grande coletividade de seres espirituais, cada qual com suas responsabilidades sobre o destino das pessoas e do planeta.

Para os negro-africanos a sede da inteligência não é o cérebro, e sim o coração, que conhece com discernimento e sabedoria e por isso pode julgar com justiça e misericórdia. Da Natureza, a inteligência intuitiva são Orixás. Se um iorubá diz *Iemanjá, Senhora de Todas as Águas*, queremos dizer que a Iemanjá "pertencem todas as águas", mas queremos dizer também que as águas têm uma inteligência cujo nome é Iemanjá, podendo haver comunicação dessa inteligência com a humana.

Seres da Mata criam entre si dinâmicas de interações de equilíbrio ou desequilíbrio, antropomorfizadas nos mitos. Encantamentos são indispensáveis nos processos mágico-médico-religiosos da interação humana com a natureza. A narração dos mitos e de outras modalidades literárias arquetípicas tem poder educacional e terapêutico se respeitados seus fundamentos e sua cadência rítmica.

Na Mata as pedras, as plantas, os animais, em extraordinária multiplicidade de formas, sons, odores e possibilidades táteis. No pequeno seixo e na grande montanha de pedra, no pirilampo e no maior dos mamíferos, no mais insignificante dos musgos e no grande baobá, pulsa a força. Representações arquetípicas dessa força desenham a mitologia iorubá.

O que é a Mata, então? O outro? O sagrado? Sim, a Mata, o outro, o sagrado "ali fora". Mas em mim também. A nostalgia nascida do afastamento, do isolamento das partes torna imperativo o diálogo, a superação das distâncias e dos afastamentos. O diálogo com o que está ali fora e o diálogo entre os múltiplos seres que habitam minha interioridade.

Diz Hampâté Bâ (1982):

> Se o tradicionalista da palavra, ou "Conhecedor", é tão respeitado na África, é porque respeita a si próprio. Disciplinado interiormente, uma vez que jamais deve mentir, é um homem "bem equilibrado", Mestre e Senhor das forças que o habitam. Ao seu redor as coisas se ordenam e as perturbações se aquietam (p. 190).

À Sabedoria iorubá trazida ao Brasil foram cedidos espaços de convivência íntima e contínua com a sabedoria de outras etnias africanas, de povos originários e de brancos. Novas formulações teológicas e litúrgicas, então tornadas híbridas, constituíram novos corpos do saber.

Na esteira do tempo, o corpo de conhecimentos da psicologia, que foi gradativamente se diferenciando, foi dando origem a distintas escolas psicológicas, com distintas propostas filosóficas, epistemológicas e metodológicas para a abordagem diferenciada do psiquismo e do comportamento humanos. Privilegiada ação foi entregue aos cuidados de Carl Gustav Jung (1875-1961), que deu passos importantíssimos na produção de conhecimentos sobre o inconsciente coletivo e reconheceu a relevância do simbolismo sagrado na constituição das identidades e das subjetividades. Ação igualmente privilegiada vem sendo entregue a estudiosos e pesquisadores das chamadas terceira e quarta forças da psicologia.

E, para responder ao desafio de aproximar e colocar em diálogo o magnífico saber psi trazido por Jung e a formidável herança iorubá legada a este país da diáspora, foi preparado José Jorge de Morais Zacharias, homem firme-suave, junguiano internacionalmente respeitado, que nos presenteia com a reedição desta obra que chega agora às mãos de novos (e antigos) buscadores da Verdade.

Profa. Dra. Ronilda Iyakemi Ribeiro
11 de março de 2022

1 Tempo e espaço, origens

*Se Exu entra numa terra
ele já entra em pé de guerra.
A chuva que gela um egum,
não se atreve a cruzar o fogo.
Molha o fantasma encharcado.*

Antônio Risério

1.1 Pindorama

Com o processo de colonização do Brasil, pelos portugueses, houve a necessidade de mão de obra para o trabalho pesado, quer fosse na extração de madeira, na abertura de novos espaços dentro da mata, na construção de edificações, ou em outras tantas atividades braçais. Optou-se então pelo uso de populações indígenas para esse fim, na forma de escravização; porém, o nativo não se adaptava ao trabalho escravo, havendo constante fuga ou morte precedida de profunda depressão.

O europeu não compreendia a cultura indígena como tal, exatamente por não haver nela os principais valores europeus que constituíam uma nação: lei, fé e rei. Os diversos grupos étnicos não constituíam um Estado como compreendido pelo europeu colonizador, focado na família, nos direitos e na propriedade. Se a estrutura social era bem diversa, mais ainda a compreensão religiosa. Os povos indígenas tinham cosmogonia, mitos e ritos como qualquer manifestação religiosa humana; porém não se dedicavam a imagens e sua devoção não se dava em templos, pois toda a natureza, seus rios, animais e plantas eram divindades vivas com as quais interagiam constantemente. Além disso, sua religiosidade não era cercada de dogmas ou moralismos (Rivas, 2013).

Nos diz Duque (apud Oliveira, 2020) que a visão desses povos não separava o individual e o coletivo, o mundo visível e a realidade invisível; cada indivíduo é irmão íntimo dos demais, dos ancestrais e da natureza que os cerca. Há uma grande rede de interconexões entre todos os elementos naturais do mundo físico e muitos entes espirituais, desde ancestrais até espíritos da natureza e divindades com as quais os pajés têm íntima relação.

Podemos pensar na existência de um animismo que aos olhos eurocêntricos de base cultural judaico-cristã é tido como primitivo. No entanto, reconhecer a alma em cada objeto da natureza, no grupo e nos indivíduos representa maior integração com ecossistemas, representação perdida há tanto tempo em sociedades que tem no materialismo seu foco principal, e que agora se mostra fundamental para a permanência da vida no planeta.

A figura do pajé, ou xamã, apresenta-se como o elo entre a *anima mundi* e o indivíduo imediato; a ele cabe compreender como e quando houve uma desconexão do indivíduo com sua alma e com a do mundo, o que causa o estado enfermo. Dentre quatro importantes fatores de adoecimento, apontados por Menezes e Boechat (apud em Oliveira, 2020), dois chamam a atenção, nesse caso: a intrusão de um objeto e a intrusão de um espírito. Se entendermos a interferência dominadora dos europeus na cultura indígena, no tempo da chegada das caravelas, como intrusão material (objeto) e cultural (espírito), teremos as raízes do adoecimento e da morte de milhares de indígenas nesses primórdios da colonização.

Sendo a percepção que os europeus tinham acerca dos povos indígenas serem inferiores e passíveis de se tornarem humanos pela servidão ao branco e conversão ao cristianismo, ficou justificada a colonização europeia para salvar estes primitivos de sua barbárie.

Pero de Magalhães Gândavo editou uma obra sobre a Terra de Santa Cruz, na qual o indígena foi "retratado como ser sem alma, animalizado e demonizado" (Rivas, 2013, p. 39). Entre os séculos XVI e XIX, o pajé era um símbolo de resistência cultural e desacreditá-lo era a importante função da Companhia de Jesus, formada pelos jesuítas. A apropriação e distorção da cosmogonia indígena, bem como a miscigenação com crianças órfãs portuguesas e o desenvolvimento de uma linguagem híbrida, o nheengatu, promoveram desapropriação cultural e religiosa nas aldeias indígenas (Rivas, 2013).

A ação dos jesuítas em suas catequeses, embora para muitos de seus signatários fosse uma missão evangelística, para outros e para a Coroa Portuguesa tinha a função de dominar e hegemonizar a terra, desconsiderando as diferenças culturais dos vários povos existentes, e tornar todos os indivíduos servos da Coroa Portuguesa e bons cristãos (Gambini, 1988). Mitos de conteúdo arquetípico similar foram unificados e subordinados à leitura judaico-cristã, como o mito do dilúvio do povo guayaki relido como narrado em Gênesis. Cartas de jesuítas apontavam os pajés como "feiticeiros de muitos enganos e feitiçarias, considerando-os os maiores inimigos" (Hue, apud Rivas, 2013, p. 45). Neste contexto dos primórdios da colonização, os povos indígenas eram hostilizados por todos os lados: os jesuítas os demonizavam, os colonizadores os tinham como animais de carga, os bandeirantes visavam ao lucro com sua caça e venda, e, quando a ciência definiu o conceito de raça, ela os definiu como inferiores, primitivos e incivilizados.

Apesar de toda a carga de apropriação e preconceito, que ainda hoje se vê na questão da não demarcação eficaz de terras indígenas e na incursão de missionários cristãos em aldeias distantes para convertê-los, um fenômeno psicossocial ocorreu no contexto religioso: o surgimento de representações espirituais de entidades indígenas no contexto de alguns candomblés e especialmente na jurema e na umbanda. É certo que muitas vezes suas representações foram inspiradas na personagem de Peri da ópera de Carlos Gomes, tendo uma função equilibrante e compensatória do inconsciente cultural. Os povos indígenas passaram de expropriados e inferiores à condição de iluminados guias espirituais (Zacharias, 2020).

1.2 África

A escravização africana trouxe mais de 3 milhões de pessoas para o Brasil em uma viagem sem volta. Vinham nos porões dos navios negreiros chamados tumbeiros e de cada cinco africanos embarcados um não sobrevivia. Mas não foram só os portugueses que se aproveitaram desse tráfico; holandeses, ingleses e espanhóis também lucraram muito com a escravização africana. No Brasil tivemos três grandes ciclos de chegada de africanos escravizados, o ciclo da Guiné, o ciclo de Angola e o ciclo dos sudaneses (Bueno, 2012).

Para termos uma ideia da dinâmica dos reinos africanos, seguem algumas informações sobre origens simbólicas e alguns dados sobre uma região específica da África que enviou para o Brasil, nos séculos XVIII e XIX, muitas pessoas escravizadas.

Como nos conta Adékòyà (1999), as histórias sobre a ancestralidade social iorubá foram transmitidas oralmente e, recolhidas por historiadores, desembocaram em controvérsias nos caminhos. Escritos de Johnson (apud Adékòyà, 1999) se referem a Nimrod, herói fenício que, possivelmente, teria comandado a ação dos iorubás em guerras, o que os teria conduzido à península arábica, onde permaneceram até a migração realizada sob comando de Odùduwà, ancestral divinizado, filho de Lamurudu. Outros historiadores apontam a origem do povo como sendo do Alto Nilo; no entanto, o estudo da raiz linguística iorubana destoa dessas ideias de Johnson ao considerar que a cultura iorubá tenha se originado da Nigéria há mais de três mil anos.

A cidade-Estado de Ilé-Ifẹ̀ se tornou a mais importante da região, e o reinado ali estruturado teria grande influência sobre as demais localidades, tendo como seu primeiro rei Odùduwà. Uma das várias versões do mito de criação conta que Odùduwà desceu de Ìkòlé-Òrun (o além) até Ilé-Ifẹ̀ cumprindo ordens de Olódùmarè (Olodumaré), o Ser Supremo, para criar o mundo e as pessoas, pois nesse tempo só havia água. Outra versão conta que Odùduwà e sua família sobreviveram ao dilúvio universal e, chegando a Ilé-Ifẹ̀, ali se estabeleceram e criaram seu reino. Ainda outra versão, que será retomada mais à frente, narra a incumbência de Olodumaré para que Ọbàtálá (Obatalá/Oxalá) criasse o mundo e a humanidade sendo substituído por Odùduwà, o que originou a rivalidade entre eles (Adékòyà, 1999). Ainda segundo a tradição oral Orányàn, filho de Odùduwà, foi o fundador de outro importante reino, Ọ̀yọ́. Após a morte de Orányàn, a consolidação do reino coube a seus filhos Ajàká e Ṣàngó (Xangô). Ọ̀yọ́ destacava-se como grande fornecedor de escravizados para os demais povos, mantendo comércio com os europeus no Porto Novo (Adékòyà, 1999).

Podemos perceber que, no processo de projeção, conteúdos arquetípicos são atribuídos a líderes comunitários que passam a representar potências encarnadas na história, o que chamamos ancestrais divinizados; semelhante processo ocorre com os santos católicos, políticos e figuras históricas.

Ìjèbú, outro reino importante situado próximo ao porto de Lagos, destacava-se no comércio com os europeus, produzindo o pano da costa, muito exportado para o Brasil. O território iorubá se estendia por três países: Nigéria, Togo e Daomé, posteriormente chamado República do Benim. No século XVII, a economia de Benim estava fundada na venda de escravizados, possível por causa das constantes guerras e escravizações. Em 1486, os portugueses estabeleceram em Benim uma feitoria para compra de africanos já escravizados e troca por armamentos. As guerras de expansão forneciam muitos escravizados que eram vendidos aos portugueses (Adékòyà, 1999).

Durante o século XIX, Il é Yorúbá foi a grande exportadora de africanos escravizados de toda a África Ocidental. Em 1883, por pressão dos ingleses e franceses que, juntamente com portugueses e outros, haviam dividido a África em possessões coloniais, o comércio de escravizados foi abolido, exceto no reino de Gezo, que manteve o tráfico com os portugueses até 1850.

A escravização já existia durante séculos, não foram os europeus que a inventaram, mas criaram um estilo bem diferente do que se entendia por escravização na África. Naquele continente havia a escravização doméstica, para serviços da casa; a escravização como punição por infração de alguma lei social importante; a troca de pessoas em pagamento de dívida ou para conseguir sustento, ou como represália pela não conversão ao islã (Rivas, 2013).

Enquanto ocorria a tentativa de adaptação da população indígena brasileira às necessidades dos colonizadores, do contato dos portugueses com a África resultou o processo de obter mão de obra escrava naquele continente. A África era, e ainda é em nossos dias, constituída de muitos reinos, muitos grupos étnicos com línguas, cultura e religiões próprias. Os reinos mantinham conflitos entre si e fazia parte do espólio de guerra que os povos vencidos fossem escravizados pelos vencedores. Nesse contexto, pessoas eram usadas como moeda de troca no comércio de escravizados e isso era socialmente aceitável. Vale lembrar que a instituição da escravização, presente no grupo humano desde a Antiguidade, ou seja, há aproximadamente mais de 10 mil anos, perpetuou até o século XIX o uso de escravizados para o trabalho mais árduo em Angola e no Congo. A prática da escravização somente retroagiu a partir do Iluminismo, durante o qual se pregavam direitos iguais para todas as pessoas. O primeiro documento oficial, a Declaração dos Direitos da Virgínia, em 1776, não produziu efeito prático direto no mundo ocidental, especialmente na África e no Brasil, que suplantaria a prática da escravização somente em 1888.

Nesse quadro de acontecimentos, preferiram os portugueses investir na escravização de povos africanos; como a exemplo dos reinos deste continente, comprando escravizados de seus senhores de além-mar.

Em todo o século XVI, Portugal manteve o monopólio do tráfico de escravizados da África, iniciando o comércio em 1441, quando dez africanos foram levados a Lisboa; os franceses os seguiram em 1500, e os ingleses em 1530.

Apesar das condições terríveis dos navios negreiros que transportavam essas pessoas, cada perda humana correspondia a prejuízo ao mercador, o que motivava certa preocupação com a carga, não por questões humanitárias, mas pela preservação da mercadoria (Fausto, 1995).

Os navios faziam o comércio em três etapas: da Europa para a costa africana com produtos europeus e armamentos, da África para as Índias Ocidentais ou América com africanos escravizados e, por último, de volta à Europa com açúcar e tabaco. Os vários povos transportados da África para o Brasil podem ser classificados em quatro ciclos.

1.3 África – Brasil

Assim, em 1538 chegaram ao Brasil os primeiros escravizados provenientes da África. Eles eram de diversas regiões e foram classificados genericamente em dois grupos. Os bantus, que incluíam os procedentes do sul do Golfo da Guiné, do Congo, de Angola e Moçambique, dos grupos étnicos angolas, benguelas, monjolos e moçambiques; e os sudaneses, provenientes do Sudão e do norte do Golfo da Guiné, das etnias iorubás, jejes, tapás e haussás. Conforme mencionado, cada um desses grupos étnicos, ou reinos, tinha idioma, cultura e religião próprios.

Esses africanos escravizados partiam dos portos portugueses da Costa do Ouro e da Costa dos Escravos, no Golfo da Guiné, de cidades como São João Ajudá, na enseada do atual Benim, e aportavam na capital do Brasil à época, Salvador.

Podemos dividir a chegada de africanos escravizados ao Brasil em quatro ciclos: no século XVI, povos da região da Guiné; no século XVII, povos de Angola e Congo; no século XVIII, povos da Costa da Mina; e por último, de 1770 até 1850, povos do Benim (Adékòyá, 1999). Observa-se que, no quarto ciclo, que compreende 1770 a 1850, houve a chegada de uma grande quantidade de africanos da etnia iorubá para a cidade de Salvador, na Bahia, apesar de a capital do Brasil ter sido transferida para o Rio de Janeiro em 1763. Estima-se que, entre 1550 e 1855, havia 4 milhões de africanos escravizados no Brasil (Bueno, 2012).

É hoje um ponto turístico em Salvador o lugar chamado Solar do Unhão, que em seus subterrâneos abrigava africanos escravizados recém-chegados à espera de compradores. Muitos foram enviados ao Nordeste para trabalhar no cultivo de cana-de-açúcar e algodão, alguns para São Paulo e Rio de Janeiro para o cultivo de cana e café, e outros encaminhados a Minas Gerais para trabalhar nas minas de extração de ouro. Havia uma tabela de preço em função do aspecto físico de cada escravizado; por exemplo, para o trabalho nas minas de ouro era dada preferência a indivíduos de baixa estatura, mais apropriados ao trabalho nas escavações e, por isso, mais caros. Alguns meninos eram castrados para que não crescessem e, em média, todo escravizado sobreviveria sete anos sob exaustivas horas de trabalho, pouca alimentação, doenças, assassinatos e profunda depressão chamada banzo.

Às mulheres também era atribuído valor diferenciado em função de sua aparência física e do destino dado a elas, fosse para a reprodução ou para trabalho de mucamas de senhoras brancas. Curioso notar que, tanto no Brasil quanto em Portugal, a mãe branca não amamentava seus filhos, ficando essa tarefa reservada a escravizadas de leite (Bueno, 2012).

O que motivava a aquisição de africanos escravizados pela Europa e américas era seu uso como mão de obra principalmente para as novas terras colonizadas, fato justificado pela suposta intenção de resgatar esses povos da condição "selvagem e animalesca" em que viviam na África. A própria Igreja fundamentou sua autorização para essa prática argumentando em favor da necessidade de evangelizar povos que, de outro modo, permaneceriam sem chance de salvação ou sujeitos à heresia do islamismo.

Essa crença generalizada passou a ser apoiada pela ciência oficial a partir do século XIX sob o paradigma de que o negro era racial e mentalmente inferior, ideia que ganhou força com o desenvolvimento da teoria de Joseph Gall (1758-1828) sobre a frenologia. Essa teoria tentava identificar características de comportamento e de personalidade por meio do estudo da caixa craniana e influenciou o sistema da antropologia criminal de César Lombroso anos mais tarde. A frenologia aplicada aos africanos afirmava que eles eram, por questões hereditárias, muito pouco inteligentes, com emocionalidade instável e infantil e por isso estariam fisiologicamente destinados à servidão! (Fausto, 1995). Corroborou ainda a visão europeia de que a África seria o lugar das coisas bestiais, escaldantes e, portanto, demoníacas e, segundo a Igreja, local de povos sem alma, infernais e hereges. Ainda hoje pensamos na África como um lugar, e não como um continente com muitos países e cidades bem desenvolvidas.

É importante lembrar que a relação senhor-escravizado na África não apresentava outra significação além de espólio de guerra ou aquisição de propriedade, e que, por um revés de guerra, a posição poderia se inverter e o escravizado tornar-se senhor. Quando se estabelece o sistema de escravização de africanos pelos países europeus, as questões acima descritas que justificavam a escravização, associadas à pigmentação da pele, construíram o preconceito racial, uma vez que todo negro, livre, rico ou não, passou a ser visto como escravizado e inferior. A ideia de inferioridade frente ao branco se estabeleceu fortemente por associações que criaram crenças assentadas ao longo de séculos e que perduram até nossos dias na condição que hoje muitos junguianos denominam complexo cultural, seja europeu ou norte-americano. O fenômeno atualmente conhecido como racismo estrutural é parte do complexo cultural que engloba, nas américas, tanto povos oriundos da África e seus descendentes quanto povos originários das américas.

Quando o navio negreiro chegava ao porto, os africanos eram separados por características físicas e se organizava a venda para fazendeiros, senhores de glebas, senhoras da sociedade, a igreja e outros que tivessem condições econômicas de comprá-los. Assim, famílias e grupos étnicos e sociais eram desmantelados, pois raramente acontecia de um comprador adquirir toda uma família ao mesmo tempo. Parentes se distanciavam e clãs eram desfeitos, até mesmo as famílias reais subjugadas por um reino inimigo na África.

Da mesma forma que os povos indígenas submetidos a trabalhos forçados pelos colonizadores se revoltavam, fugiam ou morriam sob a opressão deprimente, os povos africanos também se mostravam resistentes, fugiam ou desenvolviam banzo. Por conta da resistência, formaram-se vários quilombos, alguns dos quais se tornaram famosos, como o de Palmares, na Serra da Barriga, em Alagoas (Bueno, 2012).

Formado por doze quilombos unidos por estradas, teve seu início com a cooperação de quarenta fugidos em 1602 e sucumbiu em 6 de fevereiro de 1694 sob a mão de ferro do bandeirante Domingos Jorge Velho (Bueno, 2012). A sede Palmares, constituída principalmente de angolanos, se estabeleceu no Quilombo do Macaco sob a liderança de Ganga Zumba e, posteriormente, de seu sobrinho Zumbi. Sua organização, semelhante à dos reinos africanos, reproduziu partes da África no interior de Pernambuco e, tendo por mote a resistência libertária, questionava não somente o sistema de escravização, mas também o sistema colonialista imposto por holandeses e portugueses. Isso a tal ponto que o Governo de Pernambuco se referia a Palmares como "negros levantados dos Palmares" (Lara, 2021).

Palmares era como um reino africano, com possivelmente 20 mil habitantes e 6 mil casas. Sua população consistia em africanos escravizados fugidos ou resgatados dos engenhos de Pernambuco, indígenas e brancos perseguidos. Ao longo de quase um século, Palmares foi alvo de 25 ataques, sendo o primeiro deles realizado por holandeses entre 1644 e 1645.

Antes da fatal destruição, Fernão Carrilho estabelecera um acordo com Ganga Zumba, concedendo liberdade aos nascidos em Palmares, interrompendo a tradição de serem nascidos escravos os filhos de escravizadas e dando direito de uso das terras inférteis da região de Cucaú. Mas os ataques continuaram e os palmarinos presos voltavam a ser escravizados pelo governador de Pernambuco, fato que criou um impasse com a Coroa Portuguesa, pois Lisboa havia concedido liberdade aos habitantes de Palmares.

O último ataque, promovido por Domingos Jorge Velho, bandeirante paulista contratado pelo Governo de Pernambuco, resultou no fim do Quilombo e levou à morte o líder Zumbi em 20 de novembro de 1695, data em que hoje se comemora o Dia da Consciência Negra (Bueno, 2012; Lara, 2021). O legado de resistência a toda forma de dominação e submissão, bem como os ideais libertários, atualmente ganham novos contornos e maior impulso em todos os campos da sociedade.

Um grande problema relativo aos dados históricos é o filtro pessoal ou cultural adotado pelo historiador, o que não é em nada diferente das narrativas que ouvimos em nossos consultórios, quando a história pessoal é narrada tal como compreendida pelo cliente. Apesar de o conhecimento sobre quem conta a história ajudar a compreender por que certos aspectos foram interpretados desta ou daquela maneira, em história não é assim. É necessário, para buscar a mais próxima versão dos fatos, em história, conhecer diversas versões, documentos e outros elementos que ajudam a compor a narrativa mais factível possível.

Esse é o caso da lendária Chica da Silva (Francisca da Silva de Oliveira), cuja descrição chega a nós por meio de narrativas populares registradas pelo advogado Joaquim Felício dos Santos no livro *Memórias do Distrito Diamantino*. A figura Chica da Silva foi construída como sendo uma mulher lasciva, frívola e cruel, que ostentava suas riquezas, adquiridas juntamente com sua alforria. Narra o escritor que Chica não tinha instrução, beleza ou qualquer outro atrativo a não ser seu corpo sexualizado e que usava o sexo como meio de atingir seus propósitos. No entanto, ela foi mãe de treze filhos e parecia muito devotada a eles. Eis um exemplo de história narrada sem fundamento empírico, pois Joaquim Felício não a conheceu (Silva, s.d.).

Por intermédio dos haussás, chegou ao Brasil, no século XVIII, o islamismo, então denominado islamismo de escravidão. Os haussás escravizados, originalmente prisioneiros de guerras no Sudão Central, aqui foram denominados malês. Conheciam a escrita árabe, liam o Alcorão regularmente e, por serem letrados, galgaram espaço na economia comercial da época. Muitos compravam a própria liberdade e se mantinham fiéis às crenças muçulmanas (Ribeiro, 2011). Como a religião do islã era proibida e perseguida, os devotos, liderados por *alufás*, dirigentes dos cultos, criaram casas de oração em locais afastados das cidades, fato que propiciou a formação de grupos muito coesos.

Os malês lideraram muitas lutas de libertação na Bahia nos anos de 1807, 1814, 1816 e 1830. Em 1835, durante um grande levante em Salvador para libertar líderes muçulmanos que estavam presos, os revoltosos foram derrotados pelo governo provincial e muitos foram enviados para várias regiões do Brasil, sem abandonarem sua fé no islã. Embora submetidos ao batismo católico e outras obrigações a eles impostas, em seu coração mantinham a confiança nas revelações feitas a Maomé e buscavam brechas nos rituais católicos para exercitarem seus próprios rituais, como o jejum anual (Ribeiro, 2011).

Interessante notar que, entre os muçulmanos escravizados, havia o hábito religioso de trazer em pequenas caixinhas ou bolsinhas de pano presas ao pescoço pedaços de papel com textos do Alcorão, chamados mandingas, que exerciam a função de amuletos de proteção. Podemos notar que a presença do Sagrado, simbolizada materialmente desde o período da pedra bruta e, depois, da pedra polida, perdura até hoje, por exemplo, em terços e imagens de santos católicos, que muitos cristãos carregam como proteção. A presença material de algo que faça presente o Sagrado é prática com fundamentos profundos no inconsciente. Nas religiões em que a representação do sagrado por meio de imagens é proibida, os adeptos se baseiam fortemente em revelações textuais, versículos da Torá, da Bíblia (caso dos protestantes) ou do Alcorão, que cumprem a função de amuletos protetores, o que evidencia a necessidade psíquica de materialização simbólica do conteúdo arquetípico.

Apesar de o interesse dos grupos islâmicos ter se dirigido à tomada do poder para a criação de um país muçulmano, o que se pode ver é a assimilação de algumas práticas islâmicas pelo candomblé e pelo catolicismo popular (Ribeiro, 2011).

Do século XVIII há documentos que indicam haver uma diferenciação por nações entre os africanos escravizados e sua cultura religiosa. Na Igreja do Rosário, em Recife, havia festas nas quais os grupos se distinguiam por cânticos em línguas diferentes, além de ritos e instrumentos diferenciados. Aos poucos as festas chamadas lundus – termo definido como o ato de pular em várias danças – foram se transformando no candomblé; e as nações, ou grupos étnicos e culturais, perderam a conotação política de estados para adquirir a conotação teológica de conjunto de ritos e mitos distintos da religião. Por conta disso, há vários candomblés.

Como já mencionado, havia entre os africanos escravizados muitos descendentes de alta hierarquia de reinos africanos, que lideravam uma resistência cultural frente à cultura impositiva do senhor. Essa resistência tomou maior forma e força no século XIX e forjou o termo candomblé, que pode ser entendido como de origem quicongo-angola: *ka-n-domb-el-e*, um substantivo que foi derivado do verbo orar, invocar ou saudar (Ligiéro, 1993).

As relações entre a Igreja e os africanos escravizados eram pautadas pela discriminação e inferiorização, assim como no contexto da ciência oficial da época. Em 1741, no documento *Immensa Pastorum*, o Papa Bento XIV atestava que, muito embora os negros fossem infiéis, eles poderiam ser convertidos. Dessa maneira, era considerado muito mais humano trazer os negros da África (como escravizados) e conduzi-los à Igreja e à salvação, do que deixá-los em seu continente de origem, imersos no paganismo e correndo o risco de serem escravizados por heresias estranhas (islamismo).

Desse modo, os homens de negócios mais piedosos de Salvador, em 1698, acalmavam suas consciências pesadas frente à Igreja, julgando conduzir os africanos que chegavam nos navios negreiros à civilização europeia e à salvação católica (Verger, 1986). Havia a justificativa cristã para a escravização, e nessa direção outras medidas foram tomadas, por exemplo: os navios negreiros eram batizados com nomes de santos católicos, como Nossa Senhora da Conceição, Nossa Senhora da Ajuda, Nossa Senhora do Rosário, Senhor Bom Jesus. Por outro lado, na segunda metade do século XVIII, proibiu-se aos protestantes terem escravizados, para que aqueles não inculcassem ideias heréticas aos africanos, o que aos olhos da Igreja Católica seria a mesma coisa que a conversão ao islamismo.

A realidade religiosa na África, muito diversa, se expressa em cultos realizados pelos distintos grupos, reinos ou nações. Nada diferente da pluralidade de devoções presente em qualquer região, em que diversas variantes religiosas de ritos e mitos coexistem.

No Brasil foram rompidos laços familiares, de clã e de nação durante a venda de membros de uma mesma família para distintos senhores, prática adotada como recurso para evitar rebeliões e levantes contra o sistema escravagista. Além disso, o convívio com cristãos que professavam um catolicismo popular, que na prática é politeísta (Zacharias, 2019a), com tradições indígenas e com a magia europeia determinou a ocorrência de um hibridismo religioso que resultou na constituição de novas expressões religiosas, entre as quais o candomblé, a jurema, o catimbó e a umbanda.

A adaptação das práticas africanas contou com o importante fato de o ambiente natural brasileiro ser muito semelhante ao ambiente africano. A exuberância das florestas tropicais forneceu, e ainda fornece, o substrato necessário para a religião dos Orixás, visto que o candomblé está profunda e intrinsecamente ligado aos aspectos da natureza. Tomemos como exemplo o Orixá Irôko, ou o Inquice Tempo, que são a essência vital da árvore de mesmo nome que chega a atingir 130m de altura (*Milicia excelsa*). No Brasil essa árvore sagrada foi substituída por uma de outra espécie, a gameleira-branca (*Ficus doliaria*) (Sangirardi Jr., 1988). É muito comum ouvir de babalorixás e ialorixás o dito: "*Kò sí ewé, kò sí òrìsá*" – sem folha não há Orixá! A profunda relação entre a tradição e religião de matriz africana e a natureza será retomada no sétimo capítulo desta obra.

Suportar a desgraça da escravização exigia muito equilíbrio da população trazida da África para o Novo Mundo. Para manter a integridade interna, os africanos escravizados se utilizavam das lembranças de sua terra natal e da fidelidade às suas origens culturais. Assim, entidades metafísicas como os Orixás (para os povos iorubás), Inquices ou *Nkisi* (para os povos congo-angolanos) e os Voduns (para os povos daomeanos) tinham um significado de coesão cultural e psicológica que promovia o eixo de ligação do eu individual (ego) com a alma ancestral (alma no sentido atribuído por Jung e Hillman a essa palavra), com sua terra e com o si-mesmo. Devemos frisar que os Voduns são entidades encantadas dos cultos jeje, correspondendo aos Orixás nagôs. Não devem ser confundidos com vodu, religião popular criada no século XIX com base em religiões africanas conduzidas ao Haiti. De certa forma, o vodu equivale ao candomblé da América Central e à santeria. Todas essas hibridizações são expressões da religiosidade de matriz africana nas américas.

Somente em 1680 temos uma referência sobre a chamada religião dos negros. Existem documentos do Santo Ofício da Inquisição que acusam um grupo de negros de práticas supersticiosas, sob a orientação de uma preta mestra (Verger, 1986). Em 1758, o sétimo vice-rei do Brasil, o Conde de Arcos, passou a incentivar as danças e os batuques promovidos pelos africanos escravizados, com o intuito de evitar revoltas desses povos. Ele acreditava que, favorecendo a reunião de distintas etnias, alguma delas inimigas na África, as diferenças seriam reativadas, o que impediria a união dos negros pelo laço comum do sofrimento. Por outro lado, devido à influência do catolicismo popular, muito disseminado entre os africanos escravizados, estes afirmavam que nos batuques estariam louvando os santos católicos em seu próprio idioma. Nessa prática era muito comum observar uma pequena mesa com imagens de santos católicos em cima, e sob ela uma série de objetos mágicos referentes aos antepassados e às divindades. Esses batuques eram vistos pelo senhor branco, na maioria das vezes, como festas sem cunho religioso, pois os ritos, com danças e cânticos, diferiam muito do que o branco conhecia como culto religioso católico.

O hibridismo religioso ocorreu paulatinamente, não devido à imposição da Igreja Católica, mas à propagação do catolicismo que era praticado pelo povo, principalmente nas irmandades leigas de africanos escravizados que se formavam junto às paróquias dedicadas aos negros. A principal fonte de catequização dos africanos escravizados foi a convivência com os brancos e mestiços católicos; no entanto, a prática católica popular não é propriamente teológica. A prática da devoção a santos, anjos e almas deixa muito longe do imaginário religioso a concepção teológica do monoteísmo e a aproxima do culto politeísta monolatrista típicos da religiosidade popular; um catolicismo composto por vários santos e suas devoções é o que inclui a cristianização dos africanos escravizados. Embora se entenda que o cristianismo, especialmente o católico, seja monoteísta, ele o é somente teologicamente porque a prática de se recorrer à ajuda de santos denota um "politeísmo psicológico", assim como a psique oscila entre o todo, que são vários, e o centro, que é único (Zacharias, 2019). Da mesma maneira, embora Olorum seja o Ser Supremo, as devoções e cultos são dirigidos aos Orixás, em um jogo psíquico do que Jung chama de si-mesmo como *Imago Dei*, uno e central, ou, na percepção de Hillman, múltiplo e variado.

Nesse sentido, não havia muita distância entre os vários santos de devoção católica popular e as divindades tradicionais africanas. A aproximação das histórias das vidas dos santos, por exemplo, as histórias contadas sobre a vida de São Benedito ou a devoção a Nossa Senhora dos Navegantes, principalmente as lendas e histórias tradicionais, com as histórias (enredos) e características dos Orixás promoveu o hibridismo religioso. É importante notar que esse fenômeno não ocorreu devido às influências da Igreja, mais teológica, monoteísta e estrutural, mas sim do catolicismo popular, por natureza mais politeísta e mítico (Zacharias, 2021).

Vale lembrar que muitos dos exilados de Portugal eram acusados de feitiçaria pelo Santo Ofício. Hereges, judeus e praticantes da magia europeia também vieram ao Brasil colônia como punição por seus crimes contra a Igreja. Obviamente as influências dessas práticas mágicas europeias se hibridizaram com as práticas ameríndias e africanas. Como exemplo temos a arruda (*Ruta graveolens*) originária do sul da Europa, chamada de erva da bruxa em Portugal, muito utilizada na magia brasileira. Conta-se que Antônia Fernandes, chamada Nóbrega, era uma feiticeira portuguesa que atuava na Bahia em 1590, e não era a única registrada pela inquisição, havia outras, como Maria Gonçalves Cajado, conhecida como Maria Arde-lhe o Rabo, e Isabel d'Alcunha, a Boca Torta. Essas feiticeiras eram praticantes da chamada à época de magia negra, ou magia europeia, que tem suas raízes nas religiões pré-cristãs célticas. Ora, toda e qualquer manifestação religiosa que não coadunasse com a religião aceita genericamente e apoiada pelo governante era automaticamente colocada na marginalidade da feitiçaria e, portanto, digna de punição (Cordeiro, 2018).

Sem dúvida, todos os povos desenvolveram artes mágicas e expressões de religiosidade mais próximas da natureza antes do surgimento das religiões mais estruturadas e associadas a livros sagrados escritos, como a Torá, a Bíblia, o Alcorão ou os Vedas. Muitas dessas práticas não desapareceram por completo, mas esconderam-se e adaptaram-se a seu tempo, mantendo vivos alguns princípios gerais, porque os ensinamentos sagrados, as tradições e histórias eram transmitidos oralmente, com igual valor e profundidade dos textos escritos. Temos um bom exemplo disso no *corpus* literário de Ifá. Dessa maneira, embora o trabalho dos jesuítas e outros para trazer e impor o cristianismo católico ao Novo Mundo, vieram nas caravelas, também, as práticas mágicas europeias que aqui se hibridizaram com as tradições religiosas indígenas e africanas, bem como as devoções do catolicismo popular, na prática politeísta e monolatrista (Zacharias, 2021).

Em 1890 o hibridismo entre as divindades africanas e os santos católicos ainda estava em construção e muitas divergências ocorriam. Por exemplo, Xangô oscilava entre uma identificação com São Jerônimo e Santa Bárbara (Verger, 1986). Já no início do século XX, a identificação de Xangô com São Jerônimo estava estabelecida no Brasil. Ainda hoje, o Orixá Ogum é associado a São Jorge no Sudeste e Sul do Brasil, ao passo que no Nordeste é associado a Santo Antônio. Esses aspectos do hibridismo religioso serão discutidos mais adiante.

Ao que tudo indica, não ocorria uma conversão do negro africano a nenhuma das religiões que lhe foram apresentadas, de maneira que ele abandonasse por completo suas práticas tradicionais e sua cultura. Sempre a conversão levava a uma adaptação das práticas devocionais anteriores. Aliás, estudos atuais sobre conversão religiosa apontam que não há abandono completo de uma religião por outra, mas uma adaptação simbólico-ritualística.

Muito diferente do candomblé, podemos citar a situação dos negros que, levados ao Sul dos Estados Unidos, converteram-se ao protestantismo batista. Esses grupos originaram os primeiros movimentos pentecostais, injetando no protestantismo norte-americano ritmos e danças até então estranhas à religião tradicional; e, além disso, fenômenos de possessão pelo Espírito Santo, dons de cura divina, dons de línguas, tais fatos são indícios de uma forte influência dos antigos ritos africanos que modificaram a prática protestante tradicional até os dias atuais (Rolim, 1987).

Na atualidade podemos ver muitas denominações neopentecostais como a Igreja Universal do Reino de Deus, a Igreja Internacional da Graça e outras menores que se utilizam de princípios ritualísticos próprios dos cultos de matriz africana, como objetos benzidos, banhos, uso de sal, novenas, alteração de estados emocionais pela música, dança no espírito e outras práticas que aos presentes que não são da religião sempre resta a dúvida se estão em uma igreja de raiz protestante ou em uma casa de matriz africana muito mal organizada. Lembrando que o movimento carismático católico segue a mesma lógica.

1.4 O desenvolvimento do culto aos Orixás

Por influência do catolicismo popular, as comunidades negras reuniram-se em confrarias religiosas sob a proteção da Igreja, eram as irmandades leigas surgidas no século XIX. Os povos angolanos formaram a Irmandade da Venerável Ordem Terceira do Rosário de Nossa Senhora das Portas do Carmo, os daomeanos reuniram-se sob a Irmandade do Nosso Senhor Bom Jesus das Necessidades e Redentor dos Homens Pretos, os homens nagôs na Irmandade de Nosso Senhor dos Martírios e as mulheres na Irmandade de Nossa Senhora da Boa Morte, na Igreja da Barroquinha (Verger, 1986).

Muito antes da formação dessas irmandades, desde o século XVII, os batuques já se multiplicavam em todo o Brasil colônia e, no século XIX, existiam paralelamente às irmandades. De certa forma, devido ao sincretismo emergente e à proximidade das expressões católicas populares, muitos ritos católicos das irmandades estavam associados a ritos africanos ligeiramente modificados.

Nesse quadro de coisas, algumas mulheres nagôs de Ketu, anteriormente escravizadas, resolveram fundar oficialmente a primeira roça de candomblé do Brasil, próximo à já citada Igreja da Barroquinha, em Salvador, na Bahia. Mais tarde, devido a mudanças de localização, será conhecida como a Casa Branca do Engenho Velho, considerada a mais antiga casa de candomblé do Brasil, sendo rivalizada em antiguidade somente com a Casa das Minas, em São Luís do Maranhão (Vogel et al., 1993).

Há algumas controvérsias sobre os nomes das mais antigas ialorixás (mães de santo), porém alguns nomes são essenciais, como: Yalussô Danadana e Yalussô Akalá, Marcelina da Silva (Obatossí) e sua neta Claudiana, que se tornaria mãe biológica de Maria Bibiana do Espírito Santo (Mãe Senhora), segunda sacerdotisa do tradicional Ilé Axé do Opó Afonjá, a casa onde reside o poder do Rei Xangô, no período de 1938 a 1967. Outro nome importante na história do candomblé é Julia Maria da Conceição Nazaré, que fundou a Sociedade São Jorge do Gantois, no Alto do Gantois, em Salvador, que posteriormente passou para Escolástica Maria da Conceição (Mãe Menininha) e que, com o seu falecimento em 13 de agosto de 1986, foi substituída por Mãe Cleuza, sua filha carnal. Hoje o Ilé (casa) é dirigido por Mãe Carmen.

Eugênia Anna dos Santos (Mãe Aninha), a partir da Casa Branca, fundou em 1910 o *Ilé Axé do Opó Afonjá* e dirigiu a casa de 1910 a 1938, época em que assumiu a direção Mãe Senhora. Posteriormente a casa passou para a direção de Mãezinha Ondina, de 1967 a 1976, e, desde esse ano até seu falecimento em 27 de dezembro de 2018, encontrava-se sob a liderança de Stella de Azevedo Santos, Mãe Stella de Oxóssi (Santos, 2010); tendo Mãe Stella falecido em

2018, desde 2019 a Casa está sob a liderança de Ana Verônica Bispo dos Santos, Mãe Ana de Xangô.

Muitos outros candomblés foram se formando a partir desses, e foram espalhando-se pela Bahia, Rio de Janeiro, Minas Gerais, São Paulo e pelo Norte do país. Esses representavam as terceiras e quartas gerações dos candomblés da Casa Branca do Engenho Velho, do Gantois e do Opó Afonjá. Paralelamente aos terreiros nagô-ketu, surgiram os de nação ijexá, com ritos semelhantes, mas distintos. Também surgiu o candomblé de Egungum, ou sociedade dos Eguns, dedicado não ao culto aos Orixás, mas aos ancestrais veneráveis masculinos, sediado na Ilha de Itaparica. Não inclui ancestrais veneráveis femininos, que têm seu próprio culto bastante distinto.

Na virada do século XIX para o século XX, houve maior sistematização e organização das casas de candomblé, devido a modificações sociais que ocorriam na Bahia, aos contatos salutares de ialorixás com a África e às novas relações que aos poucos se criaram com a sociedade africana. Os laços culturais e religiosos promovidos por viagens de intercâmbio com a África, a divulgação do candomblé em estados como Rio de Janeiro e São Paulo e o aumento de fiéis do culto forneceram terra fértil para a expansão do candomblé e sua definitiva influência nas tradições brasileiras.

Na história do candomblé do Brasil muitas outras pessoas ilustres ofereceram substancial contribuição, tanto para sua fundamentação como para a sua divulgação em vários lugares, como Jorge Amado, Dorival Caymmi, Carybé, Pierre Verger, entre outros. Este breve resgate histórico será útil para a compreensão do que será discutido adiante: aspectos simbólicos dos Orixás à luz da psicologia analítica.

1.5 Questões sociais

No início do século XIX, a única religião autorizada no Brasil era a católica romana; havia uma grande dificuldade em se aceitar outras manifestações religiosas que não a religião oficial. Em 1824 a Constituição Imperial reafirmou o catolicismo romano como religião oficial do Império.

Por conta da influência inglesa nas relações comerciais com o Brasil, em 1810 permitiu-se o culto protestante somente a estrangeiros, que de alguma sorte vinham ao Brasil em missão profissional, e de maneira alguma se permitia qualquer tipo de pregação proselitista ou de cunho salvacionista, sendo proibida a construção de templos. Nesse tempo a grande maioria da população era analfabeta e uma contribuição dos protestantes foi a introdução da alfabetização funcional para os pobres, para que pudessem ler a Bíblia. Os cultos ocorriam dentro das casas, o que facilitou reuniões de outras religiões como as de matriz africana, como o caso de Domingues Sodré em Salvador com sua casa de candomblé e a junta de alforria, apesar de ter sido preso em 1862 por prática de feitiçaria (Rivas, 2013).

O islamismo era bastante perseguido pela Igreja e pelas autoridades policiais, que encontravam nessa religião a maior heresia e o grande responsável pelas revoltas dos negros pela liberdade, de 1808 a 1835. Da mesma forma, os ritos africanos dos Orixás eram considerados práticas supersticiosas, perseguidas pelas autoridades no século XIX e virada do XX, tornando, assim, sua expressão clandestina.

Até o fim do século XIX, o candomblé em si não era levado em consideração, como o islamismo ou o protestantismo, visto que o primeiro não era tido como uma religião concorrente com o catolicismo romano, mas como simples práticas supersticiosas de negros primitivos, sem um sistema de crenças coeso, sem estrutura e lógica intrínsecas, sem um texto sagrado nem teologia formal; no entanto, a polícia geralmente perseguia os adeptos das práticas do candomblé. Desde 1826 eram comuns as batidas policiais para evitar revoltas organizadas pelos africanos escravizados, e nessas batidas muitos objetos de cultos chamados fetichistas eram apreendidos.

O *Jornal da Bahia*, de 3 de março de 1955, aponta a invasão e apreensão de várias pessoas em um culto fetichista no local chamado *Ilé Iyanassô*, no Engenho Velho, em Salvador, em que entre o grupo de apreendidos estava Escolástica Maria da Conceição, que viria a ser a famosa Mãe Menininha do Gantois (Verger, 1986).

Apesar das diversas etnias africanas aqui reunidas, que contavam com várias divindades e ritos, o incentivo aos batuques teve o poder de reuni-los em um corpo mais unido e sistematizado de religião constituída.

Com a instalação das primeiras faculdades de medicina em Salvador e no Rio de Janeiro em 1832, a questão da ciência se mostraria importante na compreensão da religiosidade de matriz africana, e não mais somente os aspectos religiosos. Vale lembrar que os estudos sobre o conceito de raça defendido por François Bernier em 1684 tiveram bastante influência na estigmatização dos povos não europeus, focando nas diferenças étnicas e culturais entre brancos, negros e negros da terra – os indígenas –, fornecendo falsas justificativas científicas para o sentimento de superioridade branca e para a opressão desses povos. Além disso, os estudos de Franz Anton Mesmer (1734-1815) sobre magnetismo animal e estados alterados de consciência contribuíram para patologizar o fenômeno que mais tarde seria conhecido como mediunidade ou transe, muito presente nas religiões negras, ameríndias e de outros povos.

Apesar de autores como Francisco Fajardo, que "em sua obra intitulada *Tratado de hipnotismo* (1869) descreve o mediunismo como 'um estado de consciência secundária ou inferior' produto de automatismo cerebral [...] sem qualquer traço patológico" (Rivas, 2013, p. 121), Raimundo Nina Rodrigues, médico baiano, seguindo o pensamento evolucionista da sua época e o conceito de raça defendido por François Bernier, apontava o aspecto patológico do transe, afirmando serem comportamentos histéricos o que se observava em homens e mulheres durante as práticas religiosas de matriz africana. Afirmava ainda que a impossibilidade de os negros compreenderem o monoteísmo cristão devia-se à inferioridade mental de sua raça (Rivas, 2013).

Além disso, os médicos se dedicaram a perseguir os curandeiros e benzedores tradicionais que, além de levantarem questões de saúde pública, estabeleciam evidente concorrência com os médicos, que, apesar de algumas vezes usarem receitas e procedimentos tradicionais, queriam ter somente para si o direito de cuidar dos doentes e de aplicar seu conhecimento. As práticas tradicionais de cura eram vinculadas a questões mágicas e religiosas contrárias ao catolicismo oficial, o que apoiava a perseguição a curandeiros e benzedores, acusados de charlatanismo e práticas de feitiçaria.

Em resumo, nada que fosse diferente dos valores europeus, das práticas europeias ou da crença católica era bem-visto. Além disso, foi estabelecida uma classificação da população que, além de diferenças étnicas, considerava diferenças de classe.

Ainda nesse período do século XIX surgiu um movimento de embranquecimento da população brasileira, apoiado pelas ideias de Arthur de Gobineau apresentadas na obra *Ensaio sobre a desigualdade das raças humanas* (1853). Essas ideias levaram à construção da estratégia de enviar os negros para a Guerra do Paraguai, a fim de eliminá-los da população brasileira: "A guerra tinha como objetivo defender a Tríplice Aliança, mas também dar prosseguimento à política adotada pelo Império: 'a matança dos pobres que ameaçam o sistema de poder' como já vinha ocorrendo desde 1835" (Rivas, 2013, p. 74).

As práticas de religião de transe já existiam no Brasil há longa data quando o professor poliglota e funcionário do Governo Luís Olímpio Teles de Menezes levou a Salvador o kardecismo, fundado na França em 1858 por Hippolyte Léon Denizard Rivail, chamado Allan Kardec. Sendo um pioneiro, fundou em 17 de setembro de 1865 o Grupo Familiar do Espiritismo e em 8 de março de 1869 *O écho d'além túmulo*, o primeiro jornal kardecista do Brasil.

A partir desse evento se estabeleceria uma diferenciação de classe entre as atividades de transe (chamadas de mediúnicas a partir do kardecismo), os cultos e incultos. Mesmo o termo mesa branca tem duplo sentido: seria a mesa realmente branca, ou seria referência a uma prática religiosa de transe exercida por pessoas brancas e instruídas da sociedade?

O acesso à imprensa e a núcleos sociais mais letrados, aliado à ideia de que o kardecismo se mostrava como científico, fez com que os grupos mais letrados e de classes sociais mais ricas dele se aproximassem, criando a necessidade de se diferenciar bem claramente das práticas afro-indígenas da população mais simples. Originou-se uma nítida diferenciação entre alto e baixo espiritismo, entre espiritismo científico e rituais primitivos e incivilizados.

Com o advento do século XX e da organização e estruturação do candomblé, a Igreja Católica atentou para essa expressão religiosa em expansão e, por conta da influência política, teve início a perseguição policial às roças de candomblé. Esse fato é atestado por uma reportagem do jornal soteropolitano *A Tarde*, de 21 de junho de 1940, com a manchete "Varejada a igreja negra e presos os bárbaros sacerdotes – Amoreiras, em Itaparica, era um reduto do fetichismo". A reportagem aponta Dr. Atílio Teixeira, delegado auxiliar, em acordo com o secretário da segurança, como líder da empreitada. Foram apreendidos vários objetos do *culto fetichista* e presos os seus dignatários, entre eles Eduardo Daniel de Paula, que contava à época com 96 anos de idade! Essa invasão ocorreu no terreiro de Eguns, em Itaparica, no tradicional *Omo Ilé Aboulá* (Braga, 1995).

Pelos idos de 1937, Donald Pierson calculava a existência de setenta a cem candomblés ortodoxos no Brasil, de rito ketu, além de outros de influência bantu, candomblés de Congo e candomblés de Angola (Ligiéro, 1993).

Como já mencionamos, ocorreu um sincretismo entre os santos católicos e os Orixás, e esse fenômeno foi, de certa forma, reafirmado quando da organização das irmandades de negros ao redor das paróquias. Muitos autores apontam esse sincretismo como resultado da imposição da religião católica da sociedade branca dominante, porém, recentemente, estudos de pesquisadores como Gisèle Cossard e Van der Poel indicam que muitos africanos que chegaram ao Brasil como escravizados já conheciam o cristianismo devido à ação de missões de capuchinhos, que se instalaram no oeste africano em 1640, dando início a uma elaboração popular do catolicismo romano.

Muito embora o catolicismo oficial tenha se institucionalizado com a fundação da primeira diocese em 1596, no Congo (Ligiéro, 1993), o catolicismo popular estava imerso na população negra pela ação dos portugueses cristãos que chegaram no oeste da África em 20 de janeiro de 1482 (Van der Poel, 1988). Por essa razão, nem todos os africanos escravizados praticavam a religião tradicional de sua etnia, por terem sido evangelizados ainda na terra de origem. Como nosso foco recai sobre a dinâmica religiosa e simbólica das religiões tradicionais, reservamos maior espaço a essa temática.

A associação e, ao mesmo tempo, o disfarce das crenças africanas sob o manto das irmandades foram perdendo a força em meados do século XX nas roças de rito ketu, porém mantiveram-se juntamente com forte influência ameríndia nas roças de rito angola. Em entrevista ao *Jornal do Brasil* em 11 de fevereiro de 1978, Mãe Menininha do Gantois diz: "Fui criada na Igreja, fui batizada, acompanhei procissão, carreguei andor [...] Se existem homens que adoram o santo de madeira feito por eles, eu adoro a pedra, o santo do negro, que é a natureza" (Ligiéro, 1993, p. 24).

Nessa segunda metade do século XX podemos encontrar candomblés ortodoxos, de rito ketu, como o Ilé Opô Afonjá e outros de rito angola. Além desses, candomblés que receberam maior influência de práticas ameríndias, os candomblés de caboclo, os xangôs, os catimbós e, por outro lado, influências católicas e kardecistas favoreceram a formação da umbanda, mais difundida no Sudeste e Sul do país, sem mencionar as dezenas de variações e práticas religiosas resultantes da diáspora africana.

1.6 A construção histórica da umbanda

Devido a diversas nações e origens dos povos africanos nas práticas do candomblé, muitas variantes foram desenvolvidas nos ritos e nas crenças que envolviam o mundo dos Orixás. Entre as religiões de matriz africana, a que mais catalisou correntes e pensamentos distintos foi, sem dúvida, a umbanda, religião essencialmente brasileira, em que há a convivência de vários princípios diferentes e de origens diversas.

Seu nome deriva do termo quimbundo (angolense) *ki-mbanda*, que quer dizer o feiticeiro, o xamã, o curandeiro. O termo *m'banda* acrescido do prefixo: *u* significa a arte mágica da cura, orientação e adivinhação, ou simplesmente magia (Cacciatore, 1977; Sangirardi Jr., 1988).

A construção do universo mítico-religioso da umbanda inclui de uma maneira mais ou menos intensa elementos do candomblé de Angola, ou de caboclo, de práticas ameríndias, do catolicismo popular, de conceitos kardecistas e de inspiração esotérica.

Simas nos apresenta uma definição bem ampla do que seja umbanda:

> [...] umbanda, uma religião plural e dinâmica que, ao longo dos tempos, mostrou enorme capacidade de adaptação, a ponto de ser praticada em grandes terreiros, nas giras das cachoeiras, nas areias das praias, mas também em salas minúsculas, apartamentos encravados no meio do caos urbano das grandes cidades (Simas, 2022, p. 12).

Para que possamos compreender o surgimento da umbanda, talvez seja interessante uma retomada do chamado movimento nacionalista, que brotou em fins do século XIX e firmou-se na segunda década do século XX, em que a arte voltou sua atenção aos discriminados pelas estratégias políticas e científicas, relendo e demonstrando a vida destas populações indígenas e negras em expressões artísticas.

Na arte musical, a ideia de usar temáticas de populações mais à margem teve início em meados do século XIX, quando Antônio Carlos Gomes (1836-1896) compôs óperas como *Il Guarany* e *Lo Schiavo*, que, embora tenha um libreto de inspiração nacional, exibia estrutura musical evidentemente europeia. O primeiro a usar um tema popular em composição erudita foi Brasílio Itiberê da Cunha (1848-1913), em uma rapsódia intitulada *A sertaneja*. Seguem-se vários compositores, como Leopoldo Miguez, Francisco Braga, e entre eles Alberto Nepomuceno (1864-1920) com sua célebre *Série brasileira*, que inclui uma dança negra chamada *Batuque*. Ainda assim era uma releitura europeia para o público culto branco, uma vez que não se viam nos teatros pessoas de classes sociais desfavorecidas.

Paralelamente ao desenvolvimento musical, temos a figura de Luciano Gallet (1893-1931), que pode ser considerado o primeiro investigador científico do folclore nacional. Com o apoio de Mário de Andrade e Antônio de Sá Pereira, propôs ao Instituto Nacional de Música reformas pedagógicas e a criação da cadeira de Folclore. Além disso, compôs peças como as suítes *Sobre temas negros brasileiros, Nhô Chico* e *Turuna*, que alvoroçaram a Semana de Arte Moderna de 1922 (Pahlen, 1991).

Nesse panorama cultural de inspiração nacionalista iniciado na segunda metade do século XIX, por um lado, firmam-se as roças de candomblé em Salvador e no Rio de Janeiro e, por outro, em agosto de 1873, inaugura-se no Rio a Sociedade de Estudos Espíritos – Grupo Confúcio, estabelecendo o kardecismo na cidade.

Devido ao fato de a umbanda ser um fenômeno religioso brasileiro, com diferenças do candomblé de nação, podemos levantar a hipótese de que a inspiração cultural da época, trazendo o resgate cultural de segmentos marginalizados da sociedade brasileira, como o indígena, o negro escravizado e o caboclo (mestiço ou homem do mato – como era chamado), tenha de certa forma contribuído para a constituição do pensamento umbandista.

Embora já existissem candomblés de caboclo, a estrutura assumida pela umbanda apresenta uma configuração e reorganização muito distintas daquele, acrescentando em sua simbologia elementos estranhos ao candomblé ortodoxo.

A umbanda não é uma religião com estrutura formal, codificada em textos sagrados, normatizada em termos de ritos e práticas, e representa a própria diversidade que constitui a sociedade brasileira e suas hibridações.

> [...] designa também e sobretudo um conjunto de rituais religiosos, no sentido da ligação que promovem entre humanos e o mistério, resultantes do amálgama tenso e intenso de ritos de ancestralidade dos bantos centro-africanos, calundus, pajelanças, catimbós, encantarias, cabocladas, culto aos Orixás iorubanos, arrebatamentos do cristianismo popular, espiritismos e afins (Simas, 2022, p. 20).

O médico Francisco Rivas Neto (Rivas, 2013), no ano de 1998, definiu escolas ou tradições da umbanda que, longe de tentar uniformizar suas práticas e crenças, demonstrava a diversidade das experiências religiosas. Ele definiu três escolas básicas: umbanda omolocô, traçada com fortes elementos africanos em seus ritos e linguagem; umbanda mista, que apresenta figuras nacionais como o Baiano, o Caboclo, o Boiadeiro e o Marinheiro; e a umbanda branca ou de mesa, fortemente influenciada pelas práticas kardecistas sem uso de fumo ou bebidas (Rivas, 2013).

Como já dito, religiões de transe já existiam no Brasil bem antes de o kardecismo chegar e, com a constituição de 1824, foram permitidos cultos não católicos. Com isso, muitos grupos afro-diaspóricos se organizaram, entre eles o cabula, no Sudeste; o batuque, no Sul; o xangô, em Pernambuco; e a pajelança e jurema, no Norte.

Segundo a pesquisadora Maria Elise Rivas (2013) vários autores apontaram origens diferentes para a umbanda, como Arthur Ramos, Bastide, Edson Carneiro, Renato Ortiz, Leal de Souza e Maria Helena Concone, porém nenhum compreendeu o conceito de escolas, "mas a maioria buscou reafirmar a degeneração da umbanda justamente por não compreender suas escolas" (Rivas, 2013, p. 86). O que mantém a unidade da prática umbandista em todas as escolas é a presença do Caboclo e do Preto-Velho.

O mito de origem da umbanda é datado de 1908; no entanto, a prática religiosa como é estruturada na religião já estava presente no cotidiano das pessoas bem antes disso. Este tema será aprofundado mais adiante.

José Sebastião da Rosa, o Juca Rosa, nasceu no Rio de Janeiro em 1833 e era alfaiate. Já em 1860 liderava uma prática religiosa de transe, rituais acompanhados de um instrumento de madeira chamado *macumba* e tambores. Sua casa era procurada por pessoas simples e mesmo da alta sociedade para redimirem seus problemas. Diferentemente do candomblé ortodoxo, em que os Orixás não falam e não dão consultas ou passes, Juca Rosa atendia os consulentes incorporado pelo espírito chamado Pai Quilombo, ou por outros dois chamados Pai Vencedor e Pai Zuza. Aqui vemos a interação do espírito com os consulentes, antes da chegada do kardecismo no Rio em 1873. Nestas expressões pode-se observar a elaboração simbólica dos Caboclos de Ogum e dos Pretos-Velhos. Outro aspecto importante é que, entre os objetos mágico-religiosos de Juca, estavam elementos africanos, indígenas e católicos, com base na tradição bantu oriundos do Congo e Angola (Rivas, 2013).

A figura do Preto-Velho fumando cachimbo pode representar, segundo a autora citada, o hibridismo entre aspectos africanos e indígenas. Poderíamos ainda dizer que, como é costume os Pretos-Velhos carregarem um rosário na mão, esse hibridismo inclui ainda a simbologia católica. Também era comum o uso de patuás, bolsinhas mágicas com poderes espirituais que estão presentes nas culturas indígenas, os amuletos, e no cristianismo, por exemplo, escapulários e santinhos. A prática de projetar potências psíquicas associadas ao sagrado em objetos, desde a pedra bruta até objetos modelados, vem desde a Antiguidade, como já apontou Jung (1980).

Outra pessoa importante neste histórico anterior ao mito fundante é originária de Sorocaba, terras chamadas pelos indígenas como *Iby Soroc* (terra sagrada). O Caminho de Zumé era um centro de passagem de tropeiros em direção ao interior e, por isso, sua população era na maioria composta por indígenas e mestiços. Houve tentativas frustradas por parte de alguns africanos escravizados de construírem igrejas católicas para sua prática devocional em 1760, 1797 e 1856. Em 1846, com a visita do imperador, chegaram à cidade imigrantes austríacos e com eles o protestantismo. Em 1875 foi inaugurada a Estrada de Ferro Sorocabana.

Esse personagem foi João de Camargo, nascido em 1858 na cidade de Sorocaba, filho de uma escravizada curandeira chamada Tia Chica. A Sinhá Ana Tereza, sendo muito devota, encaminhou João para a formação católica. Na convivência católica, apegou-se muito ao pároco que seria mais tarde Monsenhor João Soares do Amaral. Outra pessoa que tinha forte ligação afetiva com João era Alfredinho, um menino que faleceu após uma queda de cavalo e teve uma cruz comemorativa posta ao lado da estrada onde ocorreu o acidente.

Era comum João ir acender velas e rezar junto à cruz de Alfredinho e, por volta de 1905, começou a sentir a presença de espíritos. Teve, então, um sonho em que uma mulher aureolada lhe pedia que parasse de beber porque ele tinha uma missão a cumprir. Pensou em afogar-se no rio, mas foi impedido por forças espirituais. Então correu em direção ao topo da Serra de São Francisco, mas no caminho encontrou um pé de cambará e sentou-se sob a árvore para descansar. Neste momento a árvore iluminou-se e no meio da luz observou um menino loiro de olhos azuis, uma mulher negra baixinha e um homem negro que sumiu e em seu lugar surgiu um sacerdote católico (Rivas, 2013).

Impossível não notar similaridades arquetípicas com outras narrativas da história religiosa. O descanso sob a árvore cambará e a árvore Bodhi na narrativa de Sidarta Gautama, quando obteve a iluminação; a subida a um monte e a árvore luminescente com o que se lê em Gênesis, na visão de Moisés da sarça ardente; e ainda a aparição de Fátima sobre um arbusto. Essas imagens todas remetem a símbolos arquetípicos associados à montanha e à árvore como elementos de conexão com o si-mesmo.

Nessa visão a mulher se apresentou como Nossa Senhora Aparecida, o homem branco como Monsenhor Amaral e o menino como Alfredinho. Pode-se observar a forte influência da simbologia católica, diferente do imaginário de Juca Rosa. E deve-se notar o surgimento do homem negro substituído pelo padre branco. Temos um quaternário em que o quarto elemento, o homem negro, é obliterado remetendo-nos, por um lado, ao branqueamento cultural e, por outro, à quarta função da psique, profundamente calcada no inconsciente (Zacharias, 2006). Observa-se também uma referência à Sagrada Família, ícone católico com Maria, Jesus e José. A partir dessa experiência, João de Camargo passou a ser conhecido como o profetizado.

Motivado pela experiência construiu uma capela chamada Capela do Bom Jesus da Água Vermelha, iniciada em 1906. O altar-mor da capela tinha santos católicos, além de imagens de caboclos e indígenas; na parte de trás do altar havia imagens de referência aos cultos africanos. Havia também um quartinho exclusivo aos adeptos, o lugar da proteção, com imagem de São Jorge e outra figura chamada *mafingui vimbundo* vestido de preto e vermelho (Rivas, 2013). Provavelmente essas práticas se originaram em um culto restrito que João frequentava na cidade de Santos, talvez um grupo quimbandeiro.

Embora João de Camargo tenha sido preso várias vezes, modificou suas práticas para adaptá-las ao socialmente aceito e registrou sua capela como Associação Espírita e Beneficente Capela do Senhor do Bonfim, em 1921.

Nas linhas anteriores ficou clara a distinção existente entre alto e baixo espiritismo, espiritismo culto, científico e branco em contraposição ao espiritismo inculto, primitivo e negro-indígena. Essa divisão seguia a regra de racismo e classismo que dividia a sociedade. Pode-se perceber quatro etapas de compreensão dos cultos de transe. Primeiro associado a práticas de satanismo (coisa do demônio), segundo associado ao racismo classista (coisa de pobre, bêbados e vagabundos), terceiro associado à malandragem (curandeiros e charlatães) e quarto associado a doenças mentais e patologias diversas.

A narrativa mais conhecida sobre o surgimento da umbanda tem como figura central Zélio Fernandino de Moraes, nascido em 1891, filho de um farmacêutico kardecista. Ele iniciou sua vida mediúnica aos 17 anos com a orientação espiritual de Tio Antônio que incorporava em Dona Cândida, uma rezadeira negra. Por causa de uma doença considerada espiritual, recorreu aos cuidados de Dona Cândida. Nessa época Zélio incorporou o Caboclo das Sete Encruzilhadas, que determinou a abertura de uma tenda espírita. Nesse tempo os Caboclos surgiam em centros kardecistas, mas não participavam das mesas.

Segundo Zélia, uma das filhas de Zélio, a casa foi fundada em 8 de novembro de 1908 na cidade de Niterói (Rivas, 2013). Esse fato deveu-se à não integração dos Caboclos quando surgiam em centros kardecistas. Como era de prática comum nas comunidades kardecistas, que já haviam se espalhado pelo Brasil desde 1865, as entidades ou mentores espirituais sempre eram espíritos de brancos, europeus ou de cultura europeia, e de preferência letrados. Ainda hoje é comum vermos em centros kardecista a presença desse tipo de mentores, a exemplo de André Luiz, Bezerra de Menezes,

Emmanuel, Monet, freiras, médicos etc. Outra característica das reuniões kardecistas é a simplificação e redução de atos litúrgicos ou ritualísticos. O espiritismo kardecista apresenta-se isento de rituais, objetos sagrados, procedimentos mágicos e de uma mitologia própria; mas, por outro lado, apoia-se em um coeso código doutrinário, baseando suas práticas e o crescimento espiritual do fiel no estudo e na reflexão intelectual. Toda essa estrutura culta, branca e europeia embasa um grande esforço, do kardecismo, para mostrar-se como prática de comprovação científica ou uma filosofia de vida, e não uma religião!

Como já mencionado sobre o mito fundante da umbanda, em 1908 foi inaugurada a Tenda Espírita Nossa Senhora da Piedade. Sua liturgia não envolvia a presença de instrumentos, só eram entoados os cânticos. Havia uma grande mesa na qual se sentavam os participantes. Embora houvesse um altar católico, não havia danças e a doutrinação era importante. É possível perceber uma adequação à sociedade vigente, com um dirigente (pai de santo) branco de ascendência europeia, princípios doutrinários do kardecismo e ausência de elementos litúrgicos ligados às origens afro-ameríndias, apesar de manter os aspectos simbólicos fundamentais da umbanda como os Caboclos e Pretos-Velhos.

Foi muito importante registrar esses eventos como o mito fundante da religião para sua aceitação na sociedade brasileira, surgindo a ideia da umbanda cristã ou umbanda branca. A afirmação de Zélio como fundador, a Tenda de Nossa Senhora da Piedade e a data de 15 de novembro (dia da Proclamação da República) como a data fundante da umbanda foi uma estratégia social de afirmação da nova/velha religião na sociedade. Para isso corrobora a ação da Condu (Conselho Deliberativo Nacional da Umbanda) que, na década de 1970, legitimou o fundador e a data citada (Rivas, 2013).

Os centros ou tendas de umbanda espalharam-se rapidamente pelo Sudeste e Sul do país, a ponto de em 1941 ter sido realizado o primeiro congresso de umbanda, no Rio de Janeiro. O primeiro centro de umbanda fundado em São Paulo data de 1930, e, em 1957, o Conselho dos Bispos Latino-Americanos decretou como inimigos da Igreja Católica o protestantismo pentecostal, o comunismo, a maçonaria e o espiritismo alto e baixo (Prandi, 1991). Atualmente a umbanda tem se expandido para os Estados Unidos, Argentina e Europa.

Podemos diferenciar estes dois sistemas (umbanda e kardecismo) por dois pontos básicos. Quanto às entidades comunicantes, no kardecismo temos entidades europeias, cultas e letradas; na umbanda temos a presença de entidades nacionais, simples e populares (Caboclo, Preto-Velho, Crianças, Ciganos, Boiadeiros, Baianos, Marinheiros, Malandros e Prostitutas – os Exus da umbanda). E quanto à estrutura de sustentação da religião, no kardecismo temos um sistema doutrinário intelectual e dogmático-filosófico, ao passo que na umbanda predomina o conhecimento tradicional de um sistema mágico e ritualístico. O kardecismo baseia-se nas seis obras codificadas por Allan Kardec, ao passo que a umbanda se baseia mais nas tradições ritualísticas advindas de várias fontes e várias escolas.

Composta por elementos do candomblé tradicional, a umbanda introduziu significativas mudanças na prática ritual. Traduziu a maioria dos termos africanos para o português, tanto para as rezas quanto para os pontos cantados (cânticos litúrgicos). Manteve o canto e a dança, bem como a utilização de instrumentos de percussão no ritual. Absorveu e adaptou em sete linhas (Sete Linhas da Umbanda) os Orixás do candomblé. Adotou o nome de médium para quem incorpora. Influenciada pelo catolicismo popular por meio de um forte hibridismo, instalou um altar com santos católicos (Congá ou Peji) dentro do terreiro. Englobou práticas esotéricas como a questão numerológica e o uso de pedras, cristais e velas coloridas, bem como a figura dos pantáculos da magia europeia que se tornaram pontos riscados. Dos ritos ameríndios e da pajelança, a umbanda absorveu o uso do fumo (charutos, cigarrilhas e cachimbos) e de bebidas. Ainda do kardecismo, a nova religião incorporou a ideia do desenvolvimento do médium pelo estudo de obras espíritas e exercícios mediúnicos, bem como a intenção declarada de fazer caridade como forma de purificação e elevação espiritual, embora essa prática fosse amplamente usada pelas benzedeiras. Neste ponto há uma diferença interessante entre as entidades da umbanda e do candomblé, os Caboclos, Pretos-Velhos, e demais entidades da umbanda oferecem consulta aos fiéis, dão conselhos, passes e remédios de ervas; já os Orixás manifestos não se comunicam com os fiéis, a não ser por meio do jogo de búzios, ou de Ifá.

Igualmente ao candomblé, a umbanda tem muitas formas e práticas ritualísticas diferentes entre si. Podemos perceber um panorama mais ou menos amplo das várias manifestações desse culto se traçarmos uma linha imaginária entre o candomblé e o kardecismo. Há terreiros mais africanizados, que têm mais elementos de candomblé (sacrifício de animais, raspagem de cabeça como iniciação, despachos etc.) em seus rituais do que elementos kardecistas. No outro extremo, encontramos terreiros que estão muito mais próximos das práticas kardecistas (leitura do *Evangelho segundo o espiritismo* e doutrinação, sem atabaques, danças, velas e bebidas, inclusão da mesa branca) do que das práticas do candomblé (Cacciatore, 1977).

A estrela de cinco pontas é um símbolo muito comum nos pontos riscados da umbanda. Esses pontos são como a assinatura simbólica da entidade que a faz, são desenhos feitos com giz (pemba) no chão e apresentam figuras como estrelas, coração, flechas, espadas, ondas, lua, sol, entre outros, que representam as ligações míticas da entidade que os desenha e dá indicações do seu estilo de atuação. É interessante notar que são feitos muitas vezes por pessoas incultas e que apresentam uma configuração semelhante aos pantáculos encontrados em livros de alta magia e na Cabala.

1.7 Influências da matriz africana na cultura brasileira

A participação africana na construção da sociedade brasileira pode ser percebida em muitas atividades da vida nacional. Neste tópico vamos tentar explanar alguns aspectos da influência da religião dos Orixás no dia a dia da vida brasileira.

Tomando a música como primeiro tópico, temos muitos exemplos na música popular brasileira. Compositores e intérpretes como Gal Costa, Gilberto Gil, Dorival Caymmi, Maria Bethânia, Caetano Veloso, João Bosco, Clara Nunes e Clementina de Jesus, entre outros, são representativos dessa influência na MPB. Canções famosas como *Oração à Mãe Menininha, Iansã cadê Ogum, O que é que a baiana tem?, É d'Oxum, Ijexá, Saudação aos povos africanos* e *Nação* levaram ao grande público e à mídia termos e melodias que surgiram nos candomblés de Salvador. Quanto ao ritmo e às danças, os toques de santo sempre marcaram as festas populares. Os lundus, as rodas de samba e os batuques impregnaram a cultura popular, principalmente no Nordeste e Sudeste, e desembocaram em variadas expressões do samba. Na música erudita, temos também a influência da estética da tradição africana em obras como a dos nacionalistas, já mencionados, e a ópera *Lídia de Oxum,* do compositor Almeida Prado.

A influência da matriz africana no cotidiano da moda é evidenciada pelo uso de tecidos chamados panos da costa, roupas multicoloridas, batiques, barrete ou gorro africano, bem como pelo costume de se usar roupa branca às sextas-feiras. A figura encarnada no cinema por Carmen Miranda, carregando balangandãs, correntes no pescoço, turbantes e saias rodadas, é a própria figura da mãe de santo, ou melhor, a baiana do acarajé, que se veste dessa mesma maneira e usa um turbante chamado *torso.* Por extensão à vendedora de acarajé, podemos citar as comidas típicas como amalá, caruru, acaçá, ipeté e o vatapá, que em alguns candomblés também é comida votiva para muitos Orixás (Cacciatore, 1977). Vale lembrar que, com a quantidade de africanos escravizados na cidade de Salvador, muitas mulheres negras iniciaram a feitura do acarajé nas ruas e praças, conseguindo assim sua subsistência desde o século XIX.

Entre as festas profano-míticas, como o Bumba meu Boi e a Vaquejada, podemos citar o Carnaval, que é uma das festas populares mais concorridas em todo o Brasil. Embora esta festa tenha sido trazida da Europa, aqui no Brasil teve forte influência dos conteúdos de matriz africana, principalmente em Salvador e no Rio de Janeiro. Haja vista que a expressão musical típica do Carnaval no Rio é o samba (samba-enredo), que acompanha a apresentação das escolas de samba com sua tradicional ala das baianas; e em Salvador, os trios elétricos, além dos afoxés, o mais conhecido é o Filhos de Gandhi.

Temos ainda as festas religiosas, como a Lavagem do Bonfim, em Salvador no mês de janeiro, além de outras festas de religiosidade popular, por influência das irmandades e do sincretismo, como as festas de junho (Santo Antônio e São João – fogueiras de Xangô), a Festa da Imaculada Conceição e a festa à Nossa Senhora dos Navegantes, hibridizada com Iemanjá, em 2 de fevereiro, entre outras mais regionais.

Outro hábito tradicional, que ocorre na passagem de ano, principalmente no Sudeste e Sul, é ir até a praia totalmente vestido de branco e ofertar presentes à Iemanjá, com a intenção de que o novo ano traga sorte e felicidade, inclusive no amor.

Podemos apontar ainda a influência de matriz africana em nosso folclore, na evidente figura do Saci-Pererê, que segundo Ligiéro (1993) é representativo de Aroni, companheiro de Ossaim, Orixá senhor das folhas. Aqui, na terra rubra como a brasa, o Saci e a Caapora se divertem na mata e no imaginário coletivo.

Na linguagem popular, termos como cabeça-feita, fazer a cabeça, odara, pé no azeite, rodar a baiana, assanhada, kaô, kizila, aquendar, euó etc. representam aspectos da linguagem própria dos terreiros no cotidiano popular.

Aos que buscam ampliar conhecimentos sobre os iorubás sugerimos as obras produzidas por Síkírù Sàlámì (King), Ronilda Iyakemi Ribeiro e Rodrigo Ribeiro Frias. Os particularmente interessados pela umbanda encontrarão boas fontes de leitura na produção deles, pesquisadores em etnopsicologia.

Retornando ao *oriki* (louvor que conta os feitos de um Orixá), o verso no início deste capítulo, podemos ver por esse histórico que Exu entrou em terras brasileiras em pé de guerra. Trazido para cá à força, sob o peso da escravização, ele não deixou na África o fogo do seu espírito, mas o trouxe e se impôs nestas novas terras. Apesar do batismo cristão a que foram submetidos os africanos escravizados, *a chuva que pode molhar um fantasma*, não extinguiu a força ígnea de Exu nem se atreveu a passar por seu caminho. Apesar de todos os revezes, o culto aos Orixás mantém-se aceso como um fogo vivo, divino, purificador e restaurador.

Laroiê!

2 Psicologia analítica e religiosidade

> *Por isso eu acredito que o comportamento é influenciado pelos instintos em grau muitíssimo mais elevado que em geral se admite, e que sob este aspecto estamos sujeitos a muitos erros de julgamento, de novo como resultado do exagero instintivo do ponto de vista racionalista.*
>
> OC 8/2, § 272.

2.1 Preconceito e religião negra

São muitos os aspectos sociais e psicológicos que determinam a formação de preconceitos. Tanto os elementos de socialização quanto a estruturação da consciência, que são processos interligados, formam um jogo de luz e sombra determinante do que é aceitável ou não.

Vamos analisar dois aspectos marcantes e fundamentais do preconceito contra a religião negra. De um lado, podemos analisar o preconceito advindo da Igreja e, de outro, o preconceito da ciência.

Desde os tempos coloniais, a postura da Igreja para com os seguidores das religiões negras, que aqui chegaram juntamente com os povos africanos escravizados, era muito mais intolerante do que hoje. Apesar de as diversas irmandades católicas terem tido sua origem nos agrupamentos de escravizados, como vimos no capítulo anterior, quando os cultos de matriz africana adquiriram maior organização, a partir do início do século XX, a Igreja posicionou-se claramente contrária à sua prática. Podemos observar isso no texto da *Pastoral Coletiva do Episcopado Brasileiro*, de 1915, em que se lê:

> O espiritismo é o conjunto de todas as superstições e astúcias da incredulidade moderna, que, negando a eternidade das penas do inferno, o sacerdócio católico e os direitos da Igreja Católica, destrói todo o cristianismo [...] os espíritas devem ser tratados como verdadeiros hereges e fautores de heresia" (Wulfhorst, 1989, p. 19).

Esse pensamento está de acordo com o período de romanização da Igreja no Brasil, que vai de 1890 a 1960. Nessa perspectiva, além do problema da adoção de deuses estranhos, embora sincretizados com santos católicos, das religiões de matriz africana, apresentou-se um outro problema mais sério, que é o estado de transe. Esse fenômeno foi encarado de quatro formas: ou o transe é compreendido como possessão demoníaca, ou é considerado um fenômeno paranormal, ou é uma fraude, ou é um processo patológico que conduzirá o praticante à loucura.

A ideia de possessão diabólica cai bem para o ambiente da Igreja medieval, porém parece um tanto bizarra para a Igreja do século XX, e esse ponto foi observado com muita cautela, optando-se, muitas das vezes, por uma das outras três explicações, sendo as de fraude ou patologia menos ameaçadoras do que a parapsicológica.

Por conta disto, foi lançada na primeira reunião ordinária da Conferência Nacional dos Bispos do Brasil (CNBB) em 1953, em Belém do Pará, a Campanha Nacional Contra a Heresia Espírita, em que Dom Helder Câmara designou para comandá-la o teólogo Boaventura Kloppenburg. Esse movimento teve por objetivo combater as práticas espíritas (africanas e kardecistas) e chegou ao ponto de exigir um juramento antiespírita aos membros de associações religiosas católicas (Wulfhorst, 1989).

Paralelamente às ações da CNBB, a IECLB (Igreja Evangélica de Confissão Luterana do Brasil) posicionou-se contra estas ditas heresias espíritas, em que foram caracterizadas como fenômenos demoníacos as práticas espíritas e de matriz africana, principalmente pelas pregações do reverendo Koch, que fora missionário na África.

Outro pregador importante nesse contexto antiespírita foi Fülling, que em 1957 publicou um artigo no qual apontava nos cultos espíritas uma recaída ao paganismo, e o renascimento de um paganismo obscuro. Porém, essa recaída oferece bem menos perigos do que aconteceu na Alemanha nazista, onde a recaída ao culto pagão de Wotan, segundo Jung, detonou a Segunda Guerra Mundial.

Por outro lado, igrejas fundamentalistas de origem norte-americana, principalmente as de abordagem pentecostal, iniciaram campanhas de conversão em massa, tanto de adeptos de cultos africanos e espíritas quanto de católicos romanos.

Atualmente, no campo da heresia e da interpretação demonológica do fenômeno, podemos perceber duas posturas diferentes nas igrejas. Uma é de tolerância, diálogo e resgate da origem histórica e simbólica. Esse é o caso de correntes mais sociais e antropológicas da Igreja, evidenciando-se, por exemplo, no estudo e resgate das tradições católicas populares (o catolicismo popular é bem diferente do catolicismo teológico), como o demonstra o *Dicionário da religiosidade popular*, de Frei Francisco van der Poel (2013), ou na nova postura pastoral elaborada por Kloppenburg (1964), em que se pode perceber referência à umbanda como religião, e não mais como heresia, influenciada pelos princípios do Concílio Vaticano II, que sugere a valorização dos costumes e tradições dos povos a serem civilizados.

Por outro lado, afirma-se cada vez mais a ideia de possessão demoníaca, por meio de testemunhos de conversão e sessões públicas de exorcismos em igrejas pentecostais e neopentecostais, bem como no ramo carismático da Igreja Católica, que se valem de interpretações fundamentalistas da Bíblia e adotam uma postura medieval quanto aos fenômenos psíquicos.

No contexto neopentecostal, que é fortemente fundamentalista, os Orixás do candomblé são percebidos como demônios maldosos e destrutivos. Essa é uma leitura derivada de seus pressupostos dogmáticos monoteístas, em que um único deus absoluto e verdadeiro não pode aceitar a convivência com outros deuses (Zacharias, 2021). Automaticamente estes outros deuses se tornam falsos deuses, como ocorreu no período de Abraão, quando o povo semita se separava dos caldeus e Javé se afirmava como único e verdadeiro Deus frente aos outros deuses existentes e cultuados na Mesopotâmia (Armstrong, 1994); ou como ocorreu no cristianismo, que, por haver desenvolvido o conceito de Diabo e demônios, aí arrola todos os deuses remanescentes de outros povos e culturas às quais foi se impondo.

Nessa linha de pensamento é interessante notar que os diversos deuses que o cristianismo foi atirando ao domínio do inferno são representativos de potencialidades da alma humana e de instâncias da vida, como a matéria, o feminino, a sexualidade e o mal. A discussão desse tema foi brilhantemente elaborada por John Dourley (1987), na sua obra *A doença que somos nós*. Curiosamente em nossos dias podemos ver cultos neopentecostais em que os participantes entram em estado alterado de consciência, dançam e giram como em práticas espiritualistas que eles mesmos condenam como demoníacas; no entanto, a explicação dada é que esses devotos estão sob a inspiração do Espírito Santo e cheios do fervor espiritual. Embora possam identificar uma outra origem para o fenômeno do transe nos cultos neopentecostais, a estética é a mesma que em cultos de matriz africana.

É importante mencionar que o preconceito ocorre também dentro do grupo que sofre esse mesmo processo por parte de outro grupo. Ou seja, mesmo sendo discriminados pela Igreja, os kardecistas alimentaram, até o fim do século XX, um preconceito quanto aos cultos de matriz africana. Como não faria sentido adotar a interpretação demoníaca, a explicação para o preconceito é a de que esses cultos "trabalham com espíritos menos desenvolvidos, mais primitivos e sem luz" (sic), como já foi explanado no capítulo primeiro.

No fim do século XX e início do XXI começaram a surgir obras kardecistas psicografadas que criaram aproximações entre esses dois sistemas espiritualistas. Nelas, espíritos de africanos escravizados contavam sua jornada espiritual, incluindo a vivência da escravização em um contexto maior de sucessivas reencarnações nas quais viveram diferentes etnias e classes sociais. E ainda mais, a narrativa de um mesmo espírito que assume representações de vidas passadas para a melhor comunicação com os fiéis, como apresentar-se como uma freira católica a uma mesa kardecista tradicional e uma Preta-Velha em um terreiro de umbanda. Por outro lado, muitas casas kardecistas passaram a receber em suas mesas a manifestação de Caboclos e Pretos-Velhos. Houve uma hibridização das religiões espiritualistas e a compreensão do que são e como agem os espíritos foi reformulada, favorecendo a inclusão do diferente.

Sob o ponto de vista da psicopatologia, o enfoque das práticas de matriz africana não é menos preconceituoso, e as igrejas lançaram mão de suas explicações, principalmente na década de 1970. Afirmações como a de Kloppenburg, de que "[...] a história dos médiuns é uma interminável história de fraudes conscientes ou inconscientes" (apud Wulfhorst, 1989), deslocam o campo fenomênico dos demônios para a personalidade humana.

Abordado sob esse novo enfoque, os fenômenos ocorridos nos cultos ao Orixá eram vistos, até o início do século XX, como ocorrências hipnóticas, em que "[...] uma pessoa pode mergulhar em seu subconsciente e causar movimentos automáticos dos lábios [...]" (Wulfhorst, 1989, p. 24). Desta maneira, muito embora a parapsicologia se preocupasse mais em descrever e compreender os fenômenos do espiritismo kardecista, para os cultos de inspiração africana ficou a ideia da mistura amalgamada entre fenômenos paranormais e superstição fetichista, uma visão repleta de preconceito. Na verdade, parece que a parapsicologia não se preocupou muito com o candomblé e suas derivações, talvez por ser aquela europeia demais e as práticas do candomblé "primitivas demais", ficando muito mais à vontade com o kardecismo, que também é europeu de origem.

Com o intuito de aprofundar essa questão, a Igreja Católica criou em São Paulo, no ano de 1970, o Centro Latino-Americano de Parapsicologia, tendo como seu fundador e presidente o padre espanhol Oscar G. Quevedo. Iniciava-se, assim, um processo de catequese parapsicológica, com palestras, cursos, formação de agentes pastorais e a publicação dos cadernos *Espiritismo, Parapsicologia e Evangelização,* sob a direção de Sandro Schiattarella (Wulfhorst, 1989).

Esse casamento intencional entre a Igreja e a parapsicologia de pronto se mostraria inadequado, isso porque a interpretação parapsicológica esbarraria em pontos dogmáticos da Igreja, e foi o que aconteceu com a publicação, em 1982, da obra *Antes que os demônios voltem*, de Quevedo. No capítulo intitulado "Existe o demônio?", o autor afirma serem perfeitamente explicados pela parapsicologia os fenômenos de possessão, e que nada têm de sobrenatural. Isso acarretou o fechamento do Centro Latino-Americano de Parapsicologia, em 1984, por ordem do superior regional da Companhia de Jesus no Brasil. No entanto, muitos outros centros de estudos parapsicológicos foram surgindo no país (Wulfhorst, 1989).

As igrejas protestantes fundamentalistas não se aproximaram da parapsicologia, exatamente por perceberem o conflito entre seus pontos de fé e os postulados parapsicológicos, e, como muitas se atêm a uma leitura fundamentalista da Bíblia, sempre olharam com uma certa desconfiança para as ciências, principalmente as ciências humanas e tudo o que se refere ao psiquismo. Agindo dessa maneira, esse ramo do cristianismo se mantém fiel à interpretação de possessão demoníaca para os fenômenos de inconsciência; mas, curiosamente, aceitam e incentivam estados alterados de consciência chamados de batismo no Espírito Santo e o ruidoso dom de línguas, ou o falar em línguas estranhas, além dos dons de cura e profecias.

A postura parapsicológica na abordagem dos cultos de matriz africana limitava-se à explicação e descrição dos fenômenos em si, como ocorrem, sem, contudo, buscar o significado de sua expressão cultural e psicológica. A partir do fim do século XX e início do XXI, a parapsicologia, agora chamada psicologia dos fenômenos anômalos, ou psicologia anomalística, tenta compreender o fenômeno do transe como interferências do subconsciente, ou do inconsciente, no consciente, por meio do transe hipnótico ou rebaixamento da consciência. Aspectos importantes foram acrescidos aos estudos desses fenômenos, como: qual a função coletiva ou pessoal que assume esse fenômeno? Os conteúdos emergentes são aleatórios ou têm algo a ver com os conteúdos individuais do sujeito em transe? Se esses conteúdos são pertinentes ao indivíduo, por que assumem uma expressão coletiva ancestral e intercultural? Por que seus conteúdos são estruturantes para um determinado grupo social, mas ao mesmo tempo podemos encontrar paralelos de suas práticas e lendas em grupos socioculturais tão distantes, como mitos gregos, ou lendas da Europa Oriental? A psicologia anomalística tem buscado respostas para essas questões, focando agora em seu conteúdo e sua função individual e psicossocial.

Nos últimos tempos, a contribuição da antropologia e da sociologia tem sido de grande valia para a compreensão dos cultos de matriz africana, sem distorcê-los ou concebê-los preconceituosamente. Nas descrições de suas lendas, de suas práticas, e do resgate cultural de seus fundamentos, muito se tem feito para angariar aos cultos de origem africana o respeito das ciências humanas, dos pesquisadores e da comunidade em geral. Pesquisadores de peso, como Verger, Cacciatore, Carneiro, Prandi, Bastide, Segato e outros, têm levantado questões sobre o desenvolvimento do candomblé brasileiro e africano e promovido o resgate histórico, sociológico, cultural, linguístico e antropológico, senão mítico, deste vasto universo cultural. No entanto, faz-se necessário o aprofundamento do olhar psicológico ao fenômeno, contando com a contribuição das demais ciências, e não só a partir do olhar psicopatológico.

Do ponto de vista da psicologia clássica, localizar as práticas religiosas afro-brasileiras somente como comportamento aprendido e por socialização assimilado por todos os membros de um grupo social não é incorreto, mas deixa de lado o significado psicológico estruturante de seus temas e, ainda, não chega a fornecer possíveis explicações para a universalidade de situações experienciadas nestes cultos. Parece-nos que a prática dos cultos ao Orixá expressa uma dimensão mais ampla do que só a relação do indivíduo com a aprendizagem social. A dimensão simbólica que se instaura neste universo religioso é cheia de significados que vão além de uma relação consciente e pessoal com o grupo.

Examinar a estrutura dos cultos de matriz africana sob o ponto de vista da dinâmica psicológica individual, considerando somente as relações pessoais do sujeito com um mundo de objetos e desejos, por meio de repressões e sublimações, certamente nos conduzirá ao diagnóstico de neurose histérica ou de múltiplas personalidades. Dessa maneira o significado do símbolo expresso será sufocado sob um racionalismo reducionista, que perde de vista a alma humana.

Acreditamos que, para podermos, em psicologia, acessar de maneira mais adequada a questão do significado simbólico dos elementos do candomblé, devemos abordá-los sob a luz da psicologia analítica de Carl Gustav Jung, que afirmou: "Não só o cristianismo com sua simbólica salvífica, mas de um modo geral todas as religiões, e mesmo as formas mágicas das religiões dos primitivos, são psicoterapias, são formas de cuidar e curar os sofrimentos da alma e os padecimentos corporais de origem psíquica" (OC 16/1, § 20).

2.2 A psicologia analítica de Carl Gustav Jung

A origem da psicologia profunda conta com a contribuição de filósofos, como Platão e Carl Gustav Carus, psicólogos, como Francis Galton e Théodore Flournoy, e médicos que se dedicaram ao estudo dos estados alterados de consciência que construíram uma psicologia do inconsciente e suas aplicações clínicas. O interesse da medicina por esses fenômenos teve início com o trabalho de Franz Anton Mesmer, que se dedicou a estudar os fenômenos de possessão e exorcismos promovidos pelo Padre Joseph Gassner (1727-1779). Mesmer identificou o fenômeno do transe, ou estado alterado de consciência, e desenvolveu a técnica conhecida como mesmerismo ou hipnotismo, que foi estudada por outros médicos, como Jean-Martin Charcot (1825-1893) e Pierre Janet (1859-1947) com quem Sigmund Freud e Jung estudaram respectivamente (Zacharias, 2006).

A exploração do inconsciente e seus conteúdos deram base para a construção da teoria psicanalítica e da psicologia analítica. Como o foco era prioritariamente clínico, a questão da patologia desses fenômenos se fixou. Ao mesmo tempo, na segunda metade do século XIX, o desenvolvimento do espiritismo e de práticas mágicas (não magia) apresentava, em paralelo com o aspecto psicopatológico do transe, o lado do embuste e do charlatanismo. Nesse contexto da compreensão científica do fenômeno é que Raimundo Nina Rodrigues estuda os estados de transe nos candomblés de Salvador e acentua o aspecto patológico da prática mediúnica, como visto anteriormente.

Do ponto de vista desenvolvido por Jung, a abordagem analítica pressupõe uma meta para a psique, um objetivo de autorrealização. Jung afirma que "no processo analítico – isto é, no confronto dialético do consciente e do inconsciente – constata-se um desenvolvimento, um progresso em direção a uma certa meta ou fim cuja natureza enigmática me ocupou durante anos a fio" (OC 12, § 3).

Essa é uma abordagem prospectiva, que aponta a realização dos conteúdos inconscientes, ou o processo de individuação, como meta da psique objetiva. Isto é, um processo criativo que se dinamiza em busca da integração dos conteúdos da personalidade. O autor afirma:

> A interpretação analítico-redutiva diz que o interesse (a chamada libido) regride para o material de reminiscência infantil fixando-se nela, ou então, que jamais dela se libertou. A concepção sintética ou analógica, contudo, ensina que se trata de partes da personalidade, suscetíveis de evolução, que se encontram em um estado infantil, como que ainda no regaço materno (OC 16/1, § 9).

O confronto de opostos permeia toda a teoria junguiana. As polaridades consciente e inconsciente, ego e si-mesmo, persona e sombra, entre outras, constituirão a estrutura da personalidade. Por outro lado, a dinâmica dessa estrutura é representada pelo conceito de energia psíquica, de sua equiparação ao conceito de energia em física, ou ao conceito de *élan vital* de Bergson. Essa energia não aumenta nem diminui, o que ocorre é a possibilidade de uma certa quantidade dela ficar retida em alguma estrutura e faltar em outras estruturas.

Toda teoria da personalidade é uma abstração criada, uma série de conceitos logicamente organizados para podermos nos referir a um fenômeno não diretamente observável – a psique humana –, porém passível de vivência direta. Assim sendo, utilizaremos a abordagem junguiana também chamada de analítica como instrumento de compreensão desse sistema simbólico religioso, esse será o nosso caminho teórico de acesso ao mundo mítico de matriz africana. Aflalo (1996) afirma que

> [...] os Orixás não existem fora da mente humana, não são deuses primitivos de um panteão imaginado pela concepção cultural do branco [...] Desta forma dinâmica e dialética evolui o ser humano na conceituação nagô, aprimorando a sua mente (Ori), fazendo-a senhora dos seres e da natureza, em consonância com o seu Orixá (pp. 13, 18).

Talvez nem todo leitor ou leitora tenha familiaridade com a abordagem analítica, então vamos apresentar brevemente alguns pontos teóricos para facilitar a compreensão dos termos e conceitos usados neste estudo.

Uma questão inicial seria qual a perspectiva que Jung tem sobre a questão religiosa. Sua construção teórica emerge de sua experiência pessoal com o tema, além da vasta experiência clínica com seus pacientes. Ele identificou uma função religiosa na psique, uma espécie de instinto mito-poético ligado à busca do significado. Nesse sentido, a religiosidade está no mesmo nível de instintos como a fome ou sexualidade, o que conduz ao conceito de numinoso como algo dinâmico e além da vontade pessoal. Jung faz diferenciação entre religião instituída (conjunto de crenças, mitos e ritos), que pode ser conscientemente vivenciada sem qualquer dimensão profunda, e experiência religiosa, profundamente transformadora (Stein, apud em Cambray & Carter, 2020).

A partir dessa breve explanação, vamos apresentar os principais pontos da abordagem analítica, ainda que sucintamente.

O ponto focal da consciência é denominado ego, trazendo o senso de identidade estruturando-se nos eixos de tempo, espaço, causalidade e a consciência de existir no mundo. É o núcleo organizador consciente de impressões internas e externas, das lembranças não reprimidas e da sequência de eventos em termos das categorias espacial, temporal e causal. No campo do eu ainda estão as funções psíquicas mais desenvolvidas e a atitude psíquica preferencial (introversão ou extroversão). Nas palavras de Jung:

> Entendemos por "eu" aquele fator complexo com o qual todos os conteúdos conscientes se relacionam. É este fator que constitui como que o centro do campo da consciência, e dado que este campo inclui também a personalidade empírica, o eu é o sujeito de todos os atos conscientes da pessoa (OC 9/2, § 1).

A configuração das quatro funções psíquicas (sensação, pensamento, sentimento e intuição) e das duas atitudes psíquicas (introversão e extroversão) em atitudes conscientes, função principal e função auxiliar, definirão um dos dezesseis tipos psicológicos possíveis para cada pessoa. Cada um desses tipos psicológicos constituirá características de personalidades diferentes. Esse é um conceito que pode ser aplicado às pessoas e aos personagens míticos, quer sejam deuses, heróis ou personagens de sagas, mitos, lendas e histórias (Zacharias, 2006).

O ego, ou melhor, o complexo do ego surge da matriz arquetípica do si-mesmo, diferenciando-se deste na primeira fase da vida e dirigindo-se para o mundo externo. Embora seja realizador, organizador e o foco da consciência, o ego gravita em torno do si-mesmo, é ligado a este por um eixo e lhe é subordinado. Esta relação de matriz ou reflexo é evidenciada pela função de organização do material psíquico consciente (no caso do ego) e na organização total da psique consciente e inconsciente (no caso do si-mesmo). Encontramos a mesma referência nos mitos de criação que narram a origem humana em uma divindade, com parte dela ou refletida nela, como a narrativa de Gênesis sobre a criação de Adão; ou como o hálito de fogo do Ser Supremo Criador que insufla vida a todos os seres na concepção iorubá.

Nem todos os conteúdos vivenciados ou percebidos ao longo da vida se mantêm à disposição do ego, ou da memória, pois a percepção é seletiva. Elementos com pouca energia (não percebidos ou fixados) ou elementos incompatíveis ou dolorosos ao ego são precipitados a uma região de esquecimento indisponível mesmo para a memória, porém de bastante atividade psíquica denominada inconsciente pessoal.

O inconsciente pessoal é definido por Jung como fatos e habilidades conhecidas, mas ausentes da consciência. Tudo o que se pensa, sente, recorda, projeta, bem como as expressões de pensamento e sentimentos dolorosos (OC 8/2). Além disso, aspectos de nossa personalidade que aprendemos serem de expressão socialmente inaceitáveis são aí reprimidos e mantidos sob controle, graças a mecanismos de defesa do ego, formando um complexo chamado Sombra. Caracteriza-se, assim, a sombra e seus conteúdos como negativa e antissocial aos olhos do ego. Um exemplo clássico da literatura é a obra de Stevenson *O estranho caso de Dr. Jekyll e Mr. Hyde*. Além de percepções de pouca energia psíquica e o complexo da sombra, outros complexos compõem o inconsciente pessoal. Jung percebeu, inicialmente em sua pesquisa com o teste de associação de palavras de Galton, a presença de núcleos inconscientes mais ou menos autônomos, que aglutinam processos e experiências de mesmo tom afetivo e condensam grande quantidade de energia psíquica. Nos diz Sharp (1993):

> Formalmente, os complexos são "ideias carregadas de sentimento" que, com o correr do tempo se acumulam ao redor de determinados arquétipos, mãe e pai, por exemplo. Quando estes complexos se constelam, fazem-se acompanhar invariavelmente pelo afeto. São sempre relativamente autônomos (p. 37).

Muitas vezes a abordagem junguiana é denominada psicologia complexa, isto é, o conceito de complexo é fundamental nessa teoria. Um complexo é entendido como um grupo de elementos que gravitam no entorno de um núcleo e têm a mesma temática; em administração tem a denominação de *cluster*. Por exemplo, um *shopping center* é um complexo de lojas que se agrupam em torno de uma loja maior chamada âncora, cujo tema central é o comércio.

No caso do complexo psíquico é um grupo de experiências, emoções e ideias que gravitam em torno de um núcleo central arquetípico, semelhante ao sistema planetário, que se caracterizam por uma tonalidade afetiva comum. Por exemplo, o complexo materno é composto das imagens antropológicas, religiosas e culturais relacionadas à imagem arquetípica que é o centro magnético do complexo e as experiências pessoais vividas com a mãe pessoal e outras imagens maternas (Sharp, 1993). Os complexos podem adquirir grau de independência e autonomia tão grande, que muitas vezes podem surgir como personalidades totalmente estranhas e independentes do ego. Esse fenômeno já era bem conhecido na Antiguidade, e na visão da moderna ciência psicológica é caracterizado como possessão ou como estados alterados de consciência.

O núcleo do complexo é originário de uma camada mais profunda da psique denominada inconsciente coletivo. Essa instância psíquica é composta de imagens muito antigas, denominadas por Jung de imagens primordiais. Essas imagens são a parte inata da psique, são padrões de estruturação do comportamento ligados aos instintos, é um conceito psicossomático unindo instinto e imagens; é uma representação simbólica coletiva e histórica que aguarda o momento de se expressar na personalidade. Isso ocorre precisamente porque as experiências humanas básicas são as mesmas desde o alvorecer da espécie e em todas as regiões da Terra (Campbell & Moyers, 1990). Jung utilizou o termo arquétipo em 1919 para designar essas imagens primordiais (Samuels, Shorter, & Plaut, 1988).

Ao longo da vida os arquétipos são ativados em diversos graus, tornando-se mais ou menos conscientes; outros permanecem profundamente inconscientes.

Sob esse ponto de vista, podemos afirmar que toda mitologia é uma projeção de conteúdos do inconsciente coletivo. "A relação entre o objeto e seu símbolo é uma relação abstrata estabelecida em termos de irrealidade" (Augras, 1980, p. 10). Assimilar e compreender o mundo, para poder operar nele, envolve um processo de simbolização dele, que vai desde aspectos pessoais cognitivos de aprendizagem como a aquisição da linguagem, até a assimilação de vivências, como o nascimento, a mãe, o pai, a natureza, a batalha, o amor, a sexualidade, a subsistência, a doença e a morte, que são experiências inerentes à existência humana em todos os tempos e lugares. Todas essas experiências encontrarão eco no interior da alma universal, onde imagens primordiais funcionam como elementos inatos e estruturantes da vida psíquica, organizando essas experiências em núcleos complexos.

Desde os tempos primordiais ocorria a mitologização de todo fenômeno físico, fisiológico e social. Mundo externo e interno confundiam-se com grande intensidade, isso devido ao fato de as pessoas estarem ainda despertando sua consciência e, portanto, muito próximo às forças inconscientes e instintivas que se espelhavam na natureza. Essa condição deu origem a um estado de espírito denominado por Lévy-Bruhl de *participation mystique*, que é um estado de maior inconsciência, em que o indivíduo experimenta um sentimento de união aos aspectos da natureza e aos objetos, proporcionando uma íntima relação dos fenômenos naturais com os fenômenos psíquicos (Sharp, 1993).

Os poderes físicos da natureza atuam sobre os afetos, criando figuras antropomórficas na psique, as quais assumem características de seres espirituais benévolas ou maléficas, deuses ou fantasmas, com poderes tremendos e prontos a agir de maneira intencional e humana.

Podemos apontar brevemente alguns exemplos, como os Ciclopes – gigantes devoradores de homens, com um só olho na testa, forjadores dos raios de Zeus, auxiliares de Hefesto, habitantes de áreas vulcânicas, que tinham também o costume de atirar pedras nas pessoas (Lurker, 1993). Parece-nos uma bela descrição de um vulcão em atividade, um grande desencadeamento de força telúrica, incontrolável, destrutiva e brutal. Ora, essa erupção vulcânica ocorre também na alma humana, na forma de ódio brutal e descontrolado que, desenvolvido nos subterrâneos da psique e aquecido ao calor dos afetos, irrompe na forma de pedras, lava incandescente e fumaça sobre todos os que estão à sua volta.

Diferentemente, porém não menos perigosa, é a configuração da justiça dos deuses, como o raio – tiro certeiro e fulminante de uma divindade sobre um mortal, ou o divino portador da chuva e da fertilidade da terra. Exemplos dessas divindades se encontram nas figuras de Illapa, o deus dos raios, trovões e tempestades no império pré-colombiano; Deng, o progenitor divino do povo Dinka, no Sudão, cuja clava produzia os relâmpagos e a chuva; Baal-Haddad, deus sírio das tempestades e do clima, chamado senhor do trovão; Yima, rei primordial na mitologia iraniana, nascido de um pilar de fogo vindo do céu, na forma de um raio; sem mencionarmos o nórdico Thor e o grego Zeus, que são mais conhecidos, além de Xangô, a que nos ateremos mais adiante.

Da mesma maneira, os eventos fisiológicos como o amor e a paixão, o nascimento e a morte, a doença e a cura foram corporificados em potencialidades divinizadas em diversos povos; assim como elementos já pertencentes à dinâmica da civilização, como rei e rainha, heróis, guerra, pai e mãe, a grande viagem e os velhos sábios, entre outros.

Podemos dizer que os arquétipos são formas por meio das quais os instintos se expressam. Corroborando essa afirmação, Jung diz:

> [...] os instintos [...] não são impulsos cegos, espontâneos e isolados, mas estão intimamente ligados a imagens de situações típicas, e não há a menor possibilidade de desencadeá-los, se as condições dadas não correspondem à imagem apriorística da situação. Os conteúdos coletivos que se exprimem nos mitologemas representam justamente as imagens de situações que estão o mais intimamente ligadas à libertação dos impulsos instintivos (OC 16/1, § 208).

Por que há uma variedade de deuses e representações para os fenômenos, já que todos eles provêm da mesma base arquetípica? Pensando-se nos deuses do raio e trovão, das doenças e da cura, dos mares, Augras (1980) nos diz que "[...] o mundo simbólico do indivíduo implica, em primeiro lugar, no contexto do esquema simbólico do grupo social, e do subgrupo a qual pertence, em segundo lugar o sistema simbólico particular, construído a partir de experiências individuais" (p. 17).

A imagem primordial, ou o arquétipo, é uma forma sem conteúdo. Jung o define como o leito de um rio seco, que terá um conteúdo quando a água passar por ele, mas sua forma já está definida. Assim sendo, aspectos como a geografia, fauna e flora, clima, língua, história e vida de um povo serão responsáveis pela formação do conteúdo das imagens arquetípicas.

Talvez um bom exemplo seja o filme *E.T.: o extraterrestre*, de Steven Spielberg, no qual a história do pequeno extraterrestre não fica nem um pouco longe da história de Jesus de Nazaré narrada nos Evangelhos. O E.T. vem do céu, é perseguido (a exemplo da perseguição movida por Herodes), encontra um grupo de crianças, em que um menino é mais especial do que os outros (o Apóstolo Pedro), faz prodígios, renova a vida de uma flor morta (a ressurreição de Lázaro), é novamente perseguido, morre salvando a vida do menino seu companheiro e em seguida ressuscita, foge para a floresta com seu grupo seleto de crianças e na despedida diz ao menino mais próximo que estará sempre com ele, apontando seu indicador luminoso para a testa do garoto ("[...] eis que estarei convosco todos os dias [...]"). Em seguida o E.T. sobe em uma nave, ao encontro de seus pais, e volta para o céu, não sem antes desenhar um belo arco-íris (a aliança de Javé com Noé e referências à Nova Aliança em Cristo). Essa pode ser uma das explicações para o grande sucesso do filme, e para o tipo de emoção gerada na plateia. É o mito do herói sendo repassado com um novo conteúdo, porém a forma se mantém, é exatamente a permanência da forma que nos facilita a identificação e analogia nos mitos dos vários povos e culturas.

Da mesma maneira que o mito do herói foi repassado para a era cibernética, como na trilogia de *Guerra nas estrelas*, essa e outras imagens arquetípicas foram expressando-se de modo diferente, quanto ao conteúdo, nas diversas culturas. Assim, Thor, deus germânico associado aos raios e tempestades, é provavelmente louro e usa um martelo; seu correlato grego, Zeus, se apresenta com cabelo e barba anelados e igualmente lança raios; seu correspondente de Oyó, Xangô, é negro, forte e vaidoso, utiliza como instrumento de poder um machado de duas lâminas e é dono dos raios e trovões. Sem esquecer de Tupã, da mitologia tupi-guarani, o grande indígena detentor do poder dos trovões. Assim, o conteúdo que preencherá a forma da imagem arquetípica está subordinado a um filtro cultural, que varia de região, povos e épocas. Nas palavras de Jung:

> [...] o inconsciente, enquanto totalidade de todos os seus arquétipos, é o repositório de todas as experiências humanas desde os seus mais remotos inícios: não um repertório morto [...], mas sistemas vivos de reações e aptidões [...]. Quantas pessoas não existem, em nosso mundo civilizado, que professam sua crença em mana e espíritos? (OC 8/2, § 339, 341).

O conceito de inconsciente coletivo, embora tenha sido postulado e elaborado por Jung, com base na sua experiência clínica, foi apontado por alguns filósofos anteriores a ele. Por exemplo, o filósofo Carl Gustav Carus, em suas obras *Curso de psicologia*, de 1831, e *Psique*, de 1846, considerava a existência de dois inconscientes, um representado pela degradação de algumas operações conscientes, e outro inacessível à consciência e absoluto (Filloux, 1988; Zacharias, 2006). Além de Jung, muitos outros pesquisadores chegaram às mesmas conclusões. Dentre os vários analistas brasileiros, podemos apontar o valioso trabalho de Nise da Silveira, no Hospital Pedro II, no Rio de Janeiro, que deu origem ao Museu das Imagens do Inconsciente e à Casa das Palmeiras. Podemos, ainda, apontar pesquisadores não analistas que se valeram dos conceitos de arquétipo e inconsciente coletivo, como Campbell, Eliade e Verger, entre outros.

Outros três aspectos são fundamentais para a compreensão da metapsicologia de Jung: os conceitos de persona, *Anima-Animus* e *si-mesmo*.

Persona é uma palavra derivada do grego que significava a máscara usada pelos atores, que servia, ao mesmo tempo, de definição das características de personalidade da personagem e, devido à sua confecção, também de amplificador da voz do ator, auxiliando-o na comunicação com a plateia. Jung compreendia a *persona* como o complexo da conformidade social, ou seja, ela é um complexo funcional que é ativado por razões de adaptação ou conveniência pessoal, mas não é idêntica ao indivíduo. Podemos imaginar que ela é algo como a embalagem do ego.

Os conteúdos da persona são formados com o que é socialmente esperado de cada pessoa, configurando os papéis sociais. Desde a infância ela se desenvolve premida pela necessidade de adaptação aos pais, professores, amigos e demais grupos sociais. Durante esse processo de socialização, alguns comportamentos, sentimentos, anseios e ideias se definem como claramente indesejáveis ao contexto social do indivíduo; e, por isso mesmo, serão reprimidos e farão parte do arcabouço da sombra no inconsciente pessoal.

Este jogo de luz e sombra constitui a persona e os componentes do inconsciente pessoal, processando-se a socialização primária e secundária. Crenças e valores são incorporados na persona, ao passo que conteúdos antagônicos são reprimidos nas sombras do inconsciente.

A persona tem o importante papel de proteção do ego, como a epiderme que recobre o corpo e o protege contra infecções e invasões de organismos estranhos e prejudiciais. Por outro lado, uma persona bem adaptada é o veículo de inserção social do ego, pois possui os códigos de comunicação com o grupo em que está inserida, facilitando a expressão das potencialidades pessoais.

O cuidadoso exame de muitos sonhos levou Jung a perceber a presença de figuras portadoras de características físicas e psíquicas de gênero oposto ao do sonhador. No entanto, essas figuras não se comportavam somente como elementos da vida diária do sonhador, mas como elementos completamente estranhos e autônomos. A eles Jung denominou *anima*, o complexo feminino presente na psique masculina, e *animus*, o complexo masculino presente na psique feminina. Jung afirma que: "[...] o filho percebe que há uma *imago* da mãe no âmbito de sua psique, e não só uma *imago* da mãe, como também da filha, da irmã e da amada, da deusa celeste e da Baubo ctônica universalmente presente como imagem sem idade" (OC 9/2, § 24).

A *anima* é o lado feminino interior dos homens, um complexo autônomo e imagem arquetípica da mulher na psique masculina.

Inicialmente é identificada com a mãe pessoal do menino e depois se expressará em todas as mulheres com quem ele se relacionar e o acompanhará como alma interior por toda a vida (Sharp, 1993). A *anima* corresponde ao Eros materno.

Quanto ao *animus* Jung afirma: "O animus é uma espécie de sedimento de todas as experiências ancestrais da mulher em relação ao homem, e mais ainda, é um ser criativo [...] o animus produz [...] a palavra que engendra" (OC 7/2, § 336).

Similar à *anima*, o *animus* é tanto um complexo pessoal como uma imagem arquetípica, emerge da figura paterna inicialmente e posteriormente será vivenciado nas relações que a mulher terá com os homens seguindo, igualmente, por toda a vida. O *animus* corresponde ao Logos paterno.

Tanto um como outro têm quatro estágios de desenvolvimento que partem da identificação mais objetiva, instintiva e corporal e se dirigem a níveis mais espirituais e filosóficos. Quando as relações que se estabelecem entre as pessoas experimentam as projeções desses conteúdos inconscientes, o que não é compreendido pode derivar em conflitos profundos. "[...] todas as vezes que o *animus* e a *anima* se encontram, o *animus* lança mão da espada de seu poder e a *anima* asperge o veneno de suas ilusões e seduções" (OC 9/2, § 30).

A postulação do conceito *anima-animus* irá corroborar com o sistema polar compensatório da psique, formando um par de opostos em relação dialética com o ego, na dimensão gênero. Na teoria clássica de Jung, o ego masculino terá como contraponto inconsciente o princípio feminino, a *anima*; no ego feminino, o contraponto inconsciente masculino será o *animus*.

Obviamente, esses conceitos foram elaborados em um momento histórico no qual havia uma distinção muito clara entre os gêneros e suas atribuições, como considerar mulheres mais do tipo psicológico sentimento e homens mais do pensamento. Desde os movimentos feministas de meados do século XX e mais notoriamente neste início do século XXI, muitos conceitos estão em revisão e pesquisa científica. Quando essas definições foram elaboradas, os fenômenos da homossexualidade e da transexualidade eram tidos como patologias a serem tratadas e corrigidas, o que já não é o caso após a compreensão de que sexo, gênero e sexualidade são variáveis independentes e pareamentos aleatórios, em si não representam patologia, a não ser que causem sofrimento ao indivíduo; e, nesse caso, o foco analítico será sobre as razões do sofrimento, e não um alinhamento tradicional entre essas três variáveis. Questões como: de que maneira se estabelece a relação ego-*anima* em um homem *gay* ou transexual ou a relação ego-*animus* nas mulheres na mesma condição são o interesse de várias pesquisas entre os junguianos na atualidade. No entanto, vale notar que, em sistemas culturais politeístas, essas condições eram bem mais aceitas e integradas à sociedade do que em sistemas monoteístas (Zacharias, 2021).

Com a presença de vários eixos de oposições, para que a homeostase se mantenha, o princípio teleológico da psique necessita de um centro organizador e direcionador, o qual é representado pelo conceito de *self,* ou o si-mesmo. Ele pode ser considerado o órgão de adaptação por excelência, trazendo mesmo a ideia do instrumento musical (órgão) que é a interação harmoniosa de uma infinidade de diferentes tubos individuais com sonoridade própria, formando um todo partindo das partes, e partes que comungam com o todo (Zacharias, 2002). Sendo o agente organizador da psique total, torna-se o elemento ativador e diretor do projeto de vida em cada etapa do desenvolvimento, procurando os melhores ajustamentos para a psique total. Apresenta uma função teleológica, busca uma meta de realização da vida, uma meta repleta de significados existenciais. Mais adiante veremos como essa concepção se traduz pelo conceito de orí na cultura iorubá.

O objetivo do si-mesmo é a totalidade, processo denominado por Jung de individuação, ou seja, a busca da mais plena realização da psique no mundo, sendo este um caminho contínuo, e não um lugar ao qual se possa chegar. Sendo o campo de atuação do si-mesmo muito mais amplo que o ego, visto ter abrangência sobre toda a psique, sua potência é projetada em figuras de poder absoluto, por exemplo, como o par Rei-Rainha, Deus, Cristo, Olorum, Brahma, o Incognoscível, o Grande Arquiteto do Universo; ou elementos da natureza como o Sol e o Cosmos; ou ainda nas formas concêntricas como os *mandalas*, rosáceas, o quadrado e o círculo.

Podemos tomar como exemplo a *sapeca*, uma moeda chinesa redonda com um furo quadrado no interior, em que o quadrado corresponde ao espaço, à parada e à terra, enquanto o círculo representa o tempo, o movimento e o céu. A união desses dois elementos representa a união dos opostos, a integração e a totalidade (Augras, 1980).

O si-mesmo é ao mesmo tempo o centro e a circunferência inteira da personalidade, relacionando-se com o ego através de um eixo de interação ego-si-mesmo. Expressa-se aqui a relação simbólica do humano com a divindade. O si-mesmo representa a imagem divina (*Imago Dei)* pessoal e coletiva na experiência psíquica humana.

Jung comenta:

> Incorreria em erro lamentável quem considerasse minhas observações como uma espécie da demonstração da existência de Deus. Elas demonstram somente a existência de uma imagem arquetípica de Deus e, na minha opinião, isso é tudo que se pode dizer, psicologicamente, acerca de Deus. [...] Como a vivência deste arquétipo tem muitas vezes, e inclusive, em alto grau, a qualidade do numinoso, cabe-lhe a categoria de experiência religiosa (OC 11/1, § 102).

Para uma maior aproximação da abordagem psicológica junguiana e a prática do candomblé, talvez seja de maior interesse uma visão mais aprofundada. Segato (1995) faz esse exercício de aproximação, e vamos ampliar essa discussão em nível psicológico.

Uma das mais importantes diferenciações a serem feitas é quanto ao papel das imagens arquetípicas para o adepto do culto, para o simpatizante ou para quem não tem afinidade com o culto, a exemplo de alusões mitológicas à religião helenista que surgem em sonhos de pessoas absolutamente cristãs. Embora a formação junguiana se utilize da mitologia greco-romana em suas análises, é muito importante ressaltar que outras culturas, como a de matriz africana, a indígena brasileira, a asteca, entre várias, têm mitologias ricas, complexas, abundantes e profundas. Nesse contexto, consideramos importante aos analistas brasileiros conhecerem a dimensão e amplitude das mitologias indígenas e de matriz africana, pois são substratos de nossa história cultural de colonizados, assim como as greco-romanas e cristã.

Para o não adepto, o surgimento de uma figura de Orixá tem todas as características do complexo autônomo, pois se apresenta como uma personalidade autônoma e independente da vontade da consciência, impondo-se a ela. Nesse sentido, os aspectos religiosos e psicológicos aproximam-se grandemente. "Em vários textos, Jung chega a afirmar que o espiritualismo como prática de culto que estimula a manifestação dos espíritos, é um fenômeno coletivo que 'persegue os mesmos objetivos que a psicologia médica'" (Segato, 1995, p. 301).

Nesse sentido, quando o Orixá surge no campo da consciência como elemento perceptível e quer que o sonhador passe pelo processo de iniciação (fazer o santo, na linguagem do candomblé), apresenta todas as características de um complexo autônomo e de possessão. "[...] o santo me pegou e disse que queria ser feito [...] fui murchando e murchando para poder saber que tenho santo, e que o santo queria ser feito [...]" (Segato, 1995 p. 305). No entanto, o que se verifica não é a perda e dissolução do ego, mas sua estruturação e a formação da identidade pessoal em relação com o coletivo.

Encontramos aqui os efeitos contraditórios do espírito. Se, por um lado, a crença nos espíritos aponta para desordens psicológicas e alucinações; por outro lado, Jung acrescenta que "se a tradução do inconsciente coletivo numa linguagem comunicável é bem-sucedida, isto tem um efeito de redenção [...] os espíritos não são em todos os casos perigosos ou nocivos. Eles podem, quando traduzidos em ideias, também ter efeitos benéficos" (Jung, apud Segato, 1995, p. 307).

Para que o complexo, representado pelo símbolo arquetípico, seja adequadamente integrado à consciência é necessário um mapa de realidade social para orientar o ego nesse processo. Esse mapa de realidade oferecerá um meio de traduzir os complexos em ideias. O sistema do candomblé oferece esse mapa, proporcionando sentido e significado ao complexo, por meio de seus mitos, símbolos e rituais da prática religiosa. Assim como Saulo de Tarso, tendo passado pela experiência da visão divina, foi recebido por Ananias, que o curou da cegueira causada pela experiência mística, batizou-o e instruiu-o nos caminhos do cristianismo; o mesmo ocorre quando alguém tem uma experiência com o numinoso, necessita de um mapa de realidade que acolha e traduza a experiência racionalmente ao ego.

Podemos, neste ponto, propor a questão: a manifestação do Orixá, por meio da possessão, é um fenômeno patológico? Parece que muitas diferenças podem ser localizadas entre uma virada no santo (transe) e um surto. Entre elas, a mais contundente é a característica de linguagem manipulada e processos estruturados para o desenvolvimento do filho de santo. Aflalo (1996) afirma que "[...] Desta forma dinâmica e dialética evolui o ser humano na conceituação nagô, aprimorando a sua mente (Ori), fazendo-a senhora dos seres e da natureza, em consonância com seu Orixá" (p. 18).

O que podemos observar é uma relação controlada entre o santo e o iniciado, mantendo-se autônomas as duas dimensões, não tendo significado específico reduzir o mito, mas vivê-lo em todas as suas possibilidades.

Usando a linguagem do complexo para redefinir psicologicamente o Orixá, é possível postular que ele pode estar representando a expressão do eixo ego-si-mesmo, conferindo estruturação ao ego, inclusive afirmando características tipológicas ao filho de santo e talvez a expressão do mito pessoal.

Esta interpretação de símbolo estruturante para compreender o Orixá foi definida por Byington (1984) quando afirma:

> [...] devemos situar o Símbolo Estruturante no centro do Eixo Ego-Arquétipo Central como intermediador do desenvolvimento psicológico [...]. O Símbolo Estruturante é, pois, a expressão de determinado arquétipo num contexto histórico-cultural e, ao mesmo tempo, a expressão do Arquétipo Central no desenvolvimento da consciência (p. 16).

Nesse sentido, a possessão faz parte do dinamismo matriarcal, em que a orientação e contenção ritualística exercida pelo babalorixá ou ialorixá (sacerdotes – pai ou mãe de santo) faz com que a consciência do adepto receba os efeitos estruturantes das características de seu Orixá, sem o risco de uma psicose. Podemos, assim, confirmar a diferença entre possessão pelo complexo (expressão de arquétipos autônomos que, não havendo quadro de referências adequados, levam à dissociação) e o símbolo estruturante (expressão do arquétipo central que, se adequadamente trabalhado, com o referencial ritualístico, leva à integração). Nesse contexto, a função estruturante e integradora do grupo religioso oferece suporte psicossocial importante ao iniciado, pois fortalece o ego em sua interação e vivência de conteúdos inconscientes.

Esse símbolo estruturante orienta o processo de individuação, centrando o ego no vasto universo de parcialidades psíquicas. Como coloca Jacobi (1986), são símbolos unificadores, representados por figuras divinas ou figuras geométricas, além de um dos mais antigos elementos de configuração destes símbolos, a pedra, ou otá (pedra ritual que representa o axé do Orixá).

A direção do processo de individuação está sob a inspiração do si-mesmo, que é a instância mais poderosa neste drama. Igualmente, no processo de iniciação e desenvolvimento no candomblé, a coordenação do processo está nas mãos do Orixá de cabeça do iniciado, e não nas mãos do iniciado. Tanto isso é fato que, no processo de iniciação, a orientação dos atos litúrgicos é feita não só pela experiência do babalorixá ou ialorixá, mas também pela orientação do Orixá, via jogo de búzios ou Ifá.

Outro ponto importante de se notar é que há uma pluralidade de Orixás participando do processo que, como o enredo de uma lenda, contribuem para o processo de individuação. Assim como na Grécia antiga, alguém poderia ser protegido de uma divindade, e nem por isso não teria contato com outras, o filho de santo tem contato especial (estruturante) com o seu Orixá de cabeça, mas isso não significa que ele não tenha contato com os outros Orixás. Assim como os deuses gregos interagiam entre si em um enredo complexo de forças naturais e psíquicas, os Orixás também interagem, lembrando que estamos em uma perspectiva politeísta.

Explicamos melhor: do ponto de vista teológico, o cristianismo é entendido como uma religião monoteísta, há somente um Deus, mas, na prática do catolicismo popular, os devotos se voltam em pedidos e agradecimentos a diversos santos, a diferentes iconografias da Virgem Maria, a arcanjos e anjos. Igualmente na tradição de matriz africana, teólogos como Awolalu, Dopamu e Idowu entendem a religião como monoteísta, por causa da existência do Ser Supremo Olorum criador de todas as coisas. No entanto não há cultos, oferendas para este Grande Criador, ficando a prática da devoção dirigida aos Orixás. Neste sentido da vivência psicossocial dos devotos, podemos postular que ambas as expressões são, de fato, politeístas (Zacharias, 2021). Retomaremos mais adiante a questão.

Segato (1995) levanta a questão da chamada briga de santo, ou seja, quando dois Orixás querem a primazia da cabeça do(a) iaô (filho ou filha de santo ou iniciado/iniciada). Isso se verifica quando há dois, ou mais, símbolos estruturantes sendo configurados como o mito pessoal. Por exemplo, a docilidade de Oxum e a impetuosidade de Iansã. Esse fenômeno nos parece estágios de indiferenciação do ego, que necessitam de empenho deste para que se resolvam. Lembramos os comentários de uma ialorixá para uma noviça de Iemanjá: "você é de Yemanjá mesmo? Será que está no seu tempo? Você não parece ser de Yemanjá, você é a própria Iemanjá" (sic). Neste caso, a ialorixá estava abrindo questionamentos pessoais para a jovem que iria se iniciar para que, buscando dentro de si, encontrasse a certeza de sua natureza anímica. Todas essas observações levantam dúvidas angustiantes a quem está nas portas da iniciação, mas não sabe quando será. No entanto, o refrigério salutar da dúvida leva o ego ao amadurecimento e à diferenciação dos conteúdos comungados por meio da *participation mystique*.

Quem tem intimidade com processos de psicoterapia e de análise sabe que essa integração não é tranquila. Tanto o processo psicoterápico quanto o culto de iniciação são processos dolorosos e difíceis para serem trilhados. Nos diz Jung: "Quando se consegue formular o conteúdo inconsciente e entender o sentido da formulação, surge a questão de saber como o ego se comporta diante desta situação. Tem, assim, início a confrontação entre o ego e o inconsciente" (OC 8/2, § 181).

Esse processo é bem definido como uma pluralidade de forças agindo simultaneamente. Embora haja um arquétipo-central, ou si--mesmo, vários conteúdos são ativados, pois é o confronto consciente--inconsciente. "Como o processo de confrontação com o elemento contrário tem caráter de totalidade, nada fica excluído dele" (OC 8/2, § 193). Apesar da polifonia de vozes que se pode ouvir, há uma que orienta e coordena o processo, o símbolo estruturante, a expressão pessoal e universal da divindade, o símbolo central.

Podemos classificar as religiões em dois grandes sistemas: as de unidade e as de pluralidade. Nas grandes religiões de unidade, temos a presença de um único deus, que se multiplica em atividades, campos de atuação e até subpersonalidades. No sistema monoteísta abraâmico, vários nomes são atribuídos a Javé, e cada um deles representa um atributo, uma qualidade ou função. Igualmente, Alá possui nomes correspondentes a atributos diversos. Se cada um desses nomes ou atributos adquirissem personificação própria, teríamos vários deuses coexistindo, como o que ocorre nas religiões de pluralidade.

Podemos tomar como exemplo da luta entre princípios contrários coexistentes em uma divindade única as expressões a seguir, extraídas do Antigo Testamento: "Certamente já não terei piedade dos moradores desta terra. Apascentai, pois, as ovelhas destinadas para a matança [...]" (Zc 11,6-7) provavelmente não é a mesma de que se diz: "Ele é que perdoa todas as tuas iniquidades; quem sara todas as tuas enfermidades" (Sl 103,3).

O sistema monoteísta judaico passou ao cristianismo com alterações. Neste novo sistema, o Deus único apresenta uma tridimensionalidade bem definida de nomes, atributos e funções no drama divino; o cristianismo apresenta uma trindade divina.

Podemos, *grosso modo*, dividir o cristianismo em teológico e popular, e, além disso, em católico romano e protestante, sem mencionar as outras vertentes, como as correntes ortodoxas. O catolicismo romano teológico admite a presença e a intercessão da Virgem Maria, dos Santos e dos Anjos, porém mantém a afirmação de um Deus trino. O protestantismo histórico faz uma espécie de retorno a concepções judaicas, quando reafirma a existência de um Deus trino, sem a concorrência de intercessores na relação de Deus com os humanos. Neste universo, tanto Maria quanto os Santos e Anjos estão fora.

No catolicismo popular, podemos verificar a exaltação e independência das devoções intercessoras, sejam devotadas à Virgem

Maria em suas diversas representações, aos Santos, aos Anjos ou às Almas. Assim, o acesso às benesses de Deus é viabilizado por intermediários, que, muitas vezes por seu próprio mérito e poder, resolvem o problema do fiel. Podemos observar esse fenômeno na devoção às diversas personificações da Virgem Maria, com iconografia própria, seja como Nossa Senhora Imaculada Conceição, das Candeias, das Brotas, de Fátima, do Monte Sião, de Lourdes, de Aparecida, e tantas outras personificações. Bem como as denominações que representam atributos específicos, como Nossa Senhora do Bom Parto, da Boa Viagem, da Saúde, da Expectação (do Ó), da Boa Morte, entre outras. É curioso notar que, apesar de todos esses títulos pertencerem à devoção da mesma Virgem Maria, na prática os devotos fazem distinções entre o poder de uma e de outra, ou ainda as atividades específicas de uma e de outra, como se fossem personagens diferenciadas uma das outras e completamente independentes (Zacharias, 2021).

Do mesmo modo, os Santos de devoção apresentam-se como intermediários mais próximos entre Deus e a humanidade e muitas vezes são invocados pelos seus próprios poderes para auxiliar o fiel. Como exemplo podemos citar São Jorge e Santo Antônio de Guiné contra os inimigos, São Bento contra os perigos dos bichos do mato, São Roque contra a peste, além da devoção especial de Santa Luzia, São Benedito, Santa Rita, entre outros. Além desses mencionados, há as várias devoções ao Anjo da Guarda, aos Arcanjos Miguel e Gabriel e às Santas Almas (Van der Poel, 1979).

É notório como a vivência popular da religião católica romana transformou o catolicismo teológico de um Deus trino no catolicismo popular, com a presença de uma série de semideuses formando uma corte celeste muito próxima ao que se observa nas religiões de povos originários e nos sistemas gregos, entre outros. Nessa expressão do catolicismo, temos o culto muito vivo aos intercessores, ficando Deus um tanto mais distante e às vezes um tanto alheio aos problemas da vida humana sobre a Terra.

Um sistema que abarca várias personificações do divino se presta muito melhor à expressão da pluralidade de forças psíquicas, que atuam de maneiras diferentes, do que um sistema unitário, que deve, necessariamente, recorrer a atributos e atuações diversificadas e às vezes contraditórias da divindade, como bem expôs Jung na obra *Resposta a Jó* (OC 11).

Muitas das vezes o acesso direto a Deus fica muito distante, por isso o fiel utiliza-se da devoção aos intercessores, mais próximos do humano. Nas religiões de matriz africana, encontramos o conceito de Olorum "Deus supremo dos iorubá, criador do mundo, mas que não tem altares e nem sacerdotes [...]. Encarregou Obatalá (Oxalá) [...]" [seu filho] "[...] de dirigir o mundo e as criaturas [...]" (Cacciatore, 1977, p. 192). Ou nas palavras de Mãe Stella de Oxóssi (Odé Kayode):

> É cansativo, mas repito: os vegetais, animais, minerais, fenômenos naturais (chuva, vento, trovão, relâmpago), a própria terra que pisamos. O Deus supremo é Olorum, as demais divindades são os fenômenos da natureza que têm vida, inteligência, dão respostas a nossas evocações de maneira surpreendente. Quem pratica e crê, presencia (Santos, 2010, p. 145).

Se considerarmos, como ocorreu nos processos sincréticos, Deus e Olorum como o Arquétipo-central ou si-mesmo, indubitavelmente os Santos de devoção do catolicismo popular e os Orixás serão os símbolos estruturantes, que intermediarão a relação do ego com o si-mesmo, ou da humanidade com Deus.

Resumindo estas comparações entre religiões:

Judaísmo: Eloim/Javé – Deus único de Abraão e Moisés.

Islamismo: Alá – Deus único abraâmico revelado por Maomé.

Cristianismo teológico (sistema elaborado após século II) – Deus trino: Pai, Filho e Espírito Santo.

Catolicismo teológico: Deus trino (Pai, Filho e Espírito Santo) mais a Virgem Maria.

Protestantismo: Deus trino (Pai, Filho e Espírito Santo).

Catolicismo popular: Deus trino (Pai, Filho e Espírito Santo) mais a Virgem Maria, Santos, Arcanjos, Anjos e Almas Benditas.

Matriz Africana: Olorum ou Zâmbi (Deus supremo) mais Orixás (Inquices ou Voduns), Entidades e guias (na umbanda: Caboclos, Crianças, Pretos-Velhos, Ciganos e outros) e Eguns (Zacharias, 2021).

Nesse ponto podemos fazer uma diferenciação entre o iniciado e o simpatizante, aquele que é mais distante, ou mesmo aquele que não conhece o sistema de religião. No primeiro caso, um complexo mapa de realidade promove a integração do complexo ao ego com sentido estruturante, a qual desenvolveremos melhor mais adiante. Já no segundo caso, as imagens simbólicas dos Orixás podem ter a mesma função de outras tantas imagens do inconsciente que surgem em imaginações ativas, sonhos e fantasias, com o intuito de expressar-se na consciência. Surgem na mesma dimensão que figuras ligadas a divindades gregas, egípcias, etruscas etc., e, por meio da amplificação, podemos acessar o seu conteúdo arquetípico.

Esperamos ter oferecido uma brevíssima visão da abordagem junguiana da psique. Escolhemos essa vertente da psicologia profunda por julgarmos ser uma das mais adequadas para a compreensão de alguns aspectos simbólicos das religiões de matriz africana. O intuito desta descrição é fornecer uma base teórica apropriada para a investigação psicológica de alguns aspectos do candomblé e umbanda. Acreditamos que de maneira alguma é suficiente, mas, aos leitores com pouca familiaridade com a teoria junguiana, sugerimos a leitura da obra de Jung e de escritores junguianos indicados nas referências.

3 Uma tipologia iorubá

Então Deus criou o homem à sua própria imagem, à imagem de Deus o criou; macho e fêmea os criou.

Gn 1,27

Os Orixás são divindades iorubanas que fazem a intermediação entre as pessoas e o deus Supremo Olorum ou Olodumaré. Originalmente, na África eles eram cerca de seiscentos, mas em torno de cinquenta chegaram ao Brasil, sendo mais cultuados dezesseis deles no candomblé e na umbanda. Muitos deles são reis, rainhas e ancestrais divinizados, que viveram de modo excepcional, o que confere uma dimensão mítica ao ser humano histórico; a exemplo do que ocorre com as citações sobre Sidarta Gautama, e a discussão teológica entre a figura histórica de Jesus e a dimensão divina do Cristo (Ehrman, 2014).

Esse processo de projeção de conteúdos simbólicos em pessoas da história das nações ainda se mantém vivo na história recente, mais evidente nas figuras de heróis ou santos do povo, por seus feitos reais ou imaginários. Temos, como exemplo de heróis: Tiradentes, Dom Pedro I, Ayrton Senna; e como exemplo de santos: Padre Cícero, Antônio Conselheiro, Nhá Chica e Irmã Dulce, entre outros (Bueno, 2012).

Nesse processo fatos da história se entrelaçam com elementos simbólicos e arquetípicos, construindo uma narrativa mítica de profunda significação psicológica. E quanto mais ancestral é a história, mais conteúdos simbólicos a ela são agregados, uma vez que essas narrativas eram transmitidas de forma oral, misturando projeções e realidade.

Os Orixás, entendidos como ancestrais divinizados e potências naturais, tornaram-se responsáveis por áreas específicas da experiência humana (comunicação e esperteza, combate, caça, cura, ciclos das estações, justiça, amor, impetuosidade, resignação, infância e juventude, maternidade, morte e sabedoria) e pelas próprias características das áreas de atuação, ou pela influência de sua história ancestral expressam-se com traços de personalidade peculiares.

Segundo a tradição, cada pessoa tem um Orixá particular que comunga com o Orixá coletivo, é o santo de cabeça individual, que no caso dos iniciados no candomblé é assentado e tratado com muito cuidado pelos filhos de santo e pelo respectivo pai ou mãe de santo deste filho. Há uma relação pessoal do ego com este símbolo que apresenta variações de iniciado para iniciado.

Essa particularização e íntima relação do Orixá com seu filho traz como consequência mais palpável a aquisição, pelo filho de santo, de traços de personalidade correspondentes ao temperamento do Orixá. Assim, por exemplo, um filho de Xangô apresentará traços da personalidade mítica deste Orixá em sua vida diária.

Como cada Orixá tem características diferentes, bem como mitologias diferentes, percebemos a construção de um sistema tipológico, pelo qual podemos perceber certos padrões de comportamento com base no seu Orixá de cabeça (ou o Orixá regente de sua personalidade, equivalente ao dono do ori, ou principal eixo estruturante da personalidade); semelhantemente, no sistema da astrologia, acredita-se que as posições planetárias presentes na hora do nascimento de alguém determinarão traços de sua personalidade.

É interessante notar que a cabeça, ou ori, é tida em muita consideração no candomblé, pois também é considerado um Orixá. Antes que se assente o santo particular (fixação do Orixá de cabeça do filho ou filha por meio da iniciação) do iaô (pessoa noviça ou iniciada no candomblé), isto é, que se estabeleça a ligação simbólica direta com o Orixá na sua forma pessoal, é necessário o ritual de alimentar cabeça – que se estabeleçam sacrifícios propiciatórios para o fortalecimento do ori, a psique mais abrangente, para que esta possa estabelecer convenientemente a sua ligação com o Orixá. Mais adiante explicaremos de modo mais apurado a relação do ori (psique) com o Orixá (conteúdo simbólico do inconsciente).

Cacciatore (1977) define ori como "[...] alma orgânica, perecível, cuja sede é a cabeça – inteligência, sensibilidade etc." (p. 195) e Prandi (1991) afirma que "[...] antes do culto ao deus vem o culto à individualidade do homem, à cabeça, o que está dentro da cabeça, o ori" (p. 124). Essas referências deixam bem clara a importância que tem a psique pessoal em relação com a coletiva no culto ao Orixá.

Para que a viagem ao inconsciente se inicie em segurança e o processo de individuação tenha andamento, há a necessidade de um ego estruturado; pois, se assim não for, o embate com as forças inconscientes pode desestruturar o ego, levando-o à cisão e impossibilitando a realização do inconsciente. Podemos compreender o ori como estrutura anímica da psique que estrutura a consciência e a conecta com as dimensões coletivas. O ego que principia a sua jornada interior na iniciação ritual deve ser fortalecido; os cuidados à cabeça são incentivados e fazem parte importante dos preceitos de iniciação e de fortalecimento da personalidade do iniciado ao longo do tempo, e serão alimento para a alma e a consciência.

Podemos entender essas afirmações, do ponto de vista psicológico, com um sonho relatado por Jung (1975) nas *Memórias*:

> [...] de noite, num lugar desconhecido, eu avançava com dificuldade contra uma forte tempestade. Havia uma bruma espessa. Ia segurando e protegendo com as duas mãos uma pequena luz que ameaçava extinguir-se a qualquer momento. Sentia que era preciso mantê-la a qualquer custo, pois tudo dependia disto. Subitamente tive a sensação de que estava sendo seguido; olhei para trás e percebi uma forma negra e gigantesca acompanhando os meus passos. No mesmo instante decidi, apesar do meu temor e sem preocupar-me com os perigos, salvar a pequena luz, através da noite e da tempestade [...] sabia que essa pequena chama era a minha consciência, a única luz que possuía (p. 86).

Podemos traçar um paralelo de procedimentos, quando no processo terapêutico o ego é fortalecido para que possa entrar em contato com os conteúdos inconscientes e ampliar seu horizonte de compreensão e ação, bem como contatar com a Alma e estabelecer o eixo ego-si-mesmo.

Para se referir aos traços de personalidades ou características míticas de personalidade dos Orixás, muitos autores usam o termo arquétipo, que nos parece inadequado para esse fim, uma vez que um arquétipo não se restringe a um padrão de personalidade, mas refere-se ao todo mítico e energético que o Orixá representa. Portanto, preferimos usar o termo tipologia para definir as características de personalidade correspondentes a cada Orixá.

O termo tipologia se adapta bem ao construto analítico, uma vez que Jung foi criador de um sistema tipológico para explicar diferenças e semelhanças no estilo cognitivo das pessoas. Para a construção de sua tipologia, desenvolveu três dimensões de estilos os quais são polarizados, aliás, como toda a concepção de psique para Jung. Na primeira dimensão temos a atitude, o foco de atenção ou a direção que a libido pode tomar, exteriorizando-se ou internalizando-se. Temos, então, as atitudes extrovertida e introvertida.

Como características gerais da extroversão podemos ter: impulsividade, ação antes de pensar, postura confiante, relaxada e otimista, ação voltada para o exterior, maior atenção para o mundo externo e para a ação, pouca inclinação para interiorização e introspecção, sociabilidade, expansividade, expressão intensa das emoções e superficialidade.

Como características gerais da introversão podemos ter: hesitação na ação, pensar antes de agir, postura reservada e questionadora, ação voltada para o interior, maior atenção para o mundo interno, esquiva das exigências externas, retraimento social, retenção das emoções, discrição. Não se deve confundir a atitude de introversão com timidez, que se refere ao receio da não aceitação ou crítica dos outros.

Na segunda dimensão temos a maneira pela qual tomamos conhecimento do mundo, ou seja, é uma dimensão de percepção; e podemos perceber o mundo por meio de duas funções psíquicas, a sensação e a intuição.

Como características gerais da sensação podemos ter: busca de estimulação dos sentidos, compreensão do ambiente sensorial, atenção aos prazeres, busca da satisfação, observação e imitação, aceitação da rotina, concretude de concepção da vida e pés no chão.

Como características gerais da intuição podemos ter: preferência à inspiração em detrimento da sensação, sacrifício dos sentidos à inspiração, imaginação, pioneirismo e inventividade, busca de possibilidades e oportunidades, inovação e indiferença aos padrões sociais. Não se deve confundir a função intuição com experiências premonitórias.

Na terceira dimensão temos a maneira pela qual julgamos e decidimos sobre o que foi percebido, o que pode ocorrer em duas possibilidades, via a função pensamento ou sentimento.

Como características gerais do pensamento podemos ter: valorização da lógica, impessoalidade, franqueza, dificuldade no contato social, questionamento da opinião alheia, isolamento pessoal, frieza em relação a sentimentos, organização lógica da vida, crítica intelectual acentuada, incentivo à tecnologia.

Como características gerais do sentimento podemos ter: valorização dos sentimentos, pessoalidade, dissimulação, facilidade no contato interpessoal, pacificação e harmonização do ambiente relacional, solidariedade, organização afetiva da vida, valorização pessoal de si e dos outros, incentivo a movimentos sociais e de auxílio. Não se deve confundir a função sentimento com emoção, pois as emoções (raiva, alegria, tristeza) estão presentes em todas as pessoas independentemente do tipo psicológico (Zacharias, 2006).

No esquema tipológico de Jung, encontramos na consciência, para cada tipo, uma das atitudes (extroversão ou introversão), além de uma função principal e outra auxiliar. Em astrologia os pontos relevantes são o signo solar e o ascendente; semelhantemente, no candomblé, cada pessoa tem o seu Orixá de cabeça, que é a figura simbólica principal, e um outro Orixá, auxiliar, um "ajuntó" ("juntó" "adjuntó"). Em candomblés de Angola pode haver até seis Orixás auxiliares, que apresentam ligação mítica entre si. Os traços de personalidade de cada filho de santo serão, em certa medida, a fusão de características de personalidade de seus dois principais Orixás, o de cabeça e o ajuntó, assim como na astrologia clássica características do signo solar e do ascendente e na tradição chinesa o animal do ano e o animal da hora do nascimento.

A seguir vamos apresentar as características mais comumente atribuídas aos principais Orixás e ensaiar uma correlação com o sistema tipológico de Jung.

Da mesma forma que podemos avaliar a tipologia de heróis e deuses greco-romanos, vamos fazer esse exercício com os Orixás. Podemos identificar a personalidade mítica dos Orixás em dois grandes grupos, os Orixás de atitude extrovertidas e os de atitude introvertidas. É bom lembrar que cada Orixá tem uma multiplicidade de variáveis em si mesmo chamadas qualidades (mais velho, mais novo, que corresponde a este ou àquele elemento mais propriamente), mas esse não será o caso de nossa análise neste capítulo. Estaremos, então, nos referindo sempre às características mais comumente associadas aos padrões comportamentais de cada Orixá apresentados em sua mitologia, a título de introdução ao tema.

Um aspecto importante a ser lembrado é que a descrição a seguir representa uma abordagem estrutural da tipologia dos Orixás, porém o dinamismo que se estabelece em cada tipologia é intenso. Esse dinamismo é percebido no contexto mítico das histórias e relações de cada Orixá com outros Orixás e com as pessoas. Também é importante frisar que o filho de santo de um determinado Orixá poderá ter tipologia diferente da descrita abaixo, isso porque na construção tipológica ocorrerá a influência de outros dinamismos, como o segundo Orixá ou ajuntó, além de outros fatores psicossociais envolvidos.

3.1 Os Orixás extrovertidos

EXU (intuição/pensamento)

Apresenta movimentos rápidos, impulsividade, comunicativo e um tanto contraventor das regras sociais. Sedutor e envolvente com sua conversa matreira. Brincalhão, satírico e irreverente, pode se expressar como astuto e briguento, além de muito erotizado. Prefere o convívio das ruas e caminhos, tendo inclinação para a intriga de ordem moral ou política. Manifesta caráter dúbio e intelectualizado. Apesar de poder ser de trato um tanto difícil, é ele que faz a intermediação entre os humanos e os Orixás, um misto de Trikster e Hermes-Mercúrio. Exu bem poderia ser entendido como um tipo intuição extrovertida com pensamento auxiliar.

OGUM (sensação/pensamento)

Agressivo e temperamental, é expansivo e tende a se impor aos outros, podendo se tornar violento e impulsivo. É impaciente e intolerante, e gosta de atividades mecânicas e militares. Batalhador e conquistador de gênio difícil, audacioso, rápido e arrebatado no dia a dia. Inteligente e engenhoso, franco e um tanto rude no relacionamento pessoal. Um deus essencialmente guerreiro, ao estilo de Ares ou Marte. Podemos identificá-lo como um tipo sensação extrovertida com pensamento auxiliar.

OXÓSSI (sentimento/intuição)

Caçador, e por isso mesmo, vive atento e mudando de lugar constantemente. Impulsivo, está sempre em busca de novas atividades e amizades. Não suporta trabalhos rotineiros, buscando novas aventuras no trabalho e na vida afetiva. Fiel à família e aos amigos. Espontâneo e franco, é curioso, mas discreto. Tende a retirar-se do convívio social quando vai à caça, isto é, quando alguma nova inspiração o retira do mundo externo atrás de algo novo. Como divindade da caça, assemelha-se à Ártemis e a Onúris no Alto Egito. Podemos identificá-lo como um tipo sentimento extrovertido com intuição auxiliar.

LOGUNEDÉ (sensação/sentimento)

Este Orixá conjuga as qualidades de dois outros Orixás, Ibualamo e Oxum, respectivamente seu pai e sua mãe. Por isso mesmo, apresenta-se como jovem. É inconstante, um tanto arrogante e às vezes metido. No entanto, é sempre amável e gentil. Oscilando entre as várias atividades para que é dotado, tem dificuldades para decidir o que quer. Bem-humorado e de fácil relacionamento social, tende a ser romântico e flexível. Apresenta relação com divindades como o Hermafrodito e Attar. Podemos identificá-lo como um tipo sensação extrovertida com sentimento auxiliar.

XANGÔ (pensamento/sensação)

Típico rei, gosta de conversar e maneja muito bem o poder real. Apresenta teimosia e tende a ser temperamental e explosivo, assim como o trovão, seu elemento. Vaidoso e teimoso, geralmente é enérgico e muitas vezes magoa os que o rodeiam sem perceber; mesmo assim, não dá valor aos sentimentos pessoais. Gosta do convívio social, transformando o ambiente à sua volta em sua corte pessoal. Inteligente, gosta muito dos prazeres da mesa à cama e apresenta um profundo senso de justiça e imparcialidade. Este é um rei-juiz, procedente da mesma raiz arquetípica de Zeus ou Thor. Podemos identificá-lo como um tipo pensamento extrovertido com sensação auxiliar.

IANSÃ (intuição/sentimento)

Também conhecida como Oiá, é a grande transgressora, de movimentos rápidos. De personalidade violenta e autoritária, apresenta-se como uma mulher voluntariosa e audaciosa. Expansiva e decidida, não se prende ao socialmente aceito e rompe com tradições e estatutos de moral ou conduta. É muito sensual e não se apega à submissão conjugal quando o que está em jogo é a possibilidade de conhecer o novo, ela deixa o relacionamento anterior para se dedicar a outro amor. Tende a ser festeira e sua comunicação é fácil e imediata, apresentando um intelecto brilhante.

Atrevida e corajosa, conquista as pessoas pelo seu brilho, mas não admite traição de nenhuma espécie. Iansã que, como divindade feminina do amor sensual, assimila aspectos análogos aos de Afrodite e Atena, bem pode ser identificada como um tipo intuição extrovertida com sentimento auxiliar.

OXUM (sentimento/sensação)
É a amável mãe das águas doces. Pode ser carinhosa e sedutora ou sofredora. Sabe lidar com o mundo dos sentimentos e pode ser manipuladora e dissimulada. Agradável, apaixonada e festeira, pode ser leviana e fútil, quando lhe convém. É atraente e meiga, muito vaidosa, gosta de receber presentes que adornem sua beleza natural, mas é esperta, além de se esmerar como mãe. Comunga um pouco de Afrodite quanto ao amor sensual, mas bem menos que Iansã, visto que Oxum é mais preocupada com a sua imagem social. É mais próxima aos atributos maternos de Deméter. Podemos identificá-la com o tipo sentimento extrovertido com sensação.

OXAGUIÃ (pensamento/intuição)
Orixá guerreiro e agitado, muito corajoso e competitivo. Sempre lógico e organizado, gosta de brilhar no ambiente em que se encontra. Brilha pelo intelecto e detesta receber críticas pela sua impulsividade ou originalidade. É um Orixá da caça, logo, ligado a Oxóssi; além disso, é uma qualidade (ou subdivisão) do Orixá Oxalá, que é uma divindade do céu. Pelo exposto, podemos criar um paralelo analógico entre Oxaguiã e Apolo. Pelas suas características, podemos dizer que este é um Orixá do tipo pensamento extrovertido com intuição auxiliar.

3.2 Os Orixás introvertidos
OSSAIM (sensação/pensamento)
Orixá ligado à flora e à manipulação das ervas. Procura o isolamento social, escondendo propositadamente os seus sentimentos.

Autocontido e impessoal nos julgamentos que faz dos outros. Mais passivo do que ativo, porém obstinado. Retraído e de poucos amigos, tende a procurar lugares calmos e isolados, além de se mostrar muito eficiente em seu trabalho. É mais técnico do que imaginativo, ligado à cura e representante iorubano das atividades de Esculápio, provavelmente este é um tipo sensação introvertida com pensamento auxiliar.

OBALUAÊ (sensação/sentimento)

Divindade ligada à doença, saúde e morte. Tende a variar de um estado de docilidade à impaciência. Não aprecia muita conversa e apresenta uma tendência à autopiedade. Tende a sofrer e a mostrar aos outros seus sofrimentos em busca de piedade e carinho. Pode ser altruísta e prestativo num momento, e em outro vingativo e passional. Antissocial e pessimista. Temos neste Orixá a personificação do médico ferido, ou de Quíron. Podemos identificá-lo como um tipo sensação introvertida com sentimento auxiliar.

OXUMARÉ (intuição/pensamento)

Representante do eterno movimento do universo, geralmente é dissimulado e ardiloso. Estrategista, arma uma jogada e a mantém oculta até o momento certo de agir. Quando tem uma meta em mente é perseverante, concentrando-se no alvo e desprezando os impedimentos externos. Quando se sente seguro pode ser generoso e caridoso. Divindade múltipla, ligado à cura e ao clima, podendo associar-se a Esculápio e à Íris. Podemos localizar seus traços de personalidade no tipo intuição introvertida com pensamento auxiliar.

NANÃ BURUKU (sentimento/intuição)

A velha sábia. Apresenta calma e vagareza em tudo o que faz. Não é perturbada pela pressa do mundo externo. Geralmente é serena e gentil, nunca perdendo o controle das próprias emoções, o que a mantém um pouco distante e altiva. Austera e previdente, acentua muito as tradições e regras morais e sociais. Não tem espírito guerreiro, mas pode tornar-se vingativa se desrespeitada. Não é vaidosa e nem ligada aos bens materiais. Divindade materna ancestral, ligada ao mundo dos mortos, como Amentet, ou à ancestralidade, como Gaia. Suas características apontam para um tipo sentimento introvertido com intuição auxiliar.

OBÁ (pensamento/sensação)

Orixá guerreira voluntariosa e constante, trabalha muito bem com coisas e objetos. Viril e sedutora, sente-se sempre incompreendida e mal-amada; seu mito conta que foi desprezada por seu marido Xangô (Zacharias, 2023a). Apresenta extremo ciúme de seus companheiros e acaba aprofundando-se no trabalho para esquecer os infortúnios afetivos. Quando traída pode tornar-se rude e cruel. Podemos encontrar traços de Hera, traída por Zeus, além de identificá-la como um tipo pensamento introvertido com sensação auxiliar.

EUÁ (pensamento/intuição)

É a virgem dos cemitérios e lugares intocados. É misteriosa, dominadora e defensora das normas sociais de moral. Desconfiada e arredia, não aprecia o convívio social. Austera e pudica, geralmente tem poucos amigos. Não aprecia a ostentação e nem é vaidosa, sendo simples e severa. Pela sua moralidade e austeridade, podemos associá-la a Ártemis, e seu tipo bem pode ser pensamento introvertido com intuição auxiliar.

IEMANJÁ (sentimento/sensação)

É a grande mãe dos filhos peixes. Apresenta aspectos de matrona, voluntariosa, séria e impetuosa. Tende a não esquecer as ofensas, e a dissimular seus pensamentos e sentimentos. Não é sensual, mas conquista pelo cuidado. É boa conselheira. Demonstra ser muito calma, mas é interiormente agitada. É lenta e muito emotiva, e tende a afastar-se dos outros, sendo reservada. É uma das personificações da Grande Mãe, que pode ser associada a Cibele e Reia. Seu tipo provavelmente é o sentimento introvertido com sensação auxiliar.

OXALUFÃ (intuição/sentimento)

É o Grande Pai e Velho Sábio. Tende a ser autossuficiente e convencido, calmo e teimoso, sempre inspira respeito e admiração. É introspectivo e cheio de força de vontade, constante e lento, mas pode ser violento. Observador romântico, dócil e sereno, exprime sabedoria ao opinar, porém não esquece as ofensas e tem poucos relacionamentos. Comunga com Urano a qualidade de divindade do céu e pai primordial. Por suas características, representa o tipo intuição introvertida com sentimento auxiliar (Aflalo, 1996; Ligiéro, 1993; Prandi, 1991; Verger, 1986; Moura, 2004.)

Neste capítulo, tentamos oferecer uma visão, ainda que breve, da tipologia iorubá associada à classificação de tipos de personalidade apresentada por Jung em sua obra *Tipos psicológicos*.

É interessante notar que, nos candomblés, muitas vezes as pessoas são tratadas pelo nome de seu Orixá de cabeça, e não pelo seu nome de registro civil. Assim sendo, automaticamente se tem uma identificação mítica e um padrão de comportamentos esperados; o que constrói uma rede de relações mítico-sociais que intermedeiam e condicionam as relações psicossociais do grupo. Corroborando ao que foi afirmado, sabemos que quando alguém passa pelo processo de iniciação recebe um outro nome, que já identifica o Orixá daquele filho de santo.

Mais adiante faremos algumas considerações ao processo de iniciação e ao mundo humano dos Orixás.

4 Mundo humano dos Orixás

Eu saúdo Olodumaré, deus maior
Eu saúdo Orumilá, meu pai, Agbonmiregun
Saúdo os 401 Irunmole, os Orixás
Saúdo o primeiro homem criado na terra
E o último deles a ser criado
Saúdo os quatro pontos cardeais
Saúdo a terra
Saúdo o dia que amanhece
Saúdo a noite que vem...
    Oriki Orixá – Verger, 1994, pp. 154-155.

A relação direta e religiosa com o Orixá, no caso dos adeptos das religiões de matriz africana, inicia-se ou com o conhecimento e a simpatia pela religião, ou é devido a infortúnios pelos quais uma pessoa esteja passando, geralmente um sofrimento físico ou psicológico. Ainda há os que se aproximam em busca de solução de problemas de ordem financeira, amorosa, espiritual, de saúde ou por tradição familiar. Muitos não passam pelo processo de iniciação, ficando como simpatizantes da religião, porém alguns têm o caminho no culto a Orixá, e estes deverão iniciar-se.

Segundo Mãe Stella (Santos, 2010), quem vai revelar a necessidade de iniciação é o próprio Orixá da pessoa, via o jogo divinatório – geralmente búzios.

Como já mencionamos, um dos primeiros passos para a iniciação é a feitura do *bori*, ou dar de comer à cabeça, que tem por finalidade a conexão ritualística com a alma em seu aspecto mais profundo na psique e o fortalecimento individual do iniciado. Nessa cerimônia está o primeiro passo para que o ego pessoal entre em contato com o elemento simbólico coletivo. Como esse contato é evidenciado, na maioria das vezes, pela possessão, o primeiro cuidado que se toma é justamente o fortalecimento do ego, enquanto estrutura consciente e individual.

Cacciatore (1977) afirma que a finalidade do *bori* é "[...] fortificar o espírito do crente para suportar repetidas possessões" (p. 68). No entanto, se tomarmos a expressão em sua origem, teremos: *ibori*, correspondente à louvação à cabeça, portanto *bori* seria mais precisamente cobrir a cabeça. A função do ritual do *bori* é literalmente adorar a cabeça, entendendo-se a cabeça, ou psique, como uma divindade, a *Imago Dei* em relação ao ego.

A construção de processos egoicos para suportar esta conexão mais profunda é importante. Bem sabemos que na prática terapêutica, quando a consciência é invadida por uma série de símbolos, principalmente advindos do inconsciente coletivo, a segurança e o equilíbrio do ego são ameaçados. Isso se dá devido ao fato de que esses conteúdos são estranhos à consciência e que, na nossa cultura, muitas vezes não encontram vias de expressão e significação, carecendo de um mapa de realidade adequado para entendimento, o que pode desestruturar o ego.

Já no processo de feitura do *bori*, o mapa de realidade próprio das raízes culturais do candomblé é oferecido ao ego do iniciante, que se apropria dele e passa a estruturar um arcabouço conceitual e comportamental de expressão mítica da imagem simbólica. Esse mapa de realidade fornece sentido e significado às experiências místicas que serão vivenciadas pelo indivíduo a partir de então. Dependendo do meio cultural os mapas de realidade mudam, porém ainda cumprem a sua função de fornecer o veículo de expressão cultural para a vivência arquetípica.

Mãe Stella comenta que o *bori* é "[...] uma cerimônia de grande significado litúrgico [...] quanto mais pessoas houver para louvação de nossa cabeça [...] tanto melhor" (Santos, 2010, p. 62). Do ponto de vista psicológico, nesse ato é muito importante a participação coletiva, para que a sustentação do ego seja feita pela comunidade, participando e apoiando a construção das pontes de ligação com este universo mítico, uma conexão com o si-mesmo.

Para que esse novo mapa de realidade seja bem assimilado pelo neófito, se faz necessário um processo de socialização pelo qual o iniciante aprenderá os mitos, a ritualística que inclui cantos e danças, as regras religiosas e os princípios estruturais da religião. Neste tempo, antes da feitura do santo, o aspirante é chamado *Abiyan*, e participa do Ilé Axé (casa do axé) como aprendiz.

É Mãe Stella que afirma que este tempo

> [...] é o período de experiência [...] (o iniciante) pode refletir sobre as responsabilidades do filho de santo, de maneira acurada [...] vão conhecendo o *Egbé*, pensando sobre a hierarquia, vivenciando o dia a dia do *Axé* [...]. Devem observar o comportamento

dos mais velhos [...] falar pouco e abrir os ouvidos. É temerária a iniciação imediata de pessoas completamente neófitas sobre a complicada hierarquia do Mundo dos Candomblés. Daí os erros, arrependimentos e acusações (Santos, 2010, pp. 24-25).

A iniciação completa envolve sete anos de obrigações ou prescrições rituais de confirmação da iniciação e, a cada ano que se procede a obrigação, há um avanço na hierarquia do candomblé, em que o filho de santo adquire mais *status* e responsabilidades dentro do Ilé.

Ritos de iniciação são comuns em quase todas as manifestações religiosas, principalmente quando se trata de religiões antigas e de povos originários. Além disso, esses ritos acabam envolvendo um certo risco calculado (às vezes não) de danos físicos ou psíquicos ao iniciado. Comentando sua estada em Ravena nos idos de 1913, Jung relata sua visita ao batistério ortodoxo, onde, observando um mosaico no qual se via Cristo segurando Pedro, quando este submergia no mar da Galileia, teceu comentários com uma senhora que estava ao seu lado sobre o rito original do batismo. Disse ele:

> [...] discutíamos [...] principalmente sobre a espantosa concepção do batismo, iniciação comportando real perigo de morte. Em tais iniciações era muitas vezes necessário que a vida fosse posta em risco, o que exprimia a ideia arquetípica da morte e do renascimento. Assim, na origem, o batismo consistia numa verdadeira imersão que evocasse, pelo menos, o perigo do afogamento (Jung, 1975, p. 250).

No candomblé, o processo de iniciação tem início com o recolhimento do noviço à camarinha, que é um aposento existente no Ilé Axé (literalmente casa do poder, ou casa de culto aos Orixás), que tem a finalidade de separar o indivíduo do mundo externo e profano, ao mesmo tempo que oferecerá um local adequado para a feitura de rituais e para o aprendizado específico dos mistérios. Esse quarto representa um ventre simbólico. Nele o neófito come, dorme, é alimentado, aprende, amadurece, preparando-se para seu renascimento. O tempo varia de nação para nação e de casa para casa, mas geralmente encontramos três, sete, quatorze ou vinte e um dias. Todo esse caminho de iniciação é orientado pela *ialorixá* (mãe de santo) ou pelo *babalorixá* (pai de santo), porém quem acompanhará mais de perto o aprendizado do noviço será uma iniciada muito experiente chamada mãe criadeira.

Durante o período de camarinha são feitos cortes gradativos dos laços do ego com o mundo externo, induzindo-o para o mundo das imagens e conteúdos arquetípicos. O indivíduo fica isolado do mundo cotidiano, dedicando-se aos ensinamentos místicos, ao aprendizado das danças e cantos rituais. Além disso, uma série de procedimentos é evidenciada, de forma a atingir os objetivos de desligamento do mundo secular. Banhos rituais de água e ervas feitos na madrugada, alimentação específica tradicional, quebrando hábitos alimentares, repouso em esteira no chão, ausência de meios de comunicação, como celulares, TV, jornais, redes sociais, e não há contato direto com membros da própria família. Esse rompimento com a representação social do iniciado, ou sua persona, é importante para que ocorra uma desidentificação, ainda que temporária, das estruturas da persona, pois a viagem de iniciação deve ser experimentada com o ego despido de seus atributos sociais. O contato com o sagrado se dá na intimidade e nudez do ego com o conteúdo arquetípico. A título de ampliação, a música *Se eu quiser falar com Deus* cantada por Gilberto Gil traz de forma poética exatamente esse processo de estar nu frente ao Sagrado.

Ainda nesse período, é muito importante a atenção dada aos sonhos, que são levados em muita conta e interpretados conforme a mitologia tradicional da nação. Muitos deles poderiam ser classificados como visões, pois a pessoa às vezes não os recorda como se tivessem ocorrido durante o sono. Esses sonhos trazem respostas quanto às dúvidas sobre o Orixá pessoal (santo de cabeça), além de fornecerem imagens cheias de detalhes sobre os aspectos míticos desse Orixá. Além disso, a imagem do Orixá pode aparecer sob forma simbólica da natureza, bem como os sonhos apresentarem partes do ritual, recados ou advertência do Orixá. É ainda comum a ocorrência de sonhos de natureza erótica em que o noviço se vê em relação sexual com um outro filho de santo do mesmo sexo que o sonhador, e de mesmo santo de cabeça (Segato, 1995), o que pode apontar para o encontro amoroso com o outro eu na própria psique. Os sonhos iniciáticos de iaôs no tempo de camarinha merecem um estudo à parte e não vamos nos aprofundar aqui.

Nesse ambiente austero e respeitoso, muito semelhante aos rituais de iniciação de xamãs nas florestas ou retiros espirituais de eremitas e monges, os conteúdos inconscientes são ativados e assimilados com o auxílio da mãe criadeira que, à postura de sacerdotisa de iniciação nos mistérios, acompanha a pessoa a ser iniciada, também chamada de iaô durante todo o processo. Essa viagem ao inconsciente é acompanhada pela mãe criadeira à guisa de psicopompo ou analista contemporâneo.

Podemos construir várias analogias do processo iniciático com aspectos da psicoterapia, em que o(a) analista acompanha o(a) cliente no confronto com os conteúdos do inconsciente, tendo no espaço terapêutico o seu têmenos. Podemos, ainda, correlacionar essa vivência com os ritos xamânicos de iniciação, os mistérios de Elêusis, os ritos mitraístas, o próprio batismo cristão, ou o jejum nas tradições cristãs, judaicas e islâmicas como a Páscoa cristã e judaica ou o período do Ramadã.

Nesse tempo ocorre a morte simbólica do iaô, para que renasça no dia chamado *saída de iaôs*, ou *saída de santo*, ou *barco de iaôs* quando há mais de um iniciado no mesmo ritual, pois pode ocorrer que mais de um iaô seja recolhido à camarinha, ao mesmo tempo, para a iniciação, o que não altera o caráter austero do processo.

O barco de iaôs é a festa pública em que os iniciados, que estiveram todo esse tempo recolhidos à camarinha, surgirão frente à comunidade reunidos com vestes rituais próprias representativas de seus Orixás e, em transe, para dançarem e se apresentarem como os mais novos filhos de santo da casa. O iaô é considerado como nascendo, naquele instante, para o Orixá e para todos da casa de axé.

Quando um Orixá é assentado, um iaô passa a ter relação pessoal com seu Orixá de cabeça, por meio da iniciação, e recebe um novo nome espiritual, que faz referência à sua ligação com aquele elemento da Natureza. Assim, teremos um nome genérico correspondente à imagem coletiva; um segundo nome, definindo uma qualidade ou atributo específico, a imagem mais diferenciada e próxima ao consciente; e um terceiro nome, secreto, que define o Orixá pessoal, e que corresponde ao símbolo estruturante. Podemos inferir que o Sagrado não é idêntico para todos, mas cada indivíduo construirá sua ligação simbólico-existencial com o Sagrado, como uma divindade pessoal, imagem e símbolo da experiência pessoal com o si-mesmo. Assim é com o ori e o Orixá pessoal, estabelecendo o eixo ego-si-mesmo. O conceito de ego para a visão iorubá se aproxima mais de *Iwá*, que se refere ao temperamento, ao caráter, às atitudes de cada pessoa, ou seja, às ações conscientes de cada indivíduo.

Nesse contexto, um dos pontos altos da festa de saída do iaô é quando o Orixá grita o seu *Orukó*, ou seja, o seu nome próprio. Como já mencionamos, esse nome é secreto e será gritado pelo Orixá uma única vez neste momento da festa. Geralmente não podemos entender qual é o nome, pois ele é seguido de cantos, palmas e sons de atabaques. De modo similar, os ciganos mantêm seu verdadeiro nome em segredo. Somente o filho de santo e seu respectivo pai ou mãe de santo é quem sabem.

A importância simbólica do nome é perceptível em várias tradições antigas. No apocalipse de São João lemos que os salvos receberão uma pedrinha com um novo nome escrito, que ninguém conhece, a não ser quem a receber (Ap 2,17). No Antigo Testamento, quando se alterava um nome, alterava-se o destino; além disso, é prática comum a alteração do nome original quando alguém entra para uma ordem religiosa ou sociedade iniciática. Entre os ciganos, o conhecimento do verdadeiro nome de alguém expõe essa pessoa à possibilidade de feitiços e pragas, que, de outra forma, não teriam endereço certo.

A vida no Ilé oferece elementos de controle, não só ritual, mas social, da relação do ego com o mundo inconsciente. Um dos perigos que se enfrenta no processo de individuação é de o ego identificar-se com o si-mesmo, causando um processo chamado inflação do ego ou *hybris*. Esse fato comprometeria todo o processo de fortalecimento e aprofundamento do eixo ego-si-mesmo, além de pôr em risco a integridade da consciência. Manter as atribuições conscientes, como relações sociais, de trabalho, familiar e a identidade pessoal, consiste na diferença entre a experiência religiosa por meio do êxtase ou transe e a dissociação patológica.

Um dos elementos de controle social é a disciplina e a dedicação exigidas nos trabalhos de manutenção do Ilé. A atenção com os objetos, com as tarefas diárias de cuidado com a Casa, os trabalhos simples e humildes e a dedicação a eles impedem o ego do filho de santo de identificar-se com o Orixá. Alguém pode ter como seu Orixá o Rei de Kossô (*Obakossô*), porém ele deve participar dos afazeres diários como qualquer mortal.

Outro elemento é a hierarquia rígida das Casas, em que os mais novos no tempo de iniciação ao Orixá devem reverência, obediência e atenção aos mais velhos, os que foram iniciados há mais tempo. Em contrapartida, os mais velhos têm a obrigação de ensinar e cuidar dos mais novos. Esse sistema cria uma cadeia em que os mais experientes educam e protegem os aprendizes.

Mais um desses elementos podemos encontrar nas regras rituais, como jejuns e outras formas de dedicação ao Orixá, além de vestuário específico, que automaticamente identificam a hierarquia de determinada pessoa no Ilé.

Ainda é Mãe Stella quem afirma: "[...] O *Orixá* paira acima de qualquer mesquinharia. Existem vezes em que a *ialorixá* quer seguir determinado caminho e não pode: tem que retroceder, curvando-se à vontade do Supremo" (Santos, 2010 p. 32).

Assim, o filho de santo sempre é lembrado que é humano, garantindo ao ego o seu devido lugar no processo.

Um Ilé Axé é repleto de símbolos. Os objetos rituais dos Orixás, objetos de barro e louça, de metal e palha da costa, roupas e indumentárias, fios de conta e panos da costa, entre outros, fazem parte de um intrincado sistema de símbolos que tem por finalidade última sacralizar o espaço, criando o têmenos propício. Em um candomblé Ketu, não se verão imagens de santos católicos, mas sim objetos de barro e louça, enfeitados, que são chamados assentamentos dos Orixás, sua presença material e fonte de axé, assim como na Antiguidade a pedra bruta passou a representar a presença material da divindade, posteriormente sendo lapidada (Jung, 1980).

Todo assentamento tem seu *otá*, pedra em que fica imantada a força mítica do Orixá. Cada Santo tem uma pedra bruta específica, que lhe corresponde e é responsável por reter o axé do Orixá. A respeito disto, Aniela Jaffé nos diz: "[...] Sabemos que mesmo a pedra não trabalhada tinha uma significação altamente simbólica para as sociedades antigas e primitivas. Pedras naturais e em forma bruta eram, muitas vezes, moradas de espíritos ou deuses [...]" (Jaffé, apud Jung, 1980, p. 232).

Esse é um elemento simbólico e ritualístico importantíssimo para que se possa cultuar o Orixá, pois ele é a presença material do Orixá, e é nesses assentamentos que serão depositadas as comidas votivas e se farão saudações e sacrifícios.

Outro elemento muito importante são os atabaques, que se chamam Rum, Rumpi e Lê. São considerados personalidades em si mesmos, são entidades vivas e sua confecção requer técnicas e rituais específicos, recebendo sacrifícios propiciatórios, para que possa evocar os Orixás com suas vozes quando tocados. Os diferentes ritmos executados nos atabaques são denominados toques e são diferentes para cada Orixá. Cada estilo rítmico, mais intenso ou suave, rápido ou lento, tem íntima relação com os mitos próprios e as danças de cada divindade.

Podemos nos reportar a três categorias simbólicas, os símbolos plásticos que já nos referimos, os símbolos sonoros e os símbolos cinestésicos, incluídos nesta categoria as danças, o gestual específico do rito e os cantos. Sem comentarmos aqui os símbolos verbais, as rezas chamadas *oriki Orixá*, as orações que podem ser faladas ou cantadas.

Os símbolos sonoros têm a finalidade de louvar, invocar e chamar os Orixás para que ocorram suas manifestações no mundo humano. A música ritual altera o estado de consciência dos adeptos, de maneira que esses possam entrar em contato com os Orixás por meio do estado alterado de consciência, transe ou bolar no santo. Eliade faz uma afirmação com referência aos xamãs, que muito bem se enquadra no que estamos expondo. "[...] Contudo, a experiência básica é extática, e o meio principal para obtê-la é, como em outras áreas, a música mágico-religiosa" (Harner, 1989, p. 87).

Desde a Antiguidade, o homem primitivo se utiliza da música para invocar o espírito protetor do povo; isso é conhecido como magia ritual; e, uma vez o espírito atraído de lugares distantes, passa a comungar com ele. Nesse processo, a música é muito importante, seja em forma de sons de objetos sagrados, de cânticos ou de sons de instrumentos consagrados para tal.

Todo o período de treinamento em qualquer religião iniciática é penoso, devido à disciplina, à repetição e aos regimes especiais. Nas religiões de matriz africana não é diferente, e nessa conjuntura "[...] a música supera esse problema e estabelece um elo entre a disciplina longa e tediosa e a transformação interior catártica subitamente induzida" (Stewart, 1989, p. 21).

Isso posto, podemos passar à afirmação de Tame (1986) que diz: "É difícil encontrar uma única fração do corpo que não sofra a influência dos sons musicais" (p. 146). E a partir dela entrar nas considerações sobre a terceira categoria simbólica, a dança e os gestos. Redinha (1984) afirma:

> [...] as cerimônias de caça, as práticas curativas, as exéquias, os arraiais de guerra e os diversos ritos empregam a dança largamente. Em alguns casos, as danças são mímicas, o que lhes confere um valor de linguagem coreográfica, na comunicação ritualística do homem com o sobrenatural (p. 203).

Já se sabe que a música influencia o corpo físico, induzindo-lhe alterações que, de um lado, afetam os níveis de consciência e, de outro, proporcionam movimentos. Podemos listar, além da dança dos Orixás, a dança dervixe, as danças sagradas do budismo tibetano, bem como os movimentos mágicos encontrados nas práticas da pajelança e até mesmo em cultos neopentecostais.

Por outro lado, as relações entre cinesiologia e a busca da integração fisio-psíquica foi pesquisada por Pethö Sándor (1916-1992) e seguem pelas mãos de seus colaboradores até os dias de hoje, sendo o Instituto Sedes Sapientiae em São Paulo seu polo divulgador.

Tratando-se mais especificamente do foco deste trabalho, a música e a dança, na religião dos Orixás, têm o intuito de abrir canais de comunicação com o mundo inconsciente e funcionam como uma via de dupla mão. Facilitam esse contato, mas ao mesmo tempo controlam sua manifestação formatando-a, no contexto do ritual, e limitando seu tempo de atuação. Podemos observar bem esse fato nas festas públicas, em que há cânticos de abertura e louvação dos Orixás, bem como cânticos de despedida e encerramento.

O espaço do Ilé Axé é um têmenos, espaço sagrado, que regula e coordena a manifestação psíquica dentro de limites rígidos de ritos e hierarquia explícita. Delimitam-se, assim, dois eixos da experiência, o tempo e o espaço.

Um dos pontos mais polêmicos é, sem dúvida, a questão dos sacrifícios animais que se verificam no culto aos Orixás. Para que possamos abrir esta discussão faremos referência a Hölderlin, citado por Jung (1975) em *Memórias*.

> Vergonhosamente,
> uma força arrebata-nos o coração
> pois todos os deuses exigem oferendas,
> e quando nos esquecemos de algum,
> nada de bom acontecerá (p. 308).

Os sacrifícios rituais estão presentes na religiosidade humana desde o princípio ancestral. Sacrifícios humanos eram recorrentes em várias culturas e religiões da Antiguidade. Os deuses sempre exigiram o seu lugar na dinâmica psíquica e social humana, e esse lugar era bem demarcado por sacrifícios, em que as pessoas deveriam dar de bom grado uma oferenda à divindade.

Podemos dizer que o sacrifício de um ser vivo, seja ele vegetal, animal ou humano, afirmava a realidade de que toda a vida pertence a Deus, inclusive a vida do oficiante e da comunidade. Como essa ideia se torna uma verdade coletiva, o que acontece num sacrifício é a troca de uma vida pela manutenção da existência de outras; assim como para o cristianismo, o sacrifício de Jesus salvou a humanidade.

Podemos ainda tomar como exemplo o sacrifício de Isaac por seu pai Abraão, narrado em Gn 22. O Deus de Abraão, conhecido pelos historiadores como El Shaddai, havia pedido em sacrifício o filho único e tardio de Abraão, que não deixou de cumprir a ordem de Deus, mesmo com dor e sofrimento. No exato momento do sacrifício, o Anjo do Senhor bradou dos céus e impediu o sacrifício de Isaac, substituindo o menino por um carneiro que estava preso em um arbusto ali perto. Do ponto de vista simbólico está narrada a passagem da prática do sacrifício humano para o sacrifício animal.

Durante toda a narrativa das obrigações cerimoniais, ditadas por Moisés no Livro do Levítico, vamos encontrar os holocaustos oferecidos a Javé, seja para remissão de pecados, para celebrar uma festa litúrgica, ou em oferta pelo nascimento de alguém. Além disso, a proibição de se comer a gordura e o sangue dos animais se deve ao fato de que esses elementos, constituintes da vida, pertenciam somente a Javé e a mais ninguém.

Nas obrigações citadas em Lv 16 há uma cerimônia de expiação de pecado em que são necessários um carneiro e dois bodes. O carneiro e um dos bodes eram sacrificados e seu sangue aspergido no altar de Javé pelo sumo sacerdote, ao passo que no outro bode se recitavam os pecados do povo e este era enviado ao deserto para que morresse. Este último era chamado de bode emissário ou expiatório.

Esses sacrifícios alcançaram o tempo de Jesus, e, por conta de seu nascimento, José levou seu primogênito para o consagrar no Templo. O ritual incluía a oferta de animais. Como José era pobre, poderia, segundo a lei, oferecer um par de pombos (Lc 2).

O cristianismo trouxe nova interpretação ao símbolo do sacrifício ritual, que nesta nova visão ocorreria pelo sacrifício do próprio Deus, na pessoa de Jesus Cristo. Este passaria a ser o *Agnus Dei*, o Cordeiro de Deus que tira o pecado do mundo. Porém, na instituição da comunhão (Mt 26), literalmente Jesus afirmou a necessidade de que os seus seguidores comessem seu corpo e bebessem seu sangue, nas representações do pão e do vinho.

A Missa Católica revive o sacrifício do Cordeiro de Deus, e, com o dogma da transubstanciação, a comunhão torna-se literalmente antropofágica. Acreditamos não haver nenhum constrangimento quanto a esse fato, pois só comunga intimamente da natureza de Cristo quem o recebe vivo dentro de si, simbolicamente comendo seu corpo e bebendo seu sangue. Ele morreu em nosso lugar e para que isso seja realmente válido é necessário compartilhar de sua vida.

No âmbito de alguns segmentos protestantes, como já mencionamos, o aporte racionalista da fé não oferece vivência simbólica tão profunda, visto não apresentar o dogma da transubstanciação no ritual da comunhão.

Ainda no Levítico, vemos a indicação de oferta de manjares, que consistiam em oferecimento de alimentos, como farinha e azeite. As ofertas a Javé também se constituíam de frutos da terra, da lavoura, como a festa das primícias (Lv 23).

O sacrifício de uma vida na afirmação de que toda vida pertence a Deus consiste em uma afirmação constante do devido lugar do humano no cosmos. Se um indivíduo nasce e se mantém vivo, é devido às forças criativas da natureza, seja de criação e gestação, seja de manutenção desta vida ao longo do tempo. Para que se mantenha esta vida, há a necessidade de se destruir outras vidas, pela alimentação. A vida se alimenta de vida! No entanto a Vida, em um sentido mais amplo, vai além do controle humano e engloba todos os seres, inclusive o próprio ser humano.

A relação de doação voluntária a uma divindade estabelece a justa medida e distancia o ego pessoal da inflação e arrogância da consciência. O ego caracteriza-se como um elemento muito importante na economia psíquica, porém não é de forma alguma a totalidade da psique. A oferta de sacrifícios, seja como reconhecimento de instâncias maiores ou de substituto, ao mesmo tempo em que forma um anteparo de defesa das forças poderosas do si-mesmo, restabelece o eixo ego-si-mesmo de onde provém o alimento psíquico para a consciência, mantendo a homeostase entre consciente e inconsciente.

Semelhantemente ao que foi exposto a respeito dos ritos judaico-cristãos referentes aos sacrifícios, no culto aos Orixás as oferendas têm papel primordial, seja de animais ou de alimentos preparados ofertados.

Algumas vezes vemos na mídia referências a sacrifícios humanos praticados por estes ou aqueles praticantes de religiões de matriz africana, chamados pejorativamente de *macumbeiros*. Podemos afirmar que esses atos são motivados por dinâmicas psicopáticas, que dão ensejo a manifestações patológicas sombrias. Sacrifícios humanos não encontram respaldo, nem nas tradições de matriz africana, nem na vivência religiosa criativa.

Os animais sacrificados aos Orixás, semelhantemente aos sacrifícios mencionados no Antigo Testamento, seguem uma prescrição específica. No geral o sangue e os miúdos, além das pontas do corpo do animal (patas, cabeça), pertencem ao Orixá; o couro é usado para revestir os atabaques; já o restante da carne (a carne nobre) deve ser preparado normalmente e servido aos participantes como alimento comunitário. Não se desperdiça alimento. Ao Orixá, como a Javé, só interessa a essência da vida.

Assim também os alimentos (ipeté, amalá, acarajé) são oferecidos e, depois da oferenda ritual, geralmente são comidos pelos participantes. Outros voltam à natureza na forma do conhecido *ebó*. Há algumas oferendas em que todo o animal sacrificado é despachado, e outras em que o animal é solto vivo, mas essas especificidades não cabem neste texto.

Para a sequência de atividades de uma casa de axé, existe um calendário litúrgico no qual há uma data específica para que se comemorem os Orixás. Por exemplo, Olubajé (festa para Omulu/Obaluaê), Águas de Oxalá, Fogueira de Xangô, Festas das Yabás (festa das deusas).

Essas festas são públicas e bastante concorridas, no entanto o público presencia apenas uma parte, que teve início horas (ou até dias) antes, com os sacrifícios e preparativos rituais. O lugar da festa é chamado de barracão e é onde ocorre o *xirê* dos Orixás, o nome dado à festividade. Esse barracão é um espaço com delimitação rígida de lugares, para a assistência, os instrumentos musicais, a cadeira do pai ou mãe de santo responsável pela casa, uma porta de entrada para o público e outra para os iniciados da casa. A organização do espaço reproduz a corte africana, com o rei ou rainha em seu trono, os oficiais da corte ao redor do trono e os demais ao redor do salão.

Todo ritual tem início com um ritual para Exu chamado *padê*, que é um oferecimento para que esse Orixá faça a comunicação entre os dois mundos (*Ayé* e *Òrun* céu e terra) e proporcione uma festa sem contratempos ou interferências inconvenientes. Esses aspectos de Exu veremos no próximo capítulo.

Ao iniciar-se a cerimônia, forma-se uma fila, precedida pelo oficiante da casa e pelos mais velhos, até os mais novos, obedecendo-se à hierarquia. Essa fila entra no barracão ao som dos atabaques e forma um círculo em volta do ponto central do barracão, onde estão enterrados materiais rituais, a mina, o centro de origem e distribuição de axé. A partir dessa formação, a roda girará, sempre em sentido anti-horário. Os participantes da roda dançarão com passos diferentes para cada toque ou Orixá, sempre nesse sentido.

É interessante notar a presença da forma circular na dança sagrada. Um círculo de movimento em torno de um ponto central de fundamento e poder da casa. Von Franz afirma: "Entre as representações mitológicas do *self* quase sempre encontramos imagens dos quatro cantos do mundo, e muitas vezes do Grande Homem representado no centro de um círculo dividido em quatro [...]" (Von Franz, apud Jung, 1980, p. 212). Outra referência que a autora faz é quanto à prática navajo de restabelecer a saúde e a harmonia com o cosmos, de alguém doente, fazendo-o sentar-se em um *mandala* construído na areia.

Um aspecto importante deste *mandala* dos Orixás, que não é contemplativo como os *mandalas* hindus ou budistas, é sua estrutura cinestésica. Isso se dá fundamentalmente com a essência do movimento, uma vez que este é feito em sentido anti-horário, fazendo referência à descida ao inconsciente. É um movimento regressivo das forças psíquicas, favorecendo o abaixamento do nível de consciência, para que se processe o contato com as forças profundas do inconsciente. No entanto, a coesão do círculo de dança oferece um anteparo simbólico e físico para a contenção das manifestações neste estado alterado. Toda manifestação ocorre na roda ou no seu interior, e, quando um filho de santo incorporado sai do círculo, este se abre e o Orixá presente naquele filho é acompanhado por alguém da hierarquia da casa todo o tempo em que dança fora ou dentro da roda.

O *xirê* propriamente dito é a louvação dos vários Orixás cultuados na casa. A sequência tem início com a saudação a Exu, que tem a dupla função de ser mediador e mensageiro entre o mundo humano e os Orixás, bem como de evitar desarmonia na festa, tanto de sua parte como da parte de outros (o inusitado, aspectos perigosos, sombrios e desagregadores). Sua saudação é *Laroiê*!

Há uma certa variação de ritual por nação ou casa de axé na sequência em que os Orixás são louvados, porém apresentaremos uma forma usada em uma roça de nação ketu, em São Paulo.

Seguindo-se a Exu, é saudado Ogum, na qualidade de guerreiro e desbravador de caminhos, e, por laços de fraternidade com Exu, sua saudação é *Ogum yê*! Segue-se a saudação a Oxóssi, o caçador atento e certeiro, irmão mítico de Ogum; sua saudação é *Okê Arô*! Em seguida, o Orixá das folhas; Ossaim que tem uma ligação direta com o Orixá da caça; sua saudação é *Euê Ô*! O próximo é o Orixá ligado diretamente às forças telúricas e ancestrais, originário do Daomé, Obaluaiê, deus da doença e da cura, temido e venerado; sua saudação é *Atotô*! Segue-se o seu irmão mítico, Oxumaré, a serpente arco-íris, representante do eterno movimento, responsável por levar água da terra ao castelo de Xangô; sua saudação é *Aho Boboi*! Xangô é o juiz imparcial e passional, senhor do raio e do trovão; sua saudação é *Kauô Kabiecile*! Acompanhando Xangô vêm suas três esposas, Oxum, a mais faceira e feminina, materna e afetiva, no entanto sagaz e melindrosa; sua saudação é *Ore Iêlê Ô*! A próxima é Iansã, deusa voluntariosa e detentora do poder sobre os ventos e tempestades, além do domínio sobre os mortos (Eguns); sua saudação é *Epahei*! A seguir Obá, deusa guerreira e viril, porém irrealizada no amor; sua saudação é *Obá Xirê* ou *Obá Siô*! O próximo Orixá é Euá, deusa virgem que também está ligada aos mortos e à água doce; sua saudação é *Riró*!

Após vem a saudação a Logunedé, filho de Oxóssi e Oxum, que apresenta aspectos de seu pai e de sua mãe combinados e alternados nas épocas do ano; sua saudação é *Logun*! A próxima louvação é para Iemanjá, a grande matriarca e senhora dos mares, que mantém relação materna com praticamente todos os demais Orixás; sua saudação é *Odô Iyá*! Segue-se Nanã Buruku, a idosa deusa das águas paradas, lagoas e pântanos, mãe de Obaluaiê, Oxumaré e Euá, preside os segredos da morte, transformação e do renascimento, sua saudação é *Saluba*! Os próximos e últimos a serem saudados são Oxaguiã e Oxalufã, respectivamente Oxalá novo e guerreiro, e Oxalá velho e sábio, considerado o pai de todos os Orixás; sua saudação é *Epa Baba*!

O *xirê* apresenta-se como uma forma ascensional de símbolos. Embora na religião dos Orixás não haja uma hierarquia entre as divindades, pois cada uma é responsável por uma área de atuação e têm todos o mesmo *status*, a não ser uma deferência e carinho especial à Oxalá, o grande pai.

Partindo-se do primeiro contato com o mundo dos Orixás, via a intermediação de Exu, a divindade mais próxima dos humanos e passando por vários aspectos da experiência (humana e divina), chega-se às figuras da velha sábia e do velho sábio, Nanã e Oxalá, que encerram o *xirê*.

Em termos psicológicos, vemos de forma analógica a transformação da energia psíquica em seus vários estágios e níveis de atividades, em direção ao centro, a figura de Oxalá como velho sábio e filho mítico direto de Olorum, o Ser Supremo criador e incognoscível.

Como dito, inicia-se com Exu o Orixá mais próximo à humanidade e encerra-se com Oxalá, o Orixá mais próximo a Olorum, o Criador. Podemos supor que a forma como está configurado o *xirê*, considerando o seu ponto de partida e de chegada, sempre Exu e Oxalá respectivamente, seja uma figuração ritualística do processo de individuação. Sentimo-nos muito à vontade para supor tal afirmação, visto que esse processo de encontro e realização da própria alma não é privilégio da psicologia, nem da psicologia analítica que lhe deu o nome de processo de individuação, pois as antigas correntes filosóficas e religiosas já o conheciam há muito tempo, e seus exercícios e ritos religiosos estavam calcados nesta viagem mística/mítica ao encontro do si-mesmo.

Para finalizar este capítulo vamos comentar sobre o processo de comunicação com os Orixás, que se dá por meio de práticas divinatórias que podem ser o jogo de búzios, o jogo de *Odú* ou o *Opelé-Ifá*.

Todos esses sistemas valem-se de processos de sincronicidade, muito bem descritos por Jung, em que um evento material ocorre em correspondência significativa com elementos psíquicos, num contexto de tempo e espaço, e que não apresentam correlação casuística aparente.

Esse processo é presidido por Ifá, divindade do destino e da adivinhação, ligado diretamente a Orunmilá, a divindade que dirige os destinos da humanidade e dos Orixás. Podemos dizer que as leis de Ifá estão acima de todos, pois há mitos em que os Orixás devem se submeter a essas leis, recebendo consequências danosas quando não o fazem.

Ifá representa a Lei Cósmica abrangente e soberana. Podemos dizer que representa, em termos psíquicos, as leis de homeostase e economia da energia psíquica, que põem em movimento e regulam todo o sistema. Além disso, fornece o sentido e significado para a vida psicodinâmica, uma intenção do inconsciente e sua meta. Ifá, procedente direto de Olorum, representa a energia psíquica emanada diretamente do si-mesmo. É a ação e ordenação ativa deste na coordenação dos processos psíquicos.

Partiremos, agora, para uma breve descrição dos aspectos míticos dos Orixás e suas correlações com a psique individual.

5 O mundo mítico dos Orixás

> *A experiência psicológica me tem mostrado invariavelmente que certos conteúdos provêm de uma psique mais ampla do que a consciência. Com frequência, eles encerram uma análise, uma compreensão ou um saber de grau superior, que a consciência do indivíduo seria incapaz de produzir.*
>
> OC 11/1, § 69.

Neste capítulo, vamos abordar alguns mitos dos Orixás, divindades cultuadas pelos povos de matriz africana no Brasil, procurando uma compreensão de seus conteúdos à luz da psicologia analítica. Os nagôs, como também são chamados os iorubás, são originários de terras sudanesas e têm como principais nações a Egbá, Ketu, Ijexá e Efom.

De forma complementar, pontuaremos as nomenclaturas dadas aos mesmos símbolos arquetípicos, em cultos de outras duas tradições, a bantu e a jeje. A nação bantu tem origem na parte subsaariana do continente africano e compreende de forma mais popular, no Brasil, os terreiros de Angola, Moçambique e Cabinda. Nela são cultuados os Inquices (*Nkisi*). Já os candomblés de origem jeje (*djedje*) cultuam os Vodun, e compreendem de forma mais conhecida os grupos de Mina, os Fon, os Mahi e Fanti-Axante. Os termos Orixá, Inquice e Vodun correspondem genericamente à denominação dada ao Sagrado ou divindades. Nos ritos jeje, a nomenclatura da representação do fenômeno natural, ou energia, pode mudar de acordo com a família de origem da divindade.

Em capítulos anteriores, comentamos a função simbólica dos Orixás para quem é adepto da religião. Naquele momento, identificamos a figura mítica do Orixá de cabeça como símbolo estruturante, interagindo entre o si-mesmo e o ego do iniciado. Neste capítulo, em que vamos apresentar alguns mitos relacionados aos Orixás, encontraremos suporte interpretativo, tanto para o iniciado como para os não iniciados.

No caso do iniciado, o conhecimento do enredo, ou das ocorrências e feitos míticos de cada Orixá, oferecerá indícios do mito pessoal vivenciado pela psique individual. Poderemos compreender circunstâncias da vida e das atitudes individuais, bem como facilitar a assimilação do conteúdo arquetípico pelo adepto que vem para o aconselhamento psicológico ou análise.

No caso dos não iniciados, o conhecimento desses deuses e de seus mitos favorece processos de amplificação de conteúdo vivenciado pela psique individual. As experiências trazidas dos terreiros e roças, pelas pessoas que costumam frequentar esses templos, não devem de maneira nenhuma ser descartadas ou menosprezadas, isso porque, por um lado, não desconsideramos a possibilidade de ocorrência de fenômenos de comunicação inconsciente e, por outro, este mais importante, a experiência sempre causará uma impressão psíquica que aspira por compreensão e integração analítica. Ainda, conteúdos inconscientes constelados podem emergir em sonhos ou em imaginação ativa, sob a forma de símbolos, dentre os quais símbolos de matriz africana, e igualmente necessitam de trabalho para que possam ser integrados à consciência por meio do processo de amplificação.

Para iniciar este capítulo, entendemos que será útil o conhecimento das questões relativas às cores identificadas com cada Orixá, pois elas não têm uma função simplesmente decorativa, mas revelam conteúdos simbólicos de associação que são muito importantes para a compreensão de cada elemento simbólico.

Para Santos (2012), o axé (àṣẹ) é a força que assegura e existência dinâmica, que permite o acontecer e o devir, o que pode ser associado ao conceito de Prana, Pleroma, Graça ou, no caso de nosso estudo, energia psíquica. Sem axé a existência estaria paralisada, desprovida de toda possibilidade de realização.

Esta potência se expressa a partir de três cores primordiais: o preto, o branco e o vermelho. Cada uma delas transmite um tipo de vibração ou de significado simbólico. O preto corresponde ao dinamismo do axé de transformação, mistério ou o que está oculto. O branco corresponde ao dinamismo do axé de procriação, fecundidade e possibilidades. O vermelho corresponde ao dinamismo do axé de fecundação, ação e movimento.

Para cada uma das cores fundamentais existem variações, algo como cores representantes ou derivadas dessas três principais. Entre as variações do preto temos – em todos os tons e matizes – o verde, o azul, o roxo e o marrom. O branco se desdobra em translúcido e prateado; já o vermelho é representado pelo amarelo, rosa, laranja e terracota em todas as suas variações.

Ao analisarmos as cores usadas pelos Orixás, em seus cultos e vestimentas, compreendemos de maneira mais profunda as manifestações às quais estão diretamente ligados. Da mesma maneira que associamos as cores do axé a energias da natureza, podemos também associá-las a estados psíquicos. Se tomarmos por base as três etapas principais do processo alquímico, chegamos ao equivalente *nigredo, albedo* e *rubedo* respectivamente, os três estágios do processo alquímico usados por Jung na descrição da dinâmica do processo analítico.

5.1 Mito de Criação

Conta-se que nos primórdios não existia nada além do ar. A Divindade Suprema do universo, Elédùmarè ou Olodumaré (Olódùmarè), chamado também de Olorum (do iorubá Olórun – O Senhor do céu), vivia muito além de tudo o que é possível e um dia resolveu criar um outro lugar onde os Orixás pudessem reinar, e cada um tivesse o seu espaço e território de domínio. Para isso, incumbiu Obatalá (Obàtálá – Oba = rei e àlà = pano branco; rei do pano branco, símbolo de pureza), ou Oxalá (Òṣàlà – òòṣà = divindade; nlá = grande), de criar esse outro mundo. Essa escolha deveu-se ao fato de Oxalá ser considerado a segunda divindade após Olorum.

Olorum determinou a Obatalá que criasse o Ayé, o mundo material. Ele deveria pegar o *àpò-iwà* (saco de existência), juntar-se aos outros Orixás, fazer os sacrifícios propiciatórios e partir. Obatalá se apressou em reunir todos para começar a jornada e logo seguiu. No início do caminho encontrou Odúa, único Orixá funfun (branco) feminino, que estava indo consultar Orunmilá, para fazer os rituais antes da jornada. Ela disse que, após cumprir esse compromisso, o alcançaria. E assim ela fez. Orientada por Orunmilá, ofereceu uma galinha, um pombo, um camaleão, búzios e caramujos a Exu. Esse, por sua vez, pegou somente uma pena de cada ave e lhe devolveu os animais vivos. Ela voltou até Olorum para comunicar que havia feito o que tinha sido pedido. Para sua surpresa, o Senhor do céu lhe pediu que alcançasse logo Obatalá e colocasse dentro do saco da existência um pouco de terra, que havia ficado para trás na arrumação. E ela seguiu mais que rapidamente.

Enquanto isso, no caminho chegando ao limite do Òrun (o mundo celeste), Obatalá encontrou Exu – o Senhor dos caminhos e dos limites –, que lhe perguntou se ele tinha feito os ebós para seguir adiante. A grande Divindade, sem se deter, disse que não e continuou em frente, sem se importar com a reverência necessária para a circulação entre o mundo celeste e o Ayé (mundo material). Foi aí que Exu determinou que nada do que ele tentasse empreender daria certo. Sempre há um valor a pagar para se transitar nos caminhos, como um pedágio.

Depois de muito caminhar, Obatalá sentiu sede, passou por um rio, mas não parou, tinha pressa. Mais à frente, passou por um lago e não bebeu sequer um gole de água. No momento em que sua sede se tornou insuportável, viu-se diante de uma palmeira de dendê. Não pensou duas vezes, cravou seu cajado no tronco do dendezeiro e, dali, verteu uma seiva abundante, o vinho de palma. Ele bebeu tanto e com tanta vontade que ficou embriagado e caiu desfalecido aos pés da árvore. Pouco depois Odúa alcançou o grupo e viu aquela cena: Obatalá caído e as outras divindades em volta dele, sem saber o que fazer. Ela então decidiu levar o saco de existência de volta para Olorum, que, por sua vez, delegou a ela a função da criação do mundo material.

Odúa vestiu-se de preto (a cor da terra) e seguiu para o ponto exato do limite entre o Òrun e o Ayé, o ponto onde o ar infinito encontrava a massa infinita de água. De lá, ela lançou a terra sobre as águas e mandou a galinha, para que ciscasse e espalhasse a terra por todos os lugares possíveis. Depois mandou o pombo para voar e verificar se toda a imensidão tinha sido preenchida. Mandou, então, o camaleão, para conferir se a terra estava firme de fato (a imensidão de água, a busca da firmeza da terra e o soltar de um pombo remete ao mito de Noé e o dilúvio). Quando tomou ciência da firmeza da criação do mundo, ela tocou o chão, lugar onde futuramente se estabeleceu a cidade de Ilé-Ifẹ̀. Simbolicamente ali passou a ser o centro do mundo, assim como Roma, Alexandria, Meca ou Jerusalém são para diferentes tradições religiosas e Paris, Washington ou Brasília são para diferentes nações. A cidade sagrada é uma figura arquetípica presente também em mitos como El Dorado, Jerusalém Celeste e Shagrilá.

Odúa foi a primeira divindade a tocar o solo, e todos os demais Orixás a seguiram, ficando sob seu comando e obedecendo suas diretrizes. Temos Pachamama para os povos andinos e Gaia para os gregos, a mesma correspondência simbólica e psíquica da mãe criadora primordial.

No Òrun, quando Obatalá acordou, desnorteado, viu-se sozinho, e sem o saco da existência, voltou para queixar-se a Olorum. Foi então que o Criador lhe transmitiu o poder para criar todas as formas de vida que habitariam o novo espaço, ficando Ele – o Ser Supremo – com a tarefa de insuflar o *emi*, o fôlego divino que animaria as formas de vida criadas.

Simbolicamente o matriarcado é importante para a gestação e manutenção inicial da vida, em seu aspecto positivo. Depois de um tempo, o excesso de cuidado gera uma egrégora de devoração e involução (aspecto da mãe devoradora). Faz-se necessária aí, a presença da figura paterna, alternando o sistema para o patriarcado, que impulsiona o desenvolvimento e crescimento psíquico. A partir dessa transição para sistemas sociais baseados em normas e leis, o oposto ao caos inicial do psiquismo no nascimento, o desenvolvimento das sociedades é possível. A próxima etapa do desenvolvimento psíquico é a relação da integração *anima-animus* e o desenvolvimento da alteridade.

Em outra narrativa, ou mitologema, Olofim-Odudua, irmão de Oxalá, encontra-o adormecido e rouba-lhe o saco da criação. Delatando o ocorrido à Olodumaré, toma para si a incumbência de criar o mundo. Ora, a terra era coberta de água, e o saco da criação estava cheio de terra, que escorreu e formou um monte sobre as águas, que foi espalhado por uma galinha de cinco patas, vinda do céu com Olofim-Odudua. Assim surgiram os montes e toda a extensão da terra. Acordando de seu sono e percebendo o que seu irmão havia feito, Oxalá foi queixar-se para Olodumaré. O Deus Supremo perguntou-lhe como isso ocorrera, e Oxalá não mentiu a respeito de sua embriaguez. Então, Olodumaré proibiu Oxalá e todos os seus filhos de tomarem o vinho de palma para sempre, mas, como consolação, deu-lhe a incumbência de criar todos os seres vivos. Embora Olofim-Odudua (ou Odúa na tradição anteriormente narrada) tenha criado a Terra, Oxalá, quando chegou à Terra com os outros Orixás, lembrou-os de que ele fora incumbido de criar o mundo, e, portanto, o mundo lhe pertencia. Isso criou uma acirrada disputa entre os dois irmãos, que só seria resolvida com a interferência de Orunmilá (Verger, 1986).

Podemos levantar alguns pontos para análise desse mito de criação. Vemos aqui a origem mítica em um ponto focal, abrangente e unitária, um Ser Criador inacessível, cósmico e transcendente, Olorun ou Olodumaré, o que aponta para uma dualidade dinâmica entre monoteísmo e politeísmo no catolicismo popular, no qual se entende a existência de um único Deus *Triuno* e inclui-se as devoções à Maria e a diversos santos protetores (Zacharias, 2021). Percebemos que a criação passou por um desdobramento de níveis e etapas, envolvendo um Ser supremo criador cósmico e uma segunda expressão sua, mais próxima da matéria, criador do mundo; este é Oxalá-Odudua. Este mito faz referência ao caos primordial e à diferenciação progressiva dos elementos para que pudessem vir a existir, até, finalmente, o ser humano, criação de Oxalá. Esse aspecto da criação pode nos remeter à ideia gnóstica do Demiurgo, criador imperfeito deste mundo, separado do Deus incognoscível, criador cósmico.

Outro aspecto que podemos levantar é quanto à existência de regras e leis que se aplicam a todos, como a regra de se fazer uma oferenda antes de qualquer ato. Orunmilá avisou a Oxalá que ele deveria fazer a oferenda, cumprindo assim os preceitos, e ele não procedeu corretamente. A oferta era necessária para que não se rompesse o equilíbrio homeostático existente entre o Òrun e o Ayé e garantiria que o trabalho sairia com perfeição. A arrogância pôs tudo a perder. Desafiando o princípio regulador da psique, o ego tende a se embriagar e voltar à inconsciência, perdendo a oportunidade de se diferenciar. Há regras específicas para o processo de individuação, corre-se o risco de se sucumbir às pressões inconscientes, ou de inflar pela arrogante identificação com o si-mesmo.

Um terceiro aspecto a ser levantado é quanto ao problema dos irmãos, que aparece em várias culturas, com desfecho mais ou menos criativo. O conflito entre Caim e Abel, narrado em Gênesis, ou a lenda de Rômulo e Remo, fundadores míticos de Roma, sempre fazem referência ao duplo, constelando características polarizadas entre si. Neste caso, a arrogância e supervalorização do *status* de Oxalá conflitam com a obediência às regras e astúcia de Olofim-Odudua, que, embora menos competente que Oxalá, rouba-lhe a tarefa de criar o mundo, polarizando os opostos.

Essa questão está presente na esfera intrapsíquica, na medida em que aspectos sombrios podem tomar a coordenação dos atos pelo entorpecimento do ego, bem como na esfera das relações interpessoais que envolvem relacionamentos entre iguais. Essa lenda da criação continua, ainda, em dois desdobramentos.

Terminada a tarefa de construir o mundo, Oxalá e Odudua tornaram-se inimigos e lutavam entre si, para saber quem seria o dono do mundo. Quem ganhasse a guerra seria o dono por direito, porém o perdedor jurara que destruiria o mundo imediatamente após ter perdido a guerra. Esse estado de coisas inquietou muito Orunmilá (divindade dos destinos do mundo), que havia sido encarregado por Olodumaré de proteger o mundo criado. Então, Orunmilá foi procurar Oxalá e lhe disse que Odudua, de fato, aceitava ser Oxalá o dono e criador do mundo, pois foi para ele que Olodumaré havia dado a incumbência da criação; porém, por orgulho e vergonha, não podia vir pedir desculpas e render-lhe homenagens. Oxalá disse: Está bem, se é assim! Saindo Orunmilá da presença de Oxalá, foi ao encontro de Odudua e lhe disse que Oxalá reconhecia que quem havia de fato criado o mundo era Odudua, mas não podia vir pedir desculpas, pois não ficaria bem a um velho pedir desculpas ao mais moço e render-lhe homenagens. Então, Odudua disse: Assim está bem! Oxalá e Odudua encontraram-se para celebrar a paz entre eles e o mundo escapou de ser destruído (Verger, 1996).

Podemos observar que um princípio de equilíbrio atuou nessa disputa, em que cada um dos dois inimigos não podia assimilar os conteúdos do outro devido à distância existente entre eles. Talvez uma representação mítica da dissociação que ocorre entre consciência e inconsciente. Por conta da unilateralidade da consciência, ocorre um distanciamento das duas instâncias psíquicas, que podem se tornar dissociadas. Neste caso, o processo terapêutico se constitui na aproximação e integração desses elementos hostilizados, gerando uma terceira postura integradora de conteúdos contrários, que Jung denominou *função transcendente*. Na segunda parte da lenda, a função transcendente é simbolizada pela atuação de Orunmilá, incumbido por Olodumaré de preservar o mundo criado. Ele promoveu a aproximação dos contrários e a passagem para uma nova postura de relacionamento.

Outro desdobramento dessa lenda diz respeito à criação da humanidade. Apesar de Olodumaré ter proibido Oxalá de beber vinho de palma, ele não obedeceu à determinação e, nos dias que bebia, tirava os homens do forno muito cedo (pois ele os faz de barro), dando surgimento aos albinos, ou torneava mal os corpos, dando origem às deformações congênitas.

Como em muitas culturas, os humanos são criados do barro, dando a referência da criação dupla do ser humano. Da prima matéria (do barro) e pelas mãos de uma divindade. Nesse ato da criação humana estão implícitos os aspectos ctônicos e espirituais pertinentes ao ser humano.

Por outro lado, a imperfeição na criação humana por parte de Oxalá faz novamente referência à ideia do Demiurgo. É parte da mitologia iorubá o fato de que a natureza não apresenta a perfeição conceptual construída pela consciência. A natureza é perfeita dentro dos seus próprios parâmetros de harmonia, e não nos parâmetros de estética criados pela consciência.

5.2 Exu, a esfera

Como vimos no mito de criação narrado acima, Exu estava na passagem entre os dois mundos, o Òrun e o Ayé. Sua função é a de regular o fluxo de energia entre os mundos, servindo de mensageiro entre os deuses e os homens, liberando a passagem de energia ou não, dependendo da sua utilidade ou das reverências devidas a ele.

Seu nome vem do iorubá Èṣù, é referenciado como a esfera, um símbolo de totalidade e unidade. Uma esfera sobre uma superfície plana e sem atrito, tirada do estado de inércia, não para de se movimentar; essa é a energia característica de Exu. A inércia é um tabu, e uma proibição a essa Divindade, que é o elemento dinâmico, construtivo e de expansão de tudo o que existe. É o princípio da existência diferenciada e participa de tudo. Sem um Exu, coisa alguma poderia existir. Ele é o Senhor do poder gerador, da energia criativa, impulsionadora (*agbára*), chamado Elebára.

Em seu culto são incluídos e levados em conta axés catalisadores de sua energia. Suas cores, o vermelho e o preto, aparecem em seus significados plenos, transformação e ação, respectivamente. As insígnias usadas são o *ọ̀gọ* – pequeno bastão de formato fálico, usado para defesa –, que, associado às cabaças, faz referência ao pênis, símbolo máximo da função de transmissão e comunicação entre mundos diversos, delegada a ele. O *àpò-iràn*, que é a sacola onde Exu guarda todos os seus elementos mágicos; dentro dela está tudo necessário para a criação e a destruição do universo. A sua saudação – *Aláròyé!* – explicita mais uma vez o seu campo de ação entre os sistemas de trânsito/comunicação (*al* = senhor; *àárin* = entre; *òrun* = céu; *àiyé* = terra).

Exu é uma única divindade, mas cumpre diversas funções e, para cada função, ele recebe um epíteto. Alguns exemplos são:

Exu Lonã – Senhor dos caminhos;

Exu Elebará – Senhor das intenções;

Exu Olobé – Senhor da faca (divisão das oferendas entre os Orixás);

Exu Inã – Senhor do fogo.

A divindade correspondente à energia de Exu, dentro do culto jeje, é Legbá. Já no de origem bantu, recebe os nomes Aluviaiá, Mavambo e Pambu Njila. O último nome, que pode ser traduzido como aquele que anda no caminho, sofrendo corruptelas, nos leva ao nome Bombogira ou Pombagira, figura feminina, que passou a ser cultuada na umbanda e nos catimbós nordestinos, como símbolo da malandragem e da sexualidade em seu aspecto feminino. Foi muito demonizada e marginalizada pela visão católica e cristocêntrica. A Pombagira representa o feminino liberto, rebelde, sensual e transgressor das regras e rédeas do patriarcado. Sobre ela falaremos mais no capítulo sobre umbanda.

Nesta posição de construtor de pontes entre planos de consciência diferentes e o inconsciente, Exu tem uma função muito próxima de Mercúrio ou Hermes, um dos mais populares deuses gregos, cuja função era a de mensageiro entre os deuses e entre estes e os humanos. Provavelmente seu nome vem do costume grego de se erigir pilhas de pedras nos caminhos e encruzilhadas para orientar os viajantes. Hermes presidia os caminhos, e esse monte de pedras era conhecido por *hermainon*. Ou ainda, as casas gregas costumavam ter à sua frente esse monte de pedras, que era domicílio de Hermes, para que este protegesse a casa e seus moradores. Sendo mensageiro, Hermes trazia nas mãos um bastão de arauto, o *kerykeion*, além de sapatos e chapéu alados. Como uma divindade da comunicação, tornou-se protetor dos viajantes, dos mercadores e dos ladrões. Na função de psicopompo, tem a atribuição de conduzir as almas dos mortos para Hades (Lurker, 1993). Na psicologia esse termo refere-se àquele elemento psíquico que conduz o ego em sua viagem ao inconsciente.

Exu apresenta muitas das características de seu correspondente grego. Ele preside os caminhos, especialmente as encruzilhadas, sendo um de seus símbolos o tridente, em que se percebe uma encruzilhada, as possibilidades dos caminhos e a hesitação característica do viajante. Neste ponto entra a função de Exu de abertura ou fechamento de caminhos, bem como a indicação de qual seguir. Nas casas de axé, Exu é responsável pela proteção da casa e de seus habitantes. A ele é destinado um local à entrada da casa, chamado de casa de Exu ou tronqueira em algumas roças. A exemplo de Hermes, Exu carrega um instrumento fálico, um bastão, que tem a forma de um pênis. Possivelmente esse foi um dos elementos que levaram este Orixá a ser associado com o Diabo cristão, devido à sua ligação direta com a erotização da vida. Exu é igualmente dono do mercado, está sempre envolvido no comércio e por isso tem afinidade com a malandragem e astúcia próprias dessa atividade. Nisso incluem-se os ladrões e espertalhões. O comércio e as negociações abrangem uma vasta gama de atividades, desde a pechincha própria dos mercados públicos e feiras comuns a praticamente todas as culturas, até as negociações diplomáticas de qualquer natureza. Aproximando-se da malandragem, Exu adquire aspectos de *trickster*, enquanto satírico e brincalhão, além de briguento e crítico da moral e das formas estabelecidas. Lidando mais de perto com os polos da existência, tem a prerrogativa de subverter a ordem das coisas. Uma de suas qualidades diz que Exu mata uma ave ontem com a pedra que ele atirou hoje; ou ainda, que Exu vai ao mercado comprar azeite e o traz em uma peneira, e não se perde nem uma gota; ele faz o erro virar acerto e o acerto virar erro. Exu também exerce a função de psicopompo, conduzindo as almas dos mortos até Euá (Verger, 1986).

Um de seus mitos mais conhecidos faz referência a dois amigos que trabalhavam juntos. Cada um possuía seu campo, porém eles faziam divisa entre si, e era o costume sempre se encontrarem para conversar sobre o dia. Sempre antes de irem ao campo, era costume saudar Exu para que tudo corresse bem naquele dia. Certa vez eles se esqueceram de Exu e não fizeram a reverência devida, indo trabalhar pensando mais em si mesmos do que na sua obrigação para com os deuses. Exu ficou muito irado com essa falta e decidiu vingar-se. Vestiu um gorro de duas cores – vermelha de um lado e branca de outro (ou vermelha e preta, segundo outros autores) –, passou por um caminho que ficava entre os campos dos dois amigos, encontrando primeiro um e depois o outro. Em certa altura do dia, um dos amigos fez alusão ao estranho que havia passado de gorro vermelho, ao que o outro retrucou: não! Era branco! A discórdia foi aumentando ao ponto de ambos se engalfinharem em uma luta corpo a corpo, resultando na morte dos dois, enquanto Exu se divertia a valer com sua vingança (Zacharias, 2019).

Esse Orixá traz em seu conjunto mítico a importância dos aspectos homeostáticos da psique, pois, enquanto porteiro e regulador do fluxo de energia psíquica, regula a passagem de conteúdos entre consciente e inconsciente. Tendo a possibilidade de subverter a ordem estabelecida, tornando o que é certo, errado, e vice-versa, participa do processo de *enantiodromia*, a inversão do fluxo de energia quando muito polarizada.

Podemos, a título de exemplo, tomar o executivo que desempenhou muito bem o seu papel profissional, a sua persona, distanciando-se perigosamente dos elementos inconscientes reprimidos e alijados fora da consciência, como os trabalhadores do mito narrado. A certa altura, esses elementos reprimidos podem voltar exigindo atenção, o que pode se manifestar em somatizações, ou angústias de etiologia desconhecida. Ou ainda, comportamentos sem coerência com o *continuum* da consciência que acabam por prejudicar a carreira profissional e até a vida familiar e pessoal. Nestes casos está presente Exu, cobrando o que foi esquecido, a parcela da psique deixada de lado e reprimida que retorna em busca de assimilação.

Na maioria dos casos, o que foi reprimido acaba fazendo parte da região sombria da personalidade. Nesta abordagem, Exu passa a representar estes aspectos. Sabemos que agressividade e sensualidade são muitas vezes incompatíveis com certas personas construídas nos moldes de nossa cultura, e esses conteúdos acabam por configurar a manifestação de Exu, especialmente na umbanda, que, por força da aproximação com o cristianismo, os mais instintivos aspectos da agressividade e da sexualidade são associados ao Diabo. Neste segmento do culto aos Orixás, podemos ver o sincretismo de Exu ao Diabo cristão nas imagens encontradas facilmente em qualquer loja de artigos religiosos de umbanda.

O Exu demoníaco é a expressão de elementos sombrios reprimidos no inconsciente e, sendo Exu o mensageiro desses conteúdos, é natural que ele assuma aspectos apavorantes. Exu enviado do mal e violento é representação muito comum, bem como sua ligação com os aspectos sombrios da morte e do mal. Na umbanda encontramos Exus com o nome de Tranca-Ruas ou João Caveira, respectivamente associados à violência e à morte, bem como a figura da Pombagira, que evoca os aspectos da sensualidade e da voluptuosidade imoral, sempre invocada para resolver casos amorosos, não importando os meios (Zacharias, 2019).

Exu revela, neste caso, aspectos sombrios, não de si mesmo, mas da psique individual e coletiva. Em nossa cultura judaico-cristã, os aspectos incorporados por Exu, principalmente na visão umbandista, são precisamente os aspectos rejeitados pela configuração deífica do *Summum Bonum*, ficando para Exu a parte menos positiva da divindade. A questão do *Summum Bonum* foi amplamente discutida por Jung, pois esse dogma cristão designa Deus como perfeito e bom, não havendo nele nenhum mal, erro ou trevas. Esses elementos negativos passaram a ser constituintes da figura do Diabo. No entanto, não foi sempre assim. No Antigo Testamento podemos encontrar várias referências a aspectos sombrios de Javé. O dogma de perfeição e bondade absolutas de Deus só pode surgir no cristianismo.

Ocorre-nos uma lenda ouvida em uma casa de axé, em que Xangô, o Orixá do raio e do trovão, portanto ígneo, apaixona-se loucamente pelos encantos da suave deusa das águas doces, Oxum. No ímpeto da sua paixão, ele quer tomá-la à força, o que aos olhos de Oxum seria uma grande violência e ocasionaria a recusa imediata do pretendente. Ele não sabe lidar com a docilidade feminina e o encontro dos dois seria terrível. Então Exu impediu esse encontro até que Xangô se acalmasse e, mais controlado, pudesse cortejar adequadamente Oxum, que se entregou a ele. Desse encontro brando entre a polaridade ígnea e a água surgiu a chuva mansa, aquela que cai devagar e continuamente para regar a terra e fazer a vida florescer.

Nesse caso, Exu regula os acontecimentos para que o que deve ocorrer de benéfico para todos não se perca ou se prejudique. Por outro lado, ele se interpõe na violência do aspecto masculino dirigido ao feminino, em analogia aos dois casos mencionados acima.

Para maiores aprofundamento sugerimos a obra *Exu, meu compadre.*

5.3 Ogum, aquele que vai à frente!

A segunda divindade a ser saudada no xirê dos Orixás é o irmão e companheiro de Exu. Este tem domínio sobre os caminhos, mas quem os abre é Ogum. Ele é aquele que vem à frente. O xirê dos Orixás é a ordem em que são tocadas, cantadas e dançadas as invocações aos Orixás em festas públicas ou cerimônias internas ao terreiro.

É um Orixá que preside dois aspectos distintos, mas interdependentes, a guerra e a manufatura de metais; ele é um ferreiro, que tem na espada o seu objeto simbólico. Seu nome vem do iorubá Ògún, e significa aquele que fura. Na África estava intimamente associado à agricultura e ao culto do campo (Orixá Okô), mas os povos que antes louvavam seu nome para que as plantações prosperassem, quando foram levados de suas terras, escravizados e obrigados a cultivar o campo de seus algozes, pararam de rezar para o deus das lavouras. A partir daí, somente o seu caráter virulento passou a ser exultado. O pai protetor e provedor passou a ser o violento vingador. O mesmo ferreiro que produz arado produz espada!

Podemos fazer, assim, uma aproximação analógica de Ogum com o deus romano da guerra, Marte. Era considerado o pai de Rômulo e Remo e, portanto, pai dos romanos. Possuía como instrumentos míticos o escudo e a lança. Foi identificado com o grego Ares, o destruidor ou o vingador, sempre acompanhado da discórdia, do medo e do terror. Considerado filho de Zeus e Hera, tinha Afrodite como sua amante, a ele se consagrava o lobo.

Outra aproximação possível é com Vulcano, divindade romana do fogo, e que tinha a arte de forjar o ferro. Semelhantemente, Hefesto, divindade grega do fogo, dos ferreiros e artesãos, produzia armas e artefatos de ferro importantes para Zeus, Hélio e Atena. Filho de Zeus e Hera (em algumas versões é filho de Hera com o vento), por ter nascido coxo, foi precipitado por sua mãe para as profundezas da terra, onde trabalha em sua ferraria (Lurker, 1993).

Achamos, ainda, mais alguns aspectos de semelhança entre as divindades citadas e Ogum. O Orixá é considerado o grande guerreiro, em seu *oriki* deixa bem claro este aspecto belicoso.

> Ogum que, tendo água em casa, lava-se com sangue.
> Os prazeres de Ogum são os combates e as lutas.
> Ogum come cachorro e bebe vinho de palma.
> Ogum, o violento guerreiro,
> O homem louco com músculos de aço...
> Ele mata o ladrão e o proprietário da coisa roubada
> (Verger, 1989).

Apesar das similaridades, não podemos afirmar que haja uma completa identificação entre os Orixás e os deuses de qualquer outra cultura. O que é possível é a aproximação de princípios simbólicos ou arquetípicos; nesse sentido a divindade de uma cultura pode agregar atributos de duas ou mais divindades de outra cultura, bem como uma divindade pode se dividir em duas ou mais de outra cultura. A melhor maneira de aproximação de mitologias de culturas diferentes é a identificação dos aspectos simbólicos inerentes a cada divindade, pois torna possível a aproximação de aspectos míticos de divindades distintas.

As cores de Ogum são o verde com vermelho ou azul-escuro. Tanto o verde quanto o azul, assim como o marrom e o roxo, são considerados variações de uma cor primordial, o preto. Como dito antes, preto e suas variações simbolizam o axé do mistério, daquilo que acontece dentro, do lado oculto. O vermelho vem trazer o axé, ou força, de movimento, dinâmica, a ação que impulsiona. Seu metal, por excelência, é o ferro, que precisa do calor intenso do fogo para ser modelado. Dentro do culto de origem bantu, essa energia é chamada Nkosi. No jeje, o Vodun Gú é quem cumpre esse papel.

Um de seus mitos conta que certa vez Ogum retornou ao seu reino após uma longa expedição de conquistas. Entrando na aldeia, estava faminto e sedento devido à longa viagem e dirigiu-se aos seus súditos, que nada lhe respondiam. Por mais que Ogum falasse e ameaçasse seu povo, nada eles respondiam. Ogum não sabia que justamente naquele dia se comemorava um resguardo ritual que impedia as pessoas de falarem. Ogum entendeu esse silêncio como afronta e irreverência. Assim pensando, encolerizou-se muito e, tomando a espada na mão, matou a todos. Passado o dia de resguardo, o filho de Ogum retorna à aldeia e, vendo todos mortos, pergunta ao seu pai o que havia sucedido. Ogum diz que matou a todos pelo desprezo e falta de respeito que seu povo evidenciou à sua pessoa. Então o filho lhe disse que o povo não poderia falar com ele, não era desprezo, mas uma proibição ritual. Era o dia sagrado do silêncio! Ouvindo isso, Ogum, arrependido de sua violência, abaixou sua espada no chão, que se abriu, e desapareceu sob a terra (Verger, 1986).

Porém, antes de sucumbir na terra, Ogum pronunciou seu nome secreto, que deveria ser usado quando alguém estivesse em perigo iminente. Sendo pronunciado esse nome, Ogum surgiria e se atiraria contra o inimigo, destruindo-o. Caso o seu nome fosse pronunciado em qualquer outra condição, e, surgindo Ogum, não encontrasse nenhum inimigo para atacar, ele se voltaria contra o irreverente que pronunciou seu nome sem necessidade e o mataria. Sua saudação – *Ògún ye!* – significa: Ogum vive! Isso indica que, apesar da ausência no mundo físico, o deus está sempre presente.

Na Bahia, a identificação de Ogum com Santo Antônio de Pádua deveu-se à associação desse santo com aspectos relacionados à batalha e às guerras. Santo Antônio tornou-se major do exército brasileiro, a partir de um conflito náutico ocorrido em Salvador. Apesar de Santo Antônio ter sido frade franciscano, contemporâneo de São Francisco de Assis no século XIII, e um grande orador de seu tempo, e nunca ter participado de nenhuma investida militar, foi condecorado pelo exército (Giovannini & Sgarbossa, 1997). A associação com batalhas vem do fato de que, segundo Kidder (1941), uma frota que era comandada por luteranos partiu da França em 1595 para conquistar a Bahia. No caminho saquearam Argoim (uma ilhota de domínio português), roubando e destruindo o que conseguiram. Levaram várias coisas; entre elas uma imagem de Santo Antônio de Pádua. Ao seguirem viagem foram tomados por uma grande tempestade que levou a pique vários navios; os que resistiram foram acometidos por peste e morreram no mar. Alguns chegaram a Sergipe, mas foram logo presos e levados à Bahia. A imagem do santo, que havia sido maltratada e atirada no mar, acabou sendo encontrada na praia e recolhida pelos frades franciscanos, e acolhida com solenidades em seu convento (Verger, 1986).

Ogum representa os aspectos mais viris da personalidade, constelando-se na imagem do guerreiro que comunga de duas potencialidades, a impulsividade e a coragem. A primeira bem evidenciada no mito de Ogum relatado acima, quando a explosão da fúria e da violência cega o indivíduo, levando-o a atos impensados e dramáticos, resultando em posterior arrependimento e autopunição. Muitos são os casos em que o cliente chega ao aconselhamento psicológico movido por um grande sentimento de culpa, gerado por ações impulsivas e impensadas, que acabaram por destruir relações (pessoais ou profissionais), até mesmo chegando a agressões físicas. Após a explosão emocional, tal qual Ogum, surge o arrependimento e a autopunição pelo que se fez. O peso da culpa leva a uma introversão ressentida, amarga e sombria, porém não menos inflamada. A violência se mantém viva, como a lava vulcânica, porém contida pelas pressões da culpa, a crosta terrestre. Nova explosão pode ocorrer, e a pressão torna-se cada vez maior a cada evento.

Por outro lado, a coragem e franqueza de Ogum lhe conferem os aspectos positivos complementares ao símbolo. Na qualidade de irmão de Oxóssi, Ogum auxilia a tarefa do caçador, na medida em que abre caminho na mata fechada, com o manejo assertivo de sua espada; além de vir em socorro dos que o invocam na batalha. O aspecto de coragem e luta contra o inimigo também pode ser observado no sincretismo com as figuras de Santo Antônio, que defendeu o Brasil de invasores, e de São Jorge, que salva um reino e a filha do rei do terrível destino de ser devorada por um dragão. Do ponto de vista psicológico, nesta cena vemos o conteúdo da *anima* sendo devorada pelos poderes do masculino agressivo, ou pela influência da Grande Mãe, em sua constelação mais negativa e regressiva.

Se, por um lado, os aspectos da virilidade masculina podem tornar-se destruição e violência insanas, por outro, são exatamente eles que libertarão a sensibilidade e o amor das garras do terrível dragão das trevas.

Um de nossos clientes, P., era um jovem que veio em função de conflitos sérios com sua esposa. Ele era magro e rígido, parecia ser constituído de aço. Dedicava-se às artes marciais orientais e apresentava-se muito racional e bastante viril. Seu pai havia sido um homem forte e sério, e manteve sempre um certo clima de competição e de exigência de provas de masculinidade do filho. Devido a uma gravidez inesperada, casou-se com uma jovem introvertida e bastante dependente de sua mãe, o que era motivo de muitos conflitos entre o casal, pois ela sempre seguia as recomendações da mãe no tocante a como levar a vida, o que contrariava o seu marido.

Quando P. nos procurou, já havia passado por três períodos de afastamento de sua esposa. Todos os rompimentos eram precedidos de violência e agressões. A virilidade estava atuando como se estivesse sob os aspectos impulsivos de Ogum! O cliente não conseguia entrar em contato com sua própria sensibilidade, e, quando isso se avizinhava, surgia o medo, que teve de ser enfrentado para que o aspecto positivo de Ogum pudesse ser constelado. Tanto a imagem daquele que abre caminho na mata, para facilitar a aquisição de alimento, quanto a imagem daquele que salva a donzela, filha do rei, de ser devorada pelo dragão, precisavam ser trabalhadas. Com o auxílio dado pelo mito de Ogum, pudemos facilitar, no cliente, a consciência de si mesmo, usando aspectos do mito como um espelho mágico no qual a própria vida se desenrola. Até onde pudemos acompanhar o caso, já havia se estabelecido um nível de relacionamento amistoso entre o casal, em bases mais respeitosas e de compreensão.

Podemos, ainda, fazer uma correlação do nome sagrado de Ogum com o processo de estresse. Geralmente o estresse tem sua origem em situações de muita ansiedade, que, diferentemente do medo, não tem um inimigo definido. Quando algum elemento se torna ameaçador à integridade do indivíduo, a psique sente o medo e o organismo se prepara para atacar ou fugir do objeto causador do medo. Em se tratando de ansiedade, não há objeto definido para que possamos atacá-lo ou correr dele, no entanto o organismo igualmente se prepara para o ataque ou para a fuga. Nesse caso, o equipamento de guerra injetado na psique e no organismo tornam-se veneno para o próprio indivíduo e tendem a desencadear complicações emocionais e orgânicas altamente prejudiciais. Em outros termos, Ogum foi chamado para a batalha, e não encontrou adversário definido, então ele volta-se contra quem o invocou, destruindo-o, isto é, a agressividade volta-se contra o próprio sujeito que a invocou. Casos assim são facilmente observados em situações profissionais em que o nível de exigência de desempenho é muito alto, tanto quanto os níveis de insegurança e instabilidade. Os modernos esquemas de reengenharia e qualidade total têm invocado, em certa medida, a presença de Ogum, que invariavelmente se lança contra o próprio indivíduo. Nessa situação, faz-se necessária a assimilação dos conteúdos de agressividade impulsiva constelados na psique.

5.4 Oxóssi, o caçador de uma só flecha

O Orixá caçador *Odẹ* (pronuncia-se Odé) é de grande importância para a manutenção da vida. Responsável pelo sustento, também faz a ligação entre o mundo da floresta e o mundo do povo, entrando na mata em busca de alimento para o seu povo e, ao mesmo tempo, explorando as melhores localizações para uma mudança necessária. Além desta atividade civilizante, comunga com os elementos de cura, pois associa-se com Ossaim, divindade das folhas rituais e ervas medicinais. É o patrono espiritual da família Arô, importante clã em terras africanas, que teve seus membros trazidos para o Brasil, no processo de escravização. Sua saudação – *Okê Arô* (O Grande Arô) – faz alusão às realizações desse grupo. Ele é saudado também como *Babá Onibô*, o Pai Senhor da Floresta. Dentro do rito angola, esse princípio arquetípico é regido pela divindade Kabila, e um Vodun que tem correspondência é Otolú.

Entre os seus elementos de culto estão o arco e flecha (ofá) e o eruquerê, um tipo de cetro ritual feito de um couro rígido e pelos de rabo de boi, usado para espantar os maus espíritos e más influências quando o caçador adentra a floresta. Sua cor é o verde ou o azul-claro, dependendo da nação de origem do culto. Em ambos os casos, as cores fazem referência aos mistérios no interior das matas, o que ocorre em silêncio e que só pode ser visto por olhos treinados e apurados. Todo odé, caçador, é também um feiticeiro (*oṣó,* pronuncia-se oxó) e precisa conhecer a magia e os feitiços ligados aos espíritos da floresta.

Nesse sentido, o movimento de entrada e saída de regiões obscuras, trazendo elementos necessários para a vida do povo, pode ser associado ao movimento de ida ao inconsciente para trazer elementos necessários à vida consciente. O seu mito mais conhecido pode esclarecer essa analogia.

Olofin Odudua, que era rei em Ifé, principiou a celebrar a festa dos inhames novos, um ritual indispensável para o início da colheita dos inhames. Todos estavam reunidos no pátio do palácio e festejavam com muita alegria. De repente, um grande pássaro sobrevoou o pátio e pousou no alto do palácio de Odudua. Esse pássaro da morte havia sido enviado pelas terríveis feiticeiras, as Iami Oxorongá (Ìyami Òṣòròngà). Elas não haviam sido convidadas para a festa e, revoltadas, lançaram o pássaro da morte sobre o rei. Todos entraram em desespero e não havia quem pudesse espantar a ave agoureira. Decidiram, então, trazer o caçador de vinte flechas, o de quarenta flechas, o de cinquenta flechas e finalmente o de uma só flecha. Seu nome era Oxotokanxonxon! Os três primeiros eram muito seguros de si e subestimavam o pássaro. Atiraram suas flechas e não conseguiram acertar o terrível pássaro. Quando chegou a vez do caçador de uma só flecha, sua mãe rapidamente foi consultar um babalaô (adivinho), que lhe declarou: "Seu filho está a um passo da morte ou da riqueza. Faça uma oferenda às feiticeiras, para que a morte se transforme em riqueza". Saindo imediatamente, a mãe do caçador sacrificou uma galinha e levou-a a uma estrada para ser oferecida às feiticeiras, dizendo três vezes: "Que o peito do pássaro receba esta oferenda!" Nesse exato momento, o seu filho preparava-se para atirar a sua única flecha. Como o pássaro abriu seu peito para receber a oferenda feita, tornou-se momentaneamente vulnerável, foi quando a flecha certeira de Oxotokanxonxon acertou precisamente o peito da ave maléfica, fazendo-a cair pesadamente, debater-se e morrer. A festa recomeçou e tornou-se uma comemoração à coragem e eficácia de Oxóssi (Òṣóòsì – o feiticeiro importante) (Verger, 1986).

Primeiro tentaremos distinguir a presença de Iami Oxorongá no contexto desse mito. Iami Oxorongá é um misto de feiticeira e pássaro africano de grito pavoroso. Cacciatore (1977) identifica o nome Iami com a representação coletiva das mães ancestrais, apresentando semelhança com a Baba-Yaga, bruxa conhecida na Europa

Oriental, e com a Cuca e Matinta Pereira brasileiras. Verger (1994) reconhece-as como velhas donas de uma cabaça que contém um pássaro. Transformam-se em pássaros, organizam reuniões noturnas na mata, em que se alimentam com o sangue de suas vítimas, promovem objetivos maléficos. São tão terríveis que não hesitam em matar e devorar os próprios filhos. Sua relação com o pássaro representa o poder da feiticeira, pois quando ela parte em expedição, é o pássaro que vai, enquanto o corpo da feiticeira permanece inerte em sua casa. Elas estão sempre iradas e prontas para desencadear sua ira sobre os homens.

Por conta dessa ira, Orunmilá teve de enfrentar as Iami, o que foi possível graças às oferendas de agrado a elas. Porém, o perdão a Orunmilá não seria totalmente concedido até que ele respondesse a um enigma. Esse enigma diz respeito ao fato de que elas lançariam um ovo sete vezes e ele deveria pegá-lo com um chumaço de algodão. Deve haver respeito e integração dos aspectos matriarcais ancestrais com os patriarcais, para que se obtenha a paz. Os ovos são sempre relacionados às divindades femininas, no caso, à ancestralidade matriarcal de Iami, enquanto o algodão (branco) pertence a Oxalá, o princípio paterno ancestral. Iami tem estreita relação com a menstruação, o que pode levar as mulheres a se tornarem, nesse período, tão irritadas e iradas com tudo quanto as próprias Iami. Elas representam os poderes ocultos do feminino, em seus aspectos mais perigosos e destrutivos; é interessante notar que essas, assim como a bruxa do conto *A bela adormecida*, como as Eríneas e as Górgonas, representam o feminino não reverenciado. Quando da passagem do poder matriarcal para o patriarcal, o poder místico feminino de criação passa a ser tenebroso e deve ser resgatado sob o risco de se perder tudo na construção do mundo patriarcal. Outro mito que relata uma diferença entre Nanã Buruku e Oxalá, e que será citado mais adiante, retoma essa questão da passagem do dinamismo matriarcal para o patriarcal.

No mito de Oxóssi, temos a presença de outra mãe, a de Oxóssi, que muitas vezes é identificada com Iemanjá, que faz uma oferenda propiciatória para as Iami, no intuito de salvar o filho da morte. Essa oferenda coloca-se em oposição ao esquecimento de convidá--las para a festa do rei. Nesse momento polarizam-se os dois aspectos maternos, positivo e negativo, manifestando-se como elementos progressivos e regressivos da psique.

Com esses elementos podemos tentar uma compreensão psicológica do mito. Oxóssi é o herói que deve vencer os abismos inconscientes representados pela mãe ancestral, em um momento do desenvolvimento individual em que o ego deve vencer os níveis de dependência infantil, enfrentando os aspectos terríveis do complexo materno, representados por Iami Oxorongá. Seu ato heroico é semelhante a uma caçada e evoca os ritos de passagem em que uma das tarefas para que o menino atinja a maturidade é a caça de algum animal para ser trazido para o povo. Não é possível vencer sem que se deixe algo em troca, um sacrifício foi realizado, algo sempre é deixado nos embates com forças do inconsciente; no caso, a dependência infantil é sacrificada pelo ato heroico, facilitado pelos aspectos positivos do dinamismo matriarcal, que impulsionam a mudança de nível da consciência.

O grande pássaro foi morto, e os aspectos regressivos foram vencidos. Oxóssi suplantou o perigo da morte, a dissolução no inconsciente, e assumiu uma nova postura social, sendo recebido e reconhecido pelo rei (o patriarca). Oxóssi conseguiu essa façanha graças à sua humildade, diferentemente de seus outros colegas caçadores. Verger (1994) também aponta o aspecto moderador das Iami, na medida em que elas sempre rebaixam o prepotente, fato presente em outros mitos.

Um mito que faz, de certa forma, referência a este desligamento da dependência materna diz que Oxóssi, desobedecendo sua mãe Iemanjá, embrenhou-se na floresta. Lá encontrou Ossaim, o poderoso mago das plantas e amigo do pássaro das Iami Oxorongá, que lhe informa tudo o que ocorre no mundo. Ossaim deu a Oxóssi um filtro mágico e este, sob um encanto misterioso, ficou muito tempo na mata em companhia do dono de todas as folhas. Quando Oxóssi voltou para casa, Iemanjá estava muito revoltada pela desobediência e expulsou-o de casa. Ogum, que era seu irmão, indignou-se com o ato de Iemanjá e abandonou-a também. Isso fez com que ela chorasse tanto de desgosto, que suas lágrimas criaram o mar.

Temos aqui, novamente, a questão do dinamismo matriarcal. Nesse caso, Iemanjá está representando uma matriarca punitiva e repressiva, proporcionando uma aliança entre Iami e Oxóssi, por meio do encontro com Ossaim. Estabelece-se uma relação entre esses dois Orixás, que, imersos na floresta, tornam-se muito próximos. A maneira de o ego lidar com a austeridade do dinamismo matriarcal faz com que ele não desafie seu poder ancestral e perigoso, mas encante-se com sua magia, fugindo para os aspectos prazerosos do dinamismo matriarcal, não conseguindo integrar os limites objetivos da existência. O erro de Iemanjá, cobrar Oxóssi pelo seu comportamento, faz com que ele se rebele e retorne para a floresta, para junto de Ossaim.

Podemos observar atitudes semelhantes em jovens que sentem a vontade de se lançar no mundo e são impedidos por uma possessão materna muito acentuada. Esse clima psíquico acaba por empurrar o jovem à companhia de outros que, como Ossaim, podem ter um filtro mágico, por exemplo, as várias formas de dependências psíquicas. Essas dependências geram a ilusão de distanciar-se do poder materno, de rebeldia e maturidade, mas, de fato, evidenciam uma aliança com Iami Oxorongá, os aspectos destrutivos do dinamismo matriarcal, travestidos sob a magia da sedução. Essa rebeldia expõe mais a dependência e infantilidade do ego ao dinamismo matriarcal do que o triunfo e maturidade do herói apresentado no primeiro mito aqui exposto. Oxóssi mostra os possíveis caminhos de crescimento e desenvolvimento do ego, da infância à maturidade, com os seus perigos. Perigos como os da ousadia de adentrar a floresta.

Dentre as muitas formas de cultuar o Caçador, encontramos a qualidade ou caminho de Ibualamo. Como veremos mais à frente, esse é considerado o pai de Logunedé. Seu nome pode ser traduzido como Senhor, filho das águas profundas. É um exímio pescador e tem comportamento e temperamento muito fechados. É ensimesmado e acaba se tornando desatento ao mundo externo. E esse modo de ser quase leva seu filho à morte. Simbolicamente Mutakalambô é o Inquice caçador e pescador. Vale lembrar que o ato da caça é um ato mágico na África e envolve rituais propiciatórios, o que pode nos remeter às pinturas rupestres de caça nas cavernas mais primitivas.

Temos ainda as deidades femininas, caçadoras como Otin e Erinlé. Um mito de Erinlé fala sobre a importância do segredo. Um dia Erinlé saiu para caçar e pescar, e, enquanto navegava pelo rio, encontrou Iemanjá. As duas se olharam e conversaram por longo tempo. Em certo momento, Iemanjá perguntou se Erinlé queria ver os segredos e tesouros que existiam debaixo das águas, e de imediato ela respondeu que sim. Mas havia uma condição: Erinlé jamais deveria contar a ninguém sobre o que veria lá embaixo. A caçadora, curiosa e ansiosa com o quê, logo se comprometeu e se prontificou. As duas então submergiram até profundezas do rio. Era tudo lindo, muito brilho, muitas riquezas, e mais uma vez o tempo correu de forma que nem se deram conta. De volta à superfície, elas se despediram com a promessa de um novo encontro. Mas, chegando à aldeia, Erinlé não se conteve e pôs-se a contar sobre as maravilhas e até então segredos guardados sob o espelho d'água. E naquela noite ela teve toda a atenção que queria, foi o centro de todo o movimento e curiosidade do povo. Passado algum tempo, quando Erinlé parou à margem do rio para matar a sede, foi puxada por Iemanjá para dentro da água. A Mãe do rio queria saber por que o pacto havia sido quebrado. O medo e o arrependimento tomaram conta de Erinlé, que tentava se desculpar, mas não houve jeito, Iemanjá cortou a língua da jovem caçadora, para que ela nunca mais falasse, e guardasse para si tudo o que visse e ouvisse.

Podemos fazer uma relação entre o conto e a importância do segredo no processo terapêutico. A confiança no sigilo é um dos fatores que fazem com que o vaso alquímico se mantenha íntegro. Se o vínculo é maculado, não existe mais vaso, e o processo terapêutico está fadado a acabar.

5.5 Obaluaê, o rei senhor da terra!

Xapanã, Omulu, Onilé, Oluayê, muitos são os nomes pelos quais essa divindade é chamada. Dos deuses cultuados nos cultos de Orixá é um dos mais antigos, comungando sua ancestralidade com Nanã, sua mãe mítica, e com Oxumaré, seu irmão.

É a divindade da varíola, das epidemias, sendo também o Orixá ligado à cura dessas pragas. Muito temido e respeitado, tanto pelo seu poder quanto pela sua severidade, ele não brinca. *Atotô, Ô de!* Silêncio, Ele chegou! Assim é reverenciado. Conhecedor dos mistérios da morte e renascimento, coloca-se entre esses dois aspectos na qualidade de médico, além de guerreiro e caçador. Porém, é o médico ferido. O seu mito explica esse aspecto.

Conta-se que Nanã Buruku, a mais velha Orixá feminina, senhora dos mortos e do pântano, teve uma relação proibida com Oxalá, e o fruto dessa relação foi um filho (Obaluaê), que nasceu coberto de pústulas e máculas da varíola. Não podendo ver o filho desse jeito, abandonou-o nas pedras da praia. Foi quando Iemanjá, passeando pelas espumas das ondas do mar, ouviu um choro, encontrou e recolheu a criança que já estava sendo atacada pelos caranguejos (em outras versões foi Oxum que o encontrou). Iemanjá criou a criança, que se curou de suas feridas, tornando-se um guerreiro poderoso, tão poderoso que seu rosto brilhava como o sol. Devido a esse brilho, para que não ofuscasse os outros, e para encobrir as marcas das chagas, Obaluaê passou a usar uma roupa de palha. Depois de adulto, Iemanjá levou Obaluaê de volta para sua mãe, Nanã, que o recebeu e por ele foi perdoada.

Analisando a história do nascimento de Obaluaê, achamos uma relação com outros mitos em que existe o contato com o numinoso e uma consequente marca desse contato. A luta entre Jacó e o anjo do Senhor, que o deixou coxo, como narrada em Gn 32,25-31; Saulo de Tarso, que fica cego ao ter uma visão de Jesus ressuscitado, narrado em At 9,1-9; Santa Rita de Cássia e São Francisco de Assis, que também foram marcados com as chagas de Cristo após terem contato com o Sagrado Divino. Dentro da formação do analista, também acontecem esses estigmas. Sem contato com as imagens da sombra e do si-mesmo, não há transformação. O contato direto com o si-mesmo sempre marca o ego, como narrado nos mitos e na vida dos analistas!

As marcas de iniciação no culto aos Orixás, chamadas curas, são uma identificação da origem do povo de onde o neófito descende; essas marcas tribais são a origem das práticas de tatuagem muito presentes em nossos dias.

Outro mito narra que, devido às feridas que Obaluaê apresentava, nenhum dos outros Orixás se aproximava dele. Certo dia houve uma festa no palácio de Xangô e todos os Orixás foram convidados. Obaluaê foi, porém ficou de fora. Ogum perguntou à Nanã por que Obaluaê não entrava para festejar juntamente com os outros. Nanã respondeu que ele não entrava devido ao seu aspecto. Então Ogum, movido de compaixão, saiu e confeccionou uma roupa de palhas da costa (azê), e, com ela, Obaluaê entrou no palácio. Todos os outros sabiam quem estava sob as palhas, e mesmo assim não se aproximavam dele. Iansã, que é de natureza impulsiva e apaixonada, convidou Obaluaê para dançar. Porém, sendo Iansã a deusa dos ventos, logo a sua dança acabou por levantar as palhas que cobriam as feridas de Obaluaê, e todos os Orixás exclamaram! Sob aquela cobertura de palhas havia um homem saudável e muito bonito. Nesse momento a festa passou a ser para comemorar o milagre.

Obaluaê usa as cores preta, vermelha e branca. O preto o liga diretamente à terra, e o vermelho faz alusão ao calor provocado pela febre e ao calor do sol, gerador de vida e energia, mas que da mesma forma pode secar tudo e fazer morrer, e o branco à possibilidade de cura. Uma de suas saudações é *Opanijé*! Ele mata e come! Sua principal insígnia é o xaxará, um feixe de inúmeras nervuras da palha do dendezeiro. Esse símbolo representa os incontáveis seres que já habitaram a Terra e que morreram para dar lugar aos novos nascidos. Nos vários processos ligados ao desencarne, ele é quem pode entrar e transitar no reino de Ikú – a morte, divindade masculina para os povos iorubá. Entre os povos bantu, essa força representada por Obaluaê é chamada Ntoto ou Kaviungo; para os jejes, Sapatá é quem rege a peste.

Nesse mito podemos identificar a aproximação de Obaluaê com a figura grega de Quíron. Ferido por uma flecha, e sendo imortal, não conseguiu a sua cura, mas proporcionou a cura a vários heróis. Sua caverna era uma das entradas do mundo dos mortos. Associado a Esculápio, representa a cura, simbolizada pelo caduceu, em que se vê a figura da serpente. Obaluaê traz semelhanças com essa manifestação divina da doença e da cura da antiga Grécia, inclusive na ligação com o mundo dos mortos e na sua associação com a serpente (Oxumaré, seu irmão).

Groesbeck (1983) faz um extenso estudo com referência ao médico ferido, assim também Silva (1986), no sentido de que no processo terapêutico, o paciente frente ao médico ativa neste último, o seu paciente, o que ativará no paciente o seu curador interior; a relação torna-se terapêutica na medida em que o símbolo do médico ferido é ativado. O curador é aquele que já foi ferido, e, mais que isso, sua ferida não pode ser cicatrizada. Se a ferida fecha, não há mais a possibilidade de encontro e ativação dos princípios curativos da alma do paciente. Foi assim que Obaluaê pôde se tornar o médico dos pobres, sua ferida permanecia aberta. Isso pode ser percebido nos Ilés, quando Obaluaê vem dançar entre os fiéis. Sempre coberto de palhas da costa e com movimentos que lembram os tremores da febre malsã de que é acometido.

Outro aspecto do mito que podemos observar é a questão do abandono materno, que Obaluaê sofre devido à sua enfermidade. Abandonado e resgatado, dois aspectos maternos. Se Iami Oxorongá devora os filhos, mata ou seduz, neste mito Nanã abandona. É a outra possibilidade de manifestação dos aspectos negativos do dinamismo matriarcal. Destruir, seduzir ou abandonar. Novamente se constela o aspecto positivo e progressivo do dinamismo materno, com a presença de Iemanjá, para criar e cuidar da criança abandonada. No caso, mais tarde Iemanjá leva Obaluaê de volta à Nanã, para que se perdoem. O que se sentiu rejeitado deve, em outro momento, resgatar os aspectos deixados para trás, para que se processe a integração e a cura, que será possível apenas se houver uma disposição positiva do ego em aceitar e perdoar.

Por outro lado, Nanã representa os aspectos geradores da terra, que expulsa os filhos quando eles atingem a possibilidade de existência, ao passo que Iemanjá representa os aspectos mantenedores da vida. Ao final da vida, encontramos novamente Nanã na imagem da terra que nos acolhe no momento da morte física. Nanã é a mãe que rejeita seus filhos, mas sempre os acolhe, na ocasião de suas mortes.

A amplificação por meio do mito de Obaluaê foi muito útil para o trabalho psicoterápico com M. Ela era uma jovem de vinte e poucos anos, muito introvertida e tímida. Procurou a terapia para tentar vencer essa timidez que a impedia de desenvolver um bom relacionamento social e emocional. Ainda não havia tido uma relação sexual e ressentia-se desse fato. Mas o que a impedia não eram exatamente seus princípios morais, mas uma extensa área de queimadura na barriga, genitais e coxas. Acidente ocorrido aos seus doze anos, por conta de uma brincadeira com álcool. Sua mãe prontamente a socorreu e passou alguns dias com ela no hospital. Porém, ao retornar para casa, passou a ter uma postura de menor importância para com as queimaduras da filha.

Por volta dos dezessete anos, surgiu a ideia de uma cirurgia corretiva, para que a aparência das cicatrizes pudesse ser corrigida, mas a mãe não deu ouvidos aos anseios de M., limitando-se a dizer que isso não fazia mal e que ela deveria esquecer aquilo. A jovem deixou de frequentar qualquer lugar onde tivesse que se expor em público, como piscina ou praia. Obviamente não namorava, pois o namoro fatalmente desembocaria em uma relação sexual, e seu corpo seria exposto. Iniciamos o processo terapêutico reconstituindo sua história e buscando compreender a sua alma. Via-se como uma perdedora, e a autopiedade era um sentimento sempre presente. Procurava relacionar-se com amigas mais expansivas e voluntariosas, o que muitas vezes, para uma moça tímida, a colocava em situações insustentáveis.

No decorrer do processo terapêutico, ela teve um sonho muito significativo. Estava em uma praia quando surgiu uma onça, que passou a persegui-la. M. tentou se esconder em um casebre de madeira, mas percebeu que não conseguiria fugir do animal. Saiu correndo do casebre e abrigou-se em uma palhoça, escapando da onça. Procedendo as associações com cada elemento do sonho, chegamos à palhoça, que era pequena, e o sapé (palhas) cobria-lhe da cabeça até o tornozelo. Ora, pensamos, isso parece a indumentária ritual de Obaluaê! Mostramos uma foto de um filho de Obaluaê paramentado e perguntamos se a palhoça se parecia com aquilo. M. disse que sim e perguntou o que era aquela foto que ela desconhecia, sempre fora católica. Então, passamos a amplificar a figura do sonho com o mito de Obaluaê, e cada passo do mito produziu o eco necessário ao processo de resgate da sua alma. A rejeição sofrida por M. em relação às suas inquietações quanto às cicatrizes, que a impediam de viver livremente; o encobrir-se constantemente, sob palhas da timidez e da menos-valia; o isolamento e o distanciamento social; esses eram pontos de correlação analógica do mito com a vida de M.

Após a compreensão de seu mito pessoal, passamos a ficar atentos para o segundo mito aqui exposto, em que Obaluaê é resgatado pelo amor impulsivo e sem preconceitos de Iansã. Enquanto trabalhávamos esse novo aspecto, ela permitiu-se conhecer um colega de faculdade e iniciou um namoro no qual ela descobriu aspectos da afetividade e da sexualidade antes desconhecidos e rejeitados. O namoro não apresentava possibilidades de ir adiante e houve o rompimento. No entanto, não se identificou a depressão característica de seu cotidiano, pois ficou muito claro o sentido de descoberta e de aprendizado dessa relação.

Após a experiência, M. um dia nos surpreendeu com o fato de ter se matriculado em sessões de hidroginástica. Estava entrando na piscina com outras pessoas, e de biquíni! As palhas foram levantadas pela ventania da paixão pelo colega. No entanto, a transformação ocorreu quando ela pôde chorar e descobrir a existência de uma força não conhecida, que estava nas profundezas de seu inconsciente.

Ao final do processo, estava firmemente trabalhando pela mudança de emprego, que era um sonho antigo. Matriculou-se em um curso de seu interesse, planejando sua carreira. Deixou as amizades que serviam de muleta e esconderijo para sua timidez e desenvolveu amizades mais adequadas à sua nova etapa de vida. Estava mais livre para as relações sociais e para encontrar um companheiro.

Podemos ver a ação restauradora do médico dos pobres, que se apresentou como constelação simbólica adequada para o resgate da alma abatida de M.

5.6 Oxumaré, a serpente arco-íris

Oxumaré é representado por uma serpente, que se torna o arco-íris. Alguns mitos contam que ele tem a função de levar a água da terra para o palácio de Xangô, que fica no céu, e que essa água retorna em forma de chuva. É filho de Nanã Buruku e irmão de Obaluaê. Outras lendas narram a condição de curador de Oxumaré, curando, inclusive, um problema visual de Olorum – o Deus Supremo. Angoro, na nação angola, é o Inquice ligado à serpente. Dan ou Bessém são divindades que dominam a energia do arco-íris e das serpentes, segundo a visão do povo jeje.

Apesar de todos esses aspectos, o que mais se nota neste Orixá é a sua qualidade de eterno movimento. Produtor da força que põe em movimento todas as coisas, representa a continuidade e permanência do mundo; enrolando-se em volta dele, impede-o de se desagregar. Nesse sentido, vê-se sua representação como uma serpente enrolada em si mesma e mordendo a própria cauda. Em seus assentamentos, nos terreiros, existem duas serpentes de metal: uma apontada para cima e outra para baixo. Esse simbolismo, assim como na sua dança, que aponta os indicadores das mãos, alternadamente, para o céu e para a terra, faz referência ao ciclo das águas, que precisam subir para depois descer. O movimento entre polaridades exige que se comungue de dois sentidos, ir e vir, dos princípios masculino e feminino, alto e baixo, ativo e passivo, chuva (água em intenso movimento) e pântano (água estagnada) (Verger, 1986). A estrela de seis pontas, Estrela de Davi, na cultura hebraica, faz a mesma referência – dois triângulos, sobrepostos, um apontando para cima (a lança do masculino), e o outro para baixo (o cálice do feminino).

Dentro do culto as suas cores são o verde e o amarelo, sendo o verde uma qualidade do preto; fica evidente sua conexão com a terra – grande vaso em que se concentram as massas de água. Já o amarelo, um representante do vermelho, dá o aspecto da dinâmica, do movimento das moléculas que faz com que a água passe do estado líquido para o gasoso, para que evapore e suba às alturas, onde está o Senhor da Criação. De lá, em retribuição, Olorum faz com que mais uma vez o estado da água mude, e, se rearranjando, ela condensa e cai. Nesse momento, sob a luz do sol, o Dono dos Ciclos se apresenta nos céus, em sua forma mais plena, o arco-íris (tradução literal de seu nome na língua iorubá Òṣùmàrè).

Além desses atributos, estão nas suas mãos as artes e a beleza. Tendo curado Olorum, foi convidado a ficar no céu e passou a representar uma aliança entre o Senhor da Criação e a humanidade, tal qual a relação de Javé com Noé. Porém, apresenta dois aspectos distintos: na forma de arco-íris é benfazejo e belo, mas na forma de serpente pode ser muito perigoso (Ligiéro, 1993).

Podemos tecer um paralelo com Éon ou Aion, divindade que personifica o tempo ou uma determinada Era, representado como um ser alado, com cabeça de leão e uma serpente enrolada ao corpo, dos pés à cabeça. É uma divindade primordial mitraica compreendida como o Senhor dos Ciclos. Outra associação é com Julunggul, o Deus Criador australiano, identificado com uma cobra arco-íris. Nos ritos de iniciação, os jovens devem, simbolicamente, engoli-lo e depois vomitá-lo, representando a passagem da infância para a idade adulta. Outra divindade australiana na forma de serpente arco-íris é Wondjina, espíritos da chuva e das nuvens. Conta-se que um deles transformou-se na Via Láctea (Lurker, 1993).

Na literatura judaico-cristã, a serpente sempre é vista com desconfiança, pois, tal como o dragão, é associada ao mal e a satanás. No entanto, os aspectos positivos da serpente também se apresentam na condição do arco-íris da aliança, ou da serpente de bronze, que curava os peregrinos no deserto, a caminho de Canaã, quando eram picados pelas serpentes venenosas (Nm 21,4-9). Oxumaré pode estar simbolizando a dinâmica psíquica e o movimento entre o inconsciente e o consciente, e apresenta correlações com a figura do

Tao. Nesse sentido, é Uroboros, nas suas metades preta e branca, positiva e negativa, luminosa e sombria, arco-íris e serpente.

O movimento de Oxumaré está presente sempre onde houver necessidade de movimento e renovação, buscando nas profundezas dos rios e dos pântanos a água necessária para levar ao céu e fertilizar campos secos.

T. era uma cliente que estava enfrentando muitos problemas de relacionamento com o marido já havia vários anos, mas que não conseguia formular uma maior compreensão do seu problema familiar nem chegar a uma nova postura frente à estagnação pessoal e afetiva. Sua principal postura era de estancamento e de inação. Ela narrou-nos um sonho: estava em sua chácara, próximo ao tanque de lavar, quando surgiram umas rachaduras na terra. Ela percebia que algo se movia, e de repente notou que era uma serpente. A cobra saiu da fenda da terra, onde agora já havia água também, e postou-se ereta fixando os olhos em T. Nessa posição, a serpente principiou a transformar-se em um jovem, de estatura média, sem pelos, seminu e com um calção preto. Mesmo na forma humana, o olhar continuava fixo nela, o que causou uma grande impressão ao acordar.

O trabalho com esse sonho e a amplificação com a figura mítica de Oxumarê foram de grande valia para a compreensão da posição inativa de T., sofrendo uma mudança de comportamento em função do dinamismo ativado.

Outra associação é com a Cobra Grande, figura brasileira que guarda o segredo da noite e promove o eterno movimento do dia e da noite. O simbolismo da serpente é muito vasto e aplica-se também a este Orixá a Serpente Sagrada (Stumer, 1995).

5.7 Xangô, o Rei está presente!

Orixá dos raios e trovões, simbolicamente compartilha esse poder com o Zeus grego, com o Baal-Haddad sírio, com o saxão Thor e com o guarani Tupã, entre outros deuses (Lurker, 1993). Chamado

Nzazi nos candomblés Bantu, e dentro do culto jeje, existe a família Heviosso, os senhores do trovão e do fogo. Além dos atributos ígneos, ele é uma divindade que cospe fogo pela boca e pelas ventas, associado à justiça divina. Morrer vítima de um raio atrai a desaprovação social, pois certamente o sujeito era um criminoso, que foi abatido pela justiça superior (Aflalo, 1996).

Xangô (*Şàngó*) é o Grande Rei, poderoso, autoritário, porém justo! No entanto, a exemplo de Zeus, é vaidoso e sensual.

> Entre os clientes de Ogum, o ferreiro, havia Xangô,
> que gostava de ser elegante,
> a ponto de trançar os cabelos, como os de uma mulher...
> Não fazia prisioneiros no decurso de suas batalhas
> (matava todos os seus inimigos)
> Ele ri quando vai à casa de Oxum.
> Ele fica bastante tempo na casa de Oiá...
> (Verger, 1986 p. 135).

Xangô administra o reino e impõe sua vontade, mantendo uma relação de autoridade com os que o cercam. No entanto, é seduzido pelo coração. A ponto de manter três esposas, Obá, Iansã (Oiá) e Oxum. A primeira, mulher forte e guerreira, sem vaidades, foi seduzida pela força e pelas vitórias empreendidas nas batalhas. Muito focada em manter a ordem e a estrutura do lar, assim como Hera; a segunda, sua contraparte feminina, anteriormente foi esposa de Ogum. A terceira é a menina de seus olhos, bela e sedutora, alimenta a sua vaidade – foi esposa de Oxóssi. Podemos entender essas relações como três manifestações da *anima* de Xangô. Ele endeusa e diviniza a mulher, sendo o único Orixá masculino (*ọkùnrin*) que usa adereços femininos, pela própria vontade, para enfeitar-se, usa tranças nos cabelos, pulseiras e argolas nas orelhas para expressar sua vaidade pessoal.

Esse Orixá apresenta os aspectos positivos do patriarcado, na administração e justiça coletiva, porém mantendo o poder centralizado em suas mãos, aliás, no seu machado de duas lâminas, símbolo da imparcialidade. Dá-se o direito de algumas façanhas amorosas, que lhe custaram alguns aborrecimentos. Um exemplo disso é a contenda entre Oxum e Obá, que será narrada mais adiante. Podemos encontrar, ainda, semelhanças entre Zeus, Sêmele e Hera e a história de Xangô, Oxum e Obá, mas com outro desfecho.

Xangô é uma divindade da vida, representada pelo fogo ardente, e por essa razão não tem afinidade com Ikú, a morte, pois Ikú faz os corpos esfriarem. Suas cores, dentro do culto, são o vermelho e o branco. A primeira tem relação com o poder transformador/destruidor do fogo, de acordo com sua intensidade e seu campo de ação. Podemos pensar o fogo que cozinha os alimentos e o fogo do raio, duas proporções totalmente diversas do mesmo elemento essencial, o calor! Já o branco o liga à condição de filho, produto da união dos opostos, masculino e feminino. O estado ideal, ponto de partida para as ações. Essa mesma cor o liga às árvores, e é de madeira que é feita a gamela, recipiente oval onde são ofertadas as iguarias e alimentos sagrados à divindade.

O rei, no sentido mais social, é a estrutura egoica que estabelece a lei e a ordem. Os princípios reguladores da vida consciente e das relações com o mundo externo. A vida sendo experimentada em toda a sua pujança, paixão e poder sem limites, pois as leis são mais para os outros do que para o próprio monarca.

Um mito conta que Xangô queria ser o mais poderoso de toda região e encomendou a Exu um feitiço para tal. No dia marcado, o soberano mandou que Oiá, uma de suas esposas, fosse buscar a encomenda. Chegando a Exu, este recomendou que ela levasse o pote até o rei e que ele bebesse a poção. Disse ainda que ela não deveria abrir, em hipótese alguma, o recipiente, e despediu-se. Oiá, muito curiosa, no caminho de volta, não resistiu, abriu a moringa e viu que dentro havia um líquido. Resolveu prová-lo. Nada aconteceu, não tinha cheiro, não tinha sabor. Ela então segue até o palácio para cumprir o que lhe foi pedido e entregar o objeto e dar as recomendações feitas pelo Senhor das Encruzilhadas.

Chegando diante de seu marido, quando Oiá começou a falar, faíscas saíram de sua boca. No mesmo momento, Xangô intuiu que ela tinha mexido na poção preparada por Exu. Ele ficou irado, brigou e gritou muito com Oiá e saiu para os arredores. Chegando no alto da montanha, o rei tomou toda a poção e começou a soltar labaredas pela boca, ficando maravilhado com tamanho poder. Num misto de raiva e surpresa, Xangô cuspia cada vez mais fogo, e com cada vez mais força, testando os limites da incrível façanha. Mas, em determinado momento, o vento mudou de direção e as labaredas foram jogadas para a cidade. Essa narrativa traz a imagem de uma erupção vulcânica, cujo fluxo piroclástico, como uma nuvem escaldante, devora cidades e campos ao redor.

O fogo tomou conta de tudo, pegando a população despreparada e sem reação. Casas queimaram, pessoas morreram, Xangô correu de volta, mas não havia nada que pudesse fazer. A tragédia estava concretizada. Seus opositores começaram a condená-lo pelo ato leviano, chamavam-no de assassino, havia um misto de choro e gritos de revolta no ar. Ele não suportou a dor de seu erro e, num ato de desespero, correu para dentro da mata aos pés da montanha. Oiá, sentindo-se também culpada pelo desfecho do ocorrido, saiu em disparada atrás de seu amado. Ao chegar na floresta, o grande rei pendurou-se e enforcou-se na árvore do obi (semente ritual usada para muitos Orixás, mas proibida no culto a Xangô). Oiá chegou nesse momento, tirou-o do laço da árvore, abriu o chão, e ambos sumiram no ventre da terra.

Os inimigos do rei, sabendo do ocorrido, começaram a gritar *Ọba so!* – O rei se enforcou! – Nesse momento um raio caiu e fulminou um deles. Seguiu-se um estrondo portentoso de um trovão! Abismados com aquela demonstração de fúria do Senhor dos raios e trovões, toda a população começou a bradar: *Ọba kò so... Káwò ó o! Kábiyèsí o!* O Rei não se enforcou... Que possamos vê-lo! Que tenha longa vida!

Esses eventos nos remetem ao autossacrifício de Odin, que, em busca de conhecimentos oraculares e do domínio das runas, sacrifica-se pendurado na Árvore mítica Yggdrasill. Ele teria dito: "Sei que fiquei pendurado na Árvore fustigada pelo vento, por nove dias e noites, fui espetado por uma lança e entregue a Odin, eu, entregue a mim mesmo [...]" (Davidson, 2004, p. 122).

O mito da morte de Xangô nos traz à luz da consciência a ideia da *hybris*, o abuso do poder, a vaidade, o crime do excesso (fogo símbolo do poder do Rei). Esse excesso leva os indivíduos à insubordinação às leis, ao poder superior e às regras da pólis, a cidade. Via de regra, o resultado desse ultraje é uma tragédia, uma catástrofe. Podemos fazer essa relação de poder desmesurado, levado ao extremo, com o vulcão (Aganjú é seu representante na cultura iorubá, cultuado como um caminho do Orixá Xangô) que cospe fogo de maneira imprevisível e feroz, provocando morte e destruição daquilo ou daqueles que ficam em seu caminho, produz o fluir da lava, sangue vivo e quente do ventre da terra. Podemos relembrar de Vesúvio, que destruiu Pompeia, e até hoje erupções vulcânicas têm arrasado cidades em seu entorno.

Se pensarmos no processo alquímico, chegamos à etapa da *calcinatio*, o fogo que está no princípio e no fim de tudo. Contudo, é importante pensar na intensidade desse fogo. Se for demais, pode destruir, se for de menos, pode não transformar. Sendo um evento que pode estar ligado à sombra, é importante pensar e dosar, controlar, tornar consciente essa relação para que haja a transmutação da energia psíquica, e não a simples destruição motivada pela ira descontrolada.

Temos, ainda, outra ampliação ligada ao mito. Se pensarmos na ação de Oiá, de abrir e provar a poção secreta que Exu fez para Xangô, lembramos da caixa de Pandora que, de forma semelhante, foi violada num ímpeto de curiosidade, liberando todo tipo de agruras pelo mundo.

5.8 Iansã, a mãe dos nove céus

Seu verdadeiro nome é Oiá – do iorubá *Oya* – e significa: ela rasga. Um mito conta que o reino Nupe estava sob iminente ataque de um povo rival. Seria um massacre de grandes proporções. O rei consultou o oráculo e foi aconselhado a mandar sua filha mais nova até a frente do palácio no momento do ataque inimigo, e que lá ela rasgasse um pano preto. Assim foi feito. No momento da investida, a jovem rasgou o tecido e o jogou no chão. Nesse instante os retalhos tornaram-se massas de uma água escura que foram aumentando rapidamente de tamanho, cercando o palácio, mas também engolindo a princesa, e matando e arrastando os invasores para os confins das terras do reino. Essa corrente de água, é o Rio Níger, também chamado Rio Oya.

Esse Orixá é mais conhecido como Iansã (em iorubá *Yánsàn*: *ìyá* = mãe; *ni* = é; *èsàán* = nove) por ela ter sido dividida em nove partes, numa batalha com Ogum, mas também por ter tido nove filhos com ele, segundo outro mito. Além disso, é a responsável por conduzir as almas a um dos nove níveis do mundo dos mortos (céus), segundo a cosmogonia iorubá.

Conta-nos outra de suas histórias que Iansã se transformava em um búfalo, quando se envolvia numa pele do animal, e que Ogum flagrou-a tirando essa pele e entrando no rio para um banho. Como o ferreiro apaixonou-se por ela, escondeu a pele de búfalo e a chantageou. Ela consentiu em segui-lo ao seu reino, desde que ele jamais revelasse o segredo de sua metamorfose. Passado um tempo, após terem nascidos seus nove filhos, as outras mulheres do reino, enciumadas, embriagaram Ogum, e ele revelou o segredo de Iansã. Então, elas passaram a ridicularizar Iansã, que se transformou em búfalo e matou-as todas, fugindo em seguida para a floresta.

Iansã – Oiá é o princípio feminino combativo e ctônico, "[...] se assemelha às deusas virgens da mitologia grega: Artémis e Atena. Orientadas para o externo, ambas personificam questões como liberdade, autoexpressão, representação feminina, força, inteligência e sagacidade, assim como a deusa iorubá" (Moreno, 2022, p. 24). As deusas virgens do panteão greco-romano, assim como Oiá, não precisam da aprovação masculina, são independentes e altivas, não se colocando de forma subalterna ao desejo masculino. Se Ogum representa a razão lógica em função de sua atividade em metalurgia, Oiá expressa a força e liberdade instintiva da natureza (Moreno, 2022).

Também é possível ver nesse mito do rapto da pele de búfalo uma representação de muitos relacionamentos em que um parceiro retira a força e potência do outro para submetê-lo ao seu controle e domínio, causando uma disfunção na relação que, a partir dessa disposição, não se baseará no amor, mas no poder.

Ligada aos aspectos instintivos (búfalo) da natureza feminina, Iansã pode ser representante do primeiro nível de manifestação da *anima*, enquanto feminino mais voluntarioso, sensual e primitivo. Sua cor no culto é o vermelho, em suas diversas tonalidades, representando o poder de transformação e transição que ela viabiliza. Sua saudação – *Eepa hey!* –, segundo relatos de alguns cultos na África, faz alusão ao espanto causado pela surpresa da aparição dos raios durante uma tempestade.

Sendo uma divindade associada a tempestades e ventos, participa das habilidades de Éolo, Éuro e Bóreas gregos, de Susanowo japonês, dentre outros. Sempre há uma ligação muito estreita entre os raios e trovões e as tempestades de vento, o que aproxima Iansã de Xangô na qualidade de esposa e companheira de batalhas. Na liturgia bantu, essa força tem o nome de Matamba e para o povo jeje, quem domina essa energia é Sobô.

Iansã tem uma qualidade especial, ela é o único Orixá que tem poder de controlar os Egungun; espíritos dos mortos ancestrais que voltam à terra para inspecionar os parentes, na condição de guias espirituais. Seu culto é cercado de muitos segredos e rituais.

A sociedade de Egun, na Ilha de Itaparica é formada somente por homens, e na sua manifestação, os Eguns saem de um quarto completamente vestidos com panos coloridos e espelhos costurados em suas roupas. É muito perigoso encostar em suas vestes, pois isso significa tocar na morte. Devemos fazer uma distinção entre Babá--Egun, que consiste em um ancestral divinizado, que se apresenta para saber das novidades da família e dar conselhos, tendo uma característica positiva. Iansã tem o poder de controlá-los, na qualidade de Iansã Balé ou Igbalé.

Na qualidade de divindade dos mortos, Iansã compartilha com Ápis as feições do touro e a associação com a morte. Parece comum a associação do touro com a escuridão e o reino dos mortos. Yama, (divindade indo-ariana da morte) também apresenta associações com o touro.

O princípio criativo e dinâmico de Oiá opõe-se constantemente aos aspectos depressivos e regressivos da psique. Enquanto feminino guerreiro e destemido, avança sobre os aspectos regressivos, que se fundamentam em estados mórbidos criados pelo recalque e exclusão de elementos da vida consciente.

R., uma cliente que provinha de uma família nordestina, cuja herança histórica não havia sido perdida, na lembrança de rezas e lendas sertanejas, apresentava a seguinte história: casou-se com um jovem europeu, e na análise percebemos que esse ato fora motivado pela necessidade de abandonar suas origens e galgar um *status* social por ela julgado melhor. Durante anos fez um grande esforço para tornar-se "civilizada", o que incluía adaptar-se à família do seu marido, deixando de lado o que ela realmente gostava. Um exemplo ilustrativo era o fato de que R. tinha uma vasta cabeleira, como se diz: cabelo assanhado (palavra que deriva de Iansã), sempre amarrado ou em coque. Um belo dia ela resolveu soltar o cabelo, e uma série de mudanças ocorreram a partir desse ato. A descida às suas raízes se intensificou, e surgiu a paixão típica de Iansã, arrebatadora, sem medo e caracterizada por uma entrega total ao amor. Esse caminho levou-a a resgatar coisas próprias da infância, de suas raízes, desde objetos de adorno pessoal, até posturas no campo afetivo e sexual. Tudo isso culminou com uma viagem ao Norte do Brasil, em que o relato posterior era: "Encontrei o meu povo!" (sic).

Iansã quebrou os limites, ousou entregar-se ao amor vivo como o fogo, resgatou aquilo que estava morto nas tradições pessoais e estava prestes a ousar novamente, alçando voo com o vento para uma nova postura afetiva.

As características de comportamento e o tipo de experiência vividos levaram-nos a trabalhar o mito de Oiá, fazendo amplificações e correlações que nortearam o processo da terapia.

Em outra de suas lendas, Iansã era companheira de Ogum, mas encantou-se por Xangô e abandonou Ogum, que a perseguiu. Ambos brigaram e Ogum cortou Iansã em nove pedaços, e ela o dividiu em sete partes. Apesar disso, ela não cedeu à vontade de Ogum e permaneceu firme no seu propósito de seguir Xangô.

Podemos aproximar a figura mítica de Oiá nos seus aspectos apaixonantes e passionais de Afrodite ou Vênus, enquanto deusa que arrebata pelo seu amor explosivo e impulsivo, e nos aspectos guerreiros do princípio simbólico de Atena.

5.9 Ibeji, nascidos de dois

Os iorubás são um povo para o qual o nascimento de gêmeos é algo muito frequente. Em alguns povos, a morte de uma das crianças era a solução para corrigir esse erro, pois a grande questão era: como pode uma alma ocupar dois corpos? A crença era de que aqueles indivíduos nunca seriam seres completos, pois a sua essência estaria dividida. Isso não é algo incomum em diversas sociedades originárias. Para muitas aldeias indígenas, o nascimento de gêmeos vinha acompanhado do medo de pragas, doenças e malefícios. Os gêmeos seriam anunciadores do caos, por terem suas almas divididas, e providos de maus espíritos para completar a metade que estava faltando no corpo de cada irmão.

Paralelamente, em outras regiões do continente africano, esses nascimentos são celebrados, como uma dádiva, e a morte dos bebês, ou de um deles, sim, é um infortúnio a ser reparado com rituais propiciatórios.

Os Ibeji (Ìbejì – *ibí* = nascimento; *èjì* = dois) são uma divindade dupla, sob a aparência de uma menina e um menino, e como são crianças, não existe uma distinção em seus aspectos. O único indício de diferença está nos sexos, que são cobertos. Por conta da influência do sincretismo com os santos católicos e gêmeos, Cosme e Damião, a noção de complementaridade das polaridades feminina e masculina foi um pouco suprimida.

Mitologicamente, as crianças seriam filhos de Oxóssi e Oiá, sua segunda esposa, mas teriam sido criadas por Oxum, a primeira esposa, mais velha, que era estéril. Eles teriam tido juntos dezesseis filhos, mesmo número dos *odus* maiores (expressão energética) no jogo de búzios e nos tipos psicológicos junguianos.

Segundo o mito, Oiá vivia percorrendo o mundo metamorfoseada em antílope, quando se cobria com uma pele desse animal. Um dia, o caçador, durante uma empreitada na savana, a teria encontrado nessa forma de animal. Oiá, vendo que corria perigo, se mostrou na forma humana para não ser morta. A condição para ter sua vida preservada foi casar-se com Oxóssi e ir viver com ele em seu palácio. Os anos se passaram, e todos os filhos do casal, meninos ou meninas, acabavam adquirindo as características tanto do pai quanto das duas mães.

O primeiro filho nascido da união foi chamado Togun. Logo em seguida vieram os Ibeji, e depois deles Idowu, nome dado ao primeiro filho homem após gêmeos. A quinta criança recebeu o nome de Alabá, a menina nascida após gêmeos. Depois dela veio Idobé, o segundo homem nascido após a vinda dos Ibeji ao mundo, e assim por diante.

Um dia, depois de uma discussão com Oiá, Oxum revelou onde o marido escondia a sua pele de antílope. Mais que rapidamente, Oiá foi buscar a pele, vestiu-a e se transformou em um animal, indo embora e abandonando seus filhos, com a mãe criadeira.

Dois aspectos importantes podem ser observados na narrativa: o nascimento dos gêmeos imprime uma ordem na sucessão dos nascimentos seguintes. Os filhos nascidos após eles têm uma nomenclatura específica, o que os posiciona no mundo a partir da chegada dos gêmeos. Ibeji promove uma ordem, após a irrupção do caos. Por ocasião do aniversário dos gêmeos, Idowu é quem ganha os primeiros presentes, pois ele é o principiador do retorno a uma coerência das coisas. Existe aí uma relação direta entre caos e ordem, um fluxo e contrafluxo energético e simbólico, além da dinâmica que vai da dualidade para a unidade no terceiro, uma possível referência ao que, na psicologia analítica, é a função transcendente.

Antecedendo a chegada dos infantes, Oiá já exerce a função do duplo no mito, ela é mulher e animal ao mesmo tempo, uma analogia ao movimento consciente e inconsciente, aldeia e mato, civilização e natureza. As crianças têm duas mães, uma mãe criadeira que sustém e dá amor, outra biológica, que gera e dá à luz, mas que é livre e que clama por poder ir embora. Essa é uma característica muito forte na maternidade de Oiá: ela gera e dá os instrumentos necessários para a manutenção da vida, mas, após cumprir esse papel, seu espírito clama pela liberação das amarras; ela não tolera exigências exageradas, vínculos sufocantes, laços que, além de unir, escravizam.

Segundo outra versão, o pai dos gêmeos seria Xangô, que também carrega o símbolo da duplicidade em sua energia arquetípica, o machado de dois gumes.

Essa dualidade não pode jamais ser desfeita. No caso da morte de um dos gêmeos, ou de ambos, estatuetas de madeira devem ser esculpidas para serem cultuadas pela família e pela sociedade em torno da família, para garantir bem-aventuranças e afastar os maus presságios.

Conta um mito que, certa feita, Ikú, a morte, estava assolando uma região inteira. Ele matava sem critério, levava jovens, velhos, crianças, não importava a condição em que se encontrassem. A população, então, foi consultar o pai do segredo, para que ele olhasse Ifá, o oráculo, e desse uma solução possível para todo aquele evento assombroso. O sacerdote orientou que as crianças fossem enviadas ao encontro de Ikú, e que elas saberiam o que fazer.

No povoado existiam gêmeos que viviam tocando, cada um, o seu tambor, cantando e dançando pela vila. Todos ficavam encantados com a energia e a alegria deles. Ninguém conseguia ficar parado perante a festa que eles faziam ao chegar. Eles foram enviados para a entrada do povoado e orientados a se esconder e brincar com qualquer que fosse o andarilho que cruzasse os portões. E assim foi feito.

Em determinado momento, quando Ikú chega no portal, um dos gêmeos pula do mato e começa a tocar vigorosamente o seu tambor. Ikú se surpreende com aquilo e, por mais que quisesse ceifar a vida da criança, não conseguia parar de dançar. Passado algum tempo naquela situação, a primeira criança pulou no mato e de repente saiu de lá tocando mais forte ainda. A morte ficou confusa, mas não conseguia parar de dançar. E assim foi o dia inteiro, enquanto um gêmeo tocava, o outro, escondido, descansava, e Ikú não parava de pular e dançar. A certa altura, Ikú, exausto, implorou para que a criança parasse de tocar, ao passo que ela respondeu que só pararia se ele se retirasse daquele lugar. A morte logo se afastou, fugindo daquele som que a tomava e a dominava. E foi assim que Ibeji espantou a morte. Nos parece que a melhor maneira de evitar os infortúnios é dançar com os opostos, compreendê-los e assimilá-los, até que o infortúnio se dissolva.

O culto a Ibeji se confunde com o culto a *abikú*, quando se fala do elemento morte. *Abikú*, aquele nascido para morrer. Num primeiro momento podemos pensar: mas todos nós nascemos para morrer! Isso é um fato, mas a sociedade dos *abikú* promove eventos que chamam a morte iminente e prematura de seus membros que reencarnam, para que os indivíduos não se separem por muito tempo, mantendo a unidade. A condição de ser nascido como *abikú* é identificada a partir do nascimento de uma criança, por ocasião da consulta a Ifá, mas algumas situações específicas já podem evidenciar o caso. Quando uma mãe sofre abortos consecutivos, por exemplo, e se o próximo filho gerado não morrer, ele é tratado com todos os ritos de *abikú*. Sendo identificado, o *abikú* deverá receber nomes que façam referência ao lado bom da vida, à positividade do estar aqui. E, no momento da iniciação no culto aos Orixás, por exemplo, alguns rituais jamais podem ser reproduzidos, com o risco de atrair Ikú, a morte, para perto do indivíduo.

Podemos aproximar Ibeji de elementos simbólicos de outras culturas, como os irmãos Rômulo e Remo, fundadores de Roma; a relação fraterna entre Castor e Pólux; à nada fraterna e competitiva relação entre Caim e Abel; o conto de João e Maria; no anime *Demon slayer*, em que aparecem os irmãos Kimetsu e No Yaiba; e também na série *No game, no life,* em que os irmãos se chamam Sora e Shiro.

A saudação a Ibeji é *Ibeji eró!* Que quer dizer Ibeji traz a calma. Eles são os anunciadores do caos e promotores da ordem, simultaneamente. São a própria duplicidade; em sua unidade e completude representam a criatividade, alegria e uma referência da criança divina. Esta energia da infância é representada pelo Nkisi *Vungí* no candomblé Angola.

5.10 Oxum, a senhora das águas do rio

A terceira esposa de Xangô é Oxum (*Òşun*), deusa das águas doces. Aqui no Brasil, é considerada dona de uma docilidade e meiguice joviais, mas que também pode se apresentar como feiticeira e guerreira.

Ela é definida como uma mulher elegante que tem joias de cobre maciço (Verger, 1986). São denominados Kisimbi e Ndanda Lunda os Inquices das energias das águas e da fertilidade, e um Vodun correspondente é Aziri, termo que classifica as ninfas das águas. Podemos destacar dois aspectos distintos de Oxum. O primeiro é sua qualidade de deusa melíflua, sedutora e envolvente, que conhece as armas da sedução e representa bem esse aspecto do feminino. Nesse sentido corresponde à deusa do amor Erluze (Haiti), e à própria Afrodite. No entanto, Oxum ultrapassa o dinamismo desta última deusa, na medida em que é responsável, principalmente, pela fertilidade feminina e pela gestação, características arquetípicas encontradas em Deméter. Convergindo os atributos de sensualidade e fertilidade, Oxum aproxima-se das características de Astarte ou Istar, deusa de origem síria que preside o amor e a fertilidade (Lurker, 1993). Ela domina os mistérios do sangue no corpo feminino. O sangue que vira vida, no momento da fecundação do óvulo. O sangue que vira alimento, representado pelo leite materno. Por fim, o sangue que vira morte, o corrimento menstrual. O amarelo, uma forma do vermelho, sua cor fundamental no culto, também confirma essas ligações.

Oore yèyé o! Oh mãezinha benevolente! Assim é saudada a dona da coroa das águas.

Oxum afirma a importância dos atributos femininos no mundo e faz questão de ser respeitada como participante da vida. Uma de suas histórias conta o episódio do confronto com a arrogância masculina.

Quando os Orixás chegaram ao mundo e organizaram suas funções, eram comuns reuniões para que se decidisse os destinos da terra. As mulheres não eram admitidas nas reuniões, o que aborreceu em muito a Oxum, que, então, deliberou tornar estéreis todas as mulheres, bem como toda a terra, que passou a ser seca, e as mulheres não podiam mais ter filhos. Como a situação ia de mal a pior, os Orixás resolveram perguntar a Olodumaré (Olorum) o que estava acontecendo. Olodumaré quis saber se Oxum participava das reuniões em que eram decididos os caminhos do mundo. Os Orixás disseram que não, pois ela era mulher e não podia decidir sobre coisas tão importantes! Olodumaré lhes disse: "Convidem Oxum para fazer parte das reuniões, pois sem o seu poder de fecundidade nenhum projeto poderia ir bem". Ouvindo essas instruções, os Orixás foram até Oxum, que aceitou participar da administração do mundo, somente após muito lhe rogarem. Oxum então derramou-se em água pelo mundo e a terra que estava seca reviveu, a fertilidade voltou às mulheres e os intentos dos Orixás alcançaram muito bons resultados (Verger, 1986).

No mito percebemos a importância da integração dos aspectos do feminino para o desenvolvimento e a continuidade da existência e para a fertilidade. Falando no aspecto psicológico, a integração da *anima*, contraparte feminina do indivíduo masculino, é uma das etapas dentro do processo de individuação. Esse fato associa Oxum à maternidade e à gestação e traz a associação das diversas Nossas Senhoras ligadas à água, enquanto símbolo de nascimento – o líquido amniótico. Podemos encontrar a presença da água no batismo, quando nasce um novo cristão, e nas iconografias de Maria muito populares, como Nossa Senhora Aparecida, e em relação à maternidade, a Imaculada Conceição, Nossa Senhora do Carmo e todas as representações de Maria acalentando Jesus no colo.

Oxum é a mãe responsável pelos seres humanos, desde a concepção até a idade em que a criança começa a se comunicar pela fala, momento em que transmite a responsabilidade de continuidade da vida para Iemanjá. Na posição de mãe devotada e protetora, além de participante da fecundidade da terra, podemos aproximar Oxum da deusa grega Deméter, que tem em Core/Perséfone uma filha que se ausenta periodicamente da mãe. Oxum tem um filho nessa condição, Logunedé, sobre quem veremos adiante.

Podemos encontrar Oxum em vários casos em que os aspectos femininos são desprezados ou menosprezados pelo poder masculino. Tivemos a oportunidade de trabalhar com várias clientes, cuja queixa era a falta de reconhecimento dos esforços despendidos com os filhos e com o marido, e falta de carinho; pois o feminino de Oxum, diferentemente de Iansã, exige muitos cuidados e dengos. A ampliação da situação, vivencial com o auxílio do mito de Oxum narrado anteriormente, propiciou maior compreensão do momento existencial e integração dos aspectos inconscientes presentes no conflito feminino – masculino.

5.11 Obá, a grande amazona

A primeira esposa de Xangô, a mais velha, deusa guerreira por excelência. Ela é a líder da sociedade Elekô, culto formado exclusivamente por mulheres que têm o intento de proteger o poder do feminino. Seu nome é traduzido como ela golpeia (*O* = ela; *bà* = atingir, golpear). Tem uma postura um tanto agressiva, além de sentir-se rejeitada por parte de Xangô. Uma associação simbólica pode ser feita com o Inquice Karamucê. Sendo deixada para trás na preferência de Xangô por Iansã e posteriormente por Oxum, desenvolveu um sentimento de rudeza e amarga menos-valia.

Um de seus mitos conta que, certa vez, Obá foi perguntar a Oxum por quê Xangô sempre lhe dava o seu amor, enquanto nem ligava para ela. Oxum respondeu que isso era devido a um prato especial que ela sabia cozinhar e que ensinaria a Obá em determinado dia e hora. Chegando esse dia, Oxum enrolou um pano na cabeça, de forma que as suas orelhas ficassem escondidas, e iniciou o preparo da comida para Xangô com dois grandes cogumelos dentro. Quando Obá chegou, Oxum disse que o prato era especial, porque ela havia cortado suas próprias orelhas para que Xangô as comesse junto com a comida. Obá acreditou na receita e, em seu dia de cuidar do rei, preparou a comida de Xangô e cortou a sua orelha esquerda para pôr no prato. Chegando até seu marido, ofereceu a comida na esperança de reconquistar o seu amor. No entanto, quando Xangô viu a orelha decepada em seu prato, enfureceu-se muito e expulsou Obá de perto dele. Ela foi para junto de Oxum, que, desenrolando o pano da cabeça, mostrou-lhe as orelhas intactas e principiou a rir e debochar de Obá, que, furiosa, lançou-se sobre Oxum. As duas, então, iniciaram uma feroz briga. Xangô irritou-se mais ainda e, soltando fogo pela boca, transformou-as em dois rios (Zacharias, apud Gaeta, 2024).

Este mito evidencia o lado sombrio de Oxum, pois a meiguice atrai, no seu aspecto negativo, a indulgência com objetivo destrutivo, a vulgarmente conhecida "puxada de tapete promovida pelo puxa-saco". Aquele que se faz de amigo benevolente somente com o interesse de destruir o outro. Temos aqui outro exemplo da persona patológica, que trabalha a favor dos intentos sombrios, como afirmado por Byington (1984).

Por outro lado, Obá chega a extremos para segurar o seu marido. Sacrifícios penosos e desmedidos não lhe são estranhos, e ela se entrega à dor e à mutilação para alcançar seu desejo. No entanto, Xangô jamais foi dela! No desespero Obá tenta um ato de desalento, sem resultados. Parece o mesmo drama vivido por Hera, na intenção de ter Zeus somente para ela. Mal-amadas, rejeitadas e enganadas, só resta às duas a fúria destrutiva. Obá, que já era uma guerreira, entrega-se a essa arte, promovendo combates com todos os outros Orixás. Dizem que Obá carrega a fama de que, quando não tem mais ninguém por perto para guerrear, ela vai até uma encruzilhada para brigar com Exu.

Em sua dança ritual, os movimentos de guerra são alternados com o ato de esconder a orelha esquerda. Obá usa alfanje, arco e flecha, escudo e lança, tudo necessário para uma boa e feroz peleja. Sua cor é terracota, um vermelho denso, proveniente de formações terrosas mais antigas. Essa também é a cor do sangue coagulado, derramado nos campos de batalha.

Entre outras, uma aproximação simbólica importante, pode ser feita entre Obá e as amazonas, as quais, segundo alguns estudiosos, filhas de Ares e a náiade Harmonia, eram mulheres guerreiras que tinham o hábito de comprimir ou queimar o peito direito para que tivessem maior manejo do arco e flecha. Usavam capacetes e armaduras, sendo as primeiras mulheres a cavalgar. A convivência com homens era por curtos períodos, na primavera, com o intuito de engravidarem; as meninas nascidas ficavam na tribo das amazonas, já os meninos eram devolvidos aos seus pais. Historiadores e antropólogos reconhecem a existência de grupos de mulheres guerreiras em várias regiões como Ásia, África e américas (Julien, 2002).

Podemos encontrar essa situação em uma grande quantidade de mulheres traídas que, não tendo a fleuma de outras, mais ligadas à Oxum, tornam-se amargas e dedicam-se ao trabalho com uma frieza e tenacidade notáveis, envoltas em pessimismo – o que as torna diferentes de Iansã.

Obá guerreia com valentia e, em um certo dia, desafiou Ogum – o guerreiro dos músculos de aço. Ogum já conhecia a fama de Obá e procurou precaver-se para evitar sua terrível derrota. Procurou um babalaô (sacerdote de Orunmilá – o princípio equilibrante visto no mito da criação), que lhe orientou para fazer uma oferenda de quiabos e espalhasse no local da contenda. Ogum seguiu as instruções e espalhou o quiabo pilado com azeite de dendê sobre a pedra em que haveria o duelo. Obá chegou arrogante e decidida a acabar com o poderio de guerra masculino representado por Ogum. Teve início a luta e Ogum foi encaminhando Obá para que pisasse na oferenda sobre a pedra. Ela logo caiu, e, antes que conseguisse levantar para continuar a luta, Ogum jogou-se sobre ela e a possuiu.

Por fim Obá foi amada ou violentada, dependendo do olhar para o mito. Por um lado, ela sofreu a violência sexual por parte de Ogum; por outro, Ogum a admirava por sua bravura, mas ela jamais se deixaria amar por qualquer homem; este referencial aponta para o encontro de dois lutadores, que se admiram muito e precisam mostrar ao outro sua força para serem admirados e aceitos. E Ogum, seguindo as instruções de Orunmilá, pôde interromper o caminho amargo que Obá estava seguindo, fazendo com que ela entrasse em contato com sua natureza feminina (Zacharias, apud Gaeta, 2024).

Esse bem pode ser o exemplo mítico para aquelas situações em que ocorre a possessão do *animus* sombrio nas mulheres. Geralmente se tornam pessoas agressivas e destrutivas pelas colocações verbais duras que fazem. Nessas condições, exige-se uma postura como a de Ogum para se lidar com esse estado psíquico. O confronto direto não produzirá o efeito necessário, pois é um campo conhecido para a guerreira. Necessitamos seguir o conselho de Orunmilá. Primeiro fazer uma oferenda, pois isso retira do ego a prepotência e a confiança estrita no consciente, liberando a psique inconsciente para agir por intuições oportunas e pela sensibilidade (exatamente o que Obá não tinha). O sítio da batalha deve ser preparado para que se quebre o orgulho e a prepotência da oponente, motivada pela sua identificação com o *animus*. Tendo o orgulhoso ego caído, impõe-se a força masculina criativa; forte, porém inventiva, reequilibrando a estrutura psíquica.

Jung narra uma sessão em que ele recebeu uma paciente indicada por outro analista. Ela era uma mulher autoritária e que havia quase agredido os outros analistas. Jung a recebeu e, depois de ouvi-la atentamente, comentou suas impressões, causando uma reação de fúria na paciente, que se levantou e preparou-se para agredi-lo. Jung levantou-se e disse: "a senhora primeiro". Isso bastou para que ela caísse em pranto dizendo que nunca ninguém havia falado com ela assim, dando início ao processo de análise (Jung, 1975).

5.12 Euá, a senhora da virgindade

Seu nome na língua iorubá, *Yewa*, pode ser traduzido como mãe da beleza. Alguns mitologemas dão conta de que seria o terceiro fruto de relações proibidas que Nanã teve com Oxalá, sendo, assim, irmã de Obaluaê e Oxumaré. Em outras versões, seria filha de Iemanjá, mas em todas as falas ela é um Orixá de uma beleza encantadora, tão pura que não pode ser vista diretamente.

Euá é a linha do horizonte, a névoa, os limites do arco-íris, todos esses, símbolos do que é perceptível, porém intocável. Sua saudação – *Riró!* – pode ser traduzida como maciez. Euá é macia, leve, delicada. Em seu culto, as cores vermelha e amarela trazem exatamente a ideia de transição. Sendo o amarelo uma variação do vermelho (axé de transformação), vemos aí o sentido de movimento, de nuances, intensidades da mesma energia, assim como vemos gradações na cor do céu ao entardecer e ao amanhecer, momentos em que Euá se mostra em sua plena maravilha.

Um mito de Euá explica seu vínculo com a morte e com os olhos, instrumentos da visão tanto material quanto espiritual.

Certa feita, Ikú – a morte – perseguia Orunmilá, o senhor do destino, e este já estava exausto de tanto fugir e desesperado com a ideia de ter sua vida ceifada. Como último recurso, ele corre para o rio. Chegando lá se depara com uma linda jovem, que lavava um imenso balaio de roupas; era Euá, a virgem. Correndo até ela, clama por algum tipo de ajuda. Orunmilá faria qualquer coisa para que não fosse pego por Ikú. Euá pensou rápido, tirou as roupas do balaio, mandou que Orunmilá entrasse, cobriu-o com aquela grande quantidade de panos e pôs-se a lavar novamente.

Instantes depois, apresenta-se diante dela Ikú! Euá viu a morte, olhou em seus olhos, mas não esmoreceu. Ikú perguntou se ela havia visto um homem passar correndo, e a jovem disse que sim, que ele havia passado, correndo muito rápido, já teria atravessado quarenta rios, mas que poderia ser alcançado, se Ikú fosse mais que depressa na direção indicada.

Quando o ceifador de vidas se retirou, Euá então liberou Orunmilá do fundo do balaio. Em gratidão pela ajuda, o senhor do destino deu à virgem o dom da divinação, ensinou-a a ver e ler os oráculos. No entanto, por ter enganado a morte, impedindo-a de cumprir sua função, Euá não pode comer nenhum animal que lhe é oferecido. Ela os entrega à terra, para restituir-lhe aquilo que foi negado, quando Ikú não terminou sua missão. Euá passou a habitar o cemitério, acompanhando toda restituição que acontece a cada sepultamento. A vida veio do pó e a ele retorna.

Uma amplificação para o tempo de pandemia foi a necessidade do uso da máscara facial e o distanciamento social para que se evitasse a contaminação pelo vírus letal e o risco de morte. Esconder-se sob os panos de Euá, ou sob a máscara; manter-se no amanhecer ou entardecer (em casa na medida do possível) e atravessar quarenta rios (período de quarentena) nos traz a possibilidade de escapar da perseguição de Ikú.

Segundo Aróstegui (apud Ligiéro, 1993), em Cuba, na santeria, é uma deusa guerreira que utiliza como instrumentos de guerra um arpão e uma espada. Apresenta-se como virgem, que se tornou associada ao cemitério, por causa da renúncia à sexualidade. O Vodun que se aproxima dessa força é chamado Ewá, e o Inquice seria Mina Aganji ou Kuiganga, a responsável por lavar os corpos dos mortos antes de serem entregues à terra, o ritual fúnebre que ocorre na grande maioria das religiões.

Outro mito nos conta que Euá era a filha de Oduduá, que se mostrava um pai muito possessivo, tratando-a com todo o desvelo, mas que não admitia a ideia de que algum homem pudesse dela se aproximar. A fama de sua beleza percorreu muitos reinos, chegando aos ouvidos de Xangô, que se disfarçou de jardineiro para poder entrar no palácio de Oduduá e seduzir Euá. Ambos logo se apaixonaram, e Oduduá, sabendo disto, expulsou Xangô de suas terras. Arrependida, Euá pediu ao seu pai que fosse enviada para um lugar onde homem nenhum jamais a visse. O rei, então, enviou-a ao cemitério, onde faz o trabalho de recepção dos mortos juntamente com Ikú, Iansã e Obaluaê (Aflalo, 1996).

Esse mito mostra os aspectos femininos da sexualidade e fertilidade recalcados e impedidos de se manifestarem em função da fidelidade filial ao pai. A possibilidade de realização do amor foi negada não porque o pai expulsou o amante, mas principalmente porque Euá sentiu-se devedora e culpada da quebra da fidelidade ao pai. Ela poderia seguir Xangô, como fez Iansã, porém a sua culpa pessoal, em relação aos cuidados recebidos do pai, impediu-a de realizar seu próprio caminho. Em função do pai, ela vai para o cemitério, tornando mórbida a sua capacidade afetiva e criativa. No entanto, um aspecto luminoso dessa postura é representado pelas pessoas que renunciam à sua vida sexual, para se dedicarem a um caminho religioso, como as freiras católicas e muitos outros religiosos.

R. é uma cliente que, na infância, teve muitos problemas com sua família. Sendo filha única, sempre presenciou os conflitos em casa, com os quais teve que lidar. Seu pai bebia nos intervalos do emprego e sempre se tornava agressivo, o que levava R. a enfrentá-lo, quando estava violento, de maneira verbal. Vemos nesse ponto o aspecto guerreiro de Euá, a portadora do arpão. Porém, ela sempre se achava na incumbência de cuidar dos genitores, apesar dos momentos de violência do pai. Havia a disposição de resguardar a família de qualquer problema, ao ponto de o pai de R. comentar no leito de morte que havia impedido a filha de se casar, para ficar cuidando dele, situação da qual, naquelas alturas, se arrependia. Quando R. perdeu os pais, ela ainda era jovem, porém sem ter desenvolvido sua vida afetiva. A partir da morte deles, passou a vestir-se de preto e continuou a morar sozinha na mesma casa, sem alterar qualquer móvel de lugar. Está configurado o aspecto mórbido da virgem Euá. Quando R. veio para terapia, dava a impressão de ter saído de um velório; aliás, ainda não havia saído! Nos altos dos seus trinta e tantos anos, mantinha-se virgem. Refugiou-se no cemitério, tornou-se a irmã recatada e casta de Iansã. O trabalho com desenhos logo trouxe a figura de uma mulher solitária e sombria que, aos poucos, vinha à tona, ao passo que as figuras masculinas, em vermelho-vivo (cor de Xangô no candomblé), pareciam distantes e melancólicas. Algumas mudanças principiaram, como a mudança dos móveis e o cuidado com a casa, além do aceite de uma paquera furtiva no trabalho, mas ainda havia muito a ser feito.

Em seu aspecto guerreiro e virginal, ligada fortemente ao pai e recusando-se ao mundo dos afetos, Euá tem muito em comum com Atena, a deusa nascida da cabeça de Zeus, guerreira estrategista e virgem, que permaneceu ao lado do pai em vários momentos.

5.13 Logunedé, o caçador da mata e do rio

Logunedé, ou Logun Edé, é filho de Oxum (na qualidade de Ipondá ou Pandá) com o caçador Ibualamo, ou Inlé, e apresenta aspectos desses dois Orixás. Utiliza os instrumentos dos seus pais (abebé – abanador com espelho; e ofá – arco e flecha). Usa as cores azul e amarela, que o ligam aos axés preto, o mistério, o oculto; e vermelha, a dinâmica, o movimento. Como seu próprio nome diz, ele é um guerreiro (*ológun* = oficial de guerra) da cidade de Edé, na África. Ele é o leopardo, belo, gracioso, porém pode ser letal. Dentro do rito angola, a divindade que une os dois reinos é Telekompenso, e para os jejes essa função cabe ao Vodun Avlekete, que une o trovão e o oceano, tendo como instrumentos a vara de pesca e o arpão, princípios passivo e ativo.

É interessante notar que, no reino de Oxum, que é feminino por excelência, não é permitida a entrada de homens. A única exceção é para Logunedé. A sua dualidade de comportamentos é o que estimula a instabilidade e alternância de sentimentos e comportamentos. Por seu espírito irrequieto, pode estar em um lugar e em seguida ter desaparecido dali, voltando muito depois como se nada tivesse acontecido.

Podemos aproximá-lo, psiquicamente, da figura do *puer aeternus*, que sempre está ligado à figura materna, no caso, a Oxum, para onde ele sempre converge. É curioso notar que, quando mencionamos Oxum e propusemos uma associação dela com Deméter, em função do filho, vemos que Logunedé, semelhantemente a Core, ou Perséfone, é um personagem cíclico, afastando-se e aproximando-se da mãe periodicamente. Mas a distância não é em função de um marido, como ocorre com Core, e nem Logunedé é uma menina. Nesse caso, a distância deve-se ao fato de o Orixá acompanhar o pai, essa é a ponte para a ideia do *puer*.

Localizamos Logunedé na vida daqueles que, sendo bastante dependentes de suas mães, oscilam entre sair de casa para a caçada e ficar na companhia da progenitora. Encontram o caminho profissional e nele se realizam como bons caçadores que são, mas em nível de maturidade afetiva e estabelecimento de um relacionamento adulto, baseado na alteridade, são imaturos, ficando apegados à mãe ou projetando nas companheiras suas próprias mães.

Logunedé traz a graça jovial que cativa, mas não é suficientemente maduro para enfrentar as exigências de uma vida afetiva adulta, sendo muito inconstante nas suas aventuras. Na verdade, sua única paixão é sua mãe, Oxum.

Apesar disso, ele tem a possibilidade de, mesmo sendo masculino, conhecer a alma feminina, uma vez que comunga das duas naturezas. Tendo a possibilidade de transitar entre esses dois mundos, Logunedé pode interpretar os sentimentos de um para com o outro, sem o viés de ter uma das naturezas. Nesse sentido, apresenta uma certa aproximação simbólica com o Hermafrodito, filho de Hermes e Afrodite.

Duas passagens sobre Logunedé dão conta de sua relação muito tênue com seus genitores. Por duas vezes, ele quase perdeu a vida e, por duas vezes, foi salvo, a primeira por uma figura materna e a outra por uma paterna, que compensaram e, quiçá, superaram o vínculo parental.

Certa feita, quando muito novo, Logunedé brincava no rio, enquanto sua mãe, Oxum Ipondá, se mirava em seu espelho. Astuto e curioso, Logun, um caçador nato, adentrou as águas atrás dos peixes e acabou por escorregar de uma pedra para uma parte profunda do rio. Oxum, que só tinha olhos para si mesma, não percebera o que se passava com a criança: o menino estava se afogando. Foi então que Oiá, passando pela margem, viu o corpo do pequeno infante deslizar para debaixo do espelho d'água. Logo, ela correu e retirou a criança dos braços traiçoeiros das águas profundas, dando a ele mais uma chance de viver e cumprir seu ciclo de vida.

Podemos perceber um movimento narcísico de Oxum em relação ao seu filho, no sentido antagônico do cuidado excessivo que não prepara, não ensina o outro a lidar com os entraves do mundo externo, não dando condições para o desenvolvimento individual. No complexo do *puer*, o lado sombrio do cuidado excessivo exacerba um sentido de abandono, pois o indivíduo sempre vai precisar dessa mãe para se relacionar com o que está fora, ao passo que ela será sempre solicitada, alimentando seu sentimento de poder. Oiá é o feminino diferenciado, conteúdo da *anima* que vem compensar a lacuna deixada pela superproteção nociva, mostrando ao pequeno que há outras formas de se relacionar.

Passados longos anos, e já mais desenvolvido, na fase de transição para a vida adulta, Logunedé foi para as matas na companhia de seu pai, Ibualamo. Este, introvertido e ensimesmado, estava sempre a observar atentamente os arredores, à procura de um possível alvo de caça. Mas não era só isso, o Caçador das águas profundas vivia detido em suas conjecturas e pensamentos. Nesse cenário de busca por suprimentos, Logunedé avistou uma grande colmeia, de onde vertia um mel de cor clara e viscosidade altamente atrativa. Ele fez sinal para seu pai, que, absorto em sua própria mente, não percebeu e seguiu mato adentro.

O jovem Logunedé subiu na árvore, mirando o delicioso mel como objetivo e recompensa por seus esforços de caça. Mas o que ele não sabia é que as abelhas estavam alertas e, com o movimento dos galhos, agitaram-se. Logo o enxame se assanhou e cercou Logunedé, que foi vastamente picado e caiu das alturas, em queda livre até o chão. Caído, desacordado, envenenado pelas picadas, o jovem estava à beira da morte. Foi quando Omolu, passando pela trilha, avistou aquele corpo desfalecido no chão e prontamente começou a coletar folhas e materiais para tentar salvar a vida de Logunedé, conseguindo curá-lo. Mais uma vez uma outra figura, alheia às suas raízes, possibilitou a continuidade de sua vida. Omolu fez as vezes do pai cuidador, zelando e preservando, dando condições ao guerreiro de Edé de exercer sua força e espalhar sua energia vital.

Assim como no mito de Dédalo e Ícaro, o *puer* paga pelo excesso cometido. O pagamento pela *hybris* é a morte. Uma diferença, no entanto, é notória. Dédalo, a todo tempo estava atento ao filho e o alertava: nem tão perto do sol, nem tão perto da água, escolha o meio. Havia ali o ponto de equilíbrio entre a energia *puer* e a *senex*. Sem o contraponto dos opostos que se unem, o arquétipo do *puer*, tende aos extremos, e o resultado é a aniquilação.

Importante notar esta dinâmica familiar em que os pais estão mais focados em seus interesses pessoais que chegam a abandonar os filhos aos riscos do mundo. O descaso pode gerar dependência excessiva dos pais, sentimentos de menos-valia e baixa autoestima, rebeldia ou imaturidade afetiva nos filhos. Por outro lado, vemos, em muitos casos, casais se tornarem pais e mães sem terem ainda amadurecido o suficiente para a tarefa, o que os leva a delegarem o cuidado dos filhos aos avós, tios, babás; ou desconsiderá-los como quem cuida de um brinquedo.

5.14 Iemanjá, a grande mãe

Provavelmente essa é a mais conhecida e cultuada Orixá materna no Brasil. Chamada Kaiala ou Mikaia para os bantus e Abê Manjá para os jejes; representações da Grande Mãe.

Yemọja (*yé* = mãe; *ọmọ* = filho; *ẹja* = peixe), a mãe dos filhos (incontáveis) peixes! Divide com Oxum o domínio do reino materno, porém, enquanto Oxum preside a fertilidade – ovários e útero –, Iemanjá preside o sustento materno – o seio. Austera e sensível, Iemanjá é mais compreendida como mãe a partir do período do desenvolvimento da fala, o que não a faz menos possessiva, pois se esforça por manter seus filhos eternas crianças. A dedicação e a proteção vão cedendo lugar à austeridade, à medida que a criança vai atingindo a maturidade sexual.

Filha de Olokum, o Orixá do Oceano, identificado às vezes como feminino e em outras versões como masculino, uma possível versão iorubana de Netuno. Em uma de suas histórias, casou-se com o rei de Ifé, Olofin, e teve com ele dez filhos, correspondendo de maneira indireta aos nomes dos outros Orixás. Quando ela foi para Ifé, seu pai, Olokum, deu-lhe uma garrafa com um preparado para ser usado no momento de maior perigo. Após algum tempo, Iemanjá cansou-se de ficar em Ifé e foi para o oeste, no "entardecer da terra". Imediatamente seu marido foi atrás dela e, com muitos soldados, encaminhou-se para trazê-la de volta. Quando Iemanjá viu o exército de seu marido que a buscava, quebrou a garrafa que seu pai lhe havia dado, e imediatamente um rio se formou, levando-a de volta para o mar, a casa de seu pai (Verger, 1986).

Iemanjá cumpre o papel de esposa e mãe, sem se sujeitar às exigências externas da vida todo o tempo. Cumprido o papel de esposa e mãe, ela busca o recolhimento no entardecer da Terra; já está madura e representa a fase de Metanoia, já cumpriu os deveres sociais externos e necessita do recolhimento interior. Porém, as demandas externas não permitem essa liberdade de introspeção e exigem a sua presença atuante no mundo de Ifé, como antes. Quando Iemanjá quebra a garrafa dada por seu pai, há o rompimento do vaso alquímico e o retorno para camadas mais profundas do inconsciente, o mar. Nesse momento, a mulher madura que se vê, pelas exigências familiares, impossibilitada de reelaborar seu entardecer e sua interiorização, rompe de maneira drástica com os seus e passa a viver distante e esquiva em relação ao mundo externo. Não foi permitido à Iemanjá ficar no Oeste, ao entardecer, em que ela estaria ainda no mundo, mas em retirada relativa de energia das suas funções na Terra. A única solução foi romper com o vaso, e assim a energia fluiu totalmente para o inconsciente, levando-a de volta ao seu pai e/ou mãe Olokum.

Outro mito de Iemanjá explica a origem dos Orixás e sua relação com o mar. Conta-se que, como esposa de Aganju, teve um filho, Orungã. Este começou a admirar a beleza de sua mãe e intentou possuí-la, movido por grande paixão. Certo dia, numa investida mais agressiva, Orungã atentou contra sua mãe. Iemanjá pôs-se a correr desesperada, e quando seu filho estava para alcançá-la, ela caiu. Nesse momento, seu corpo começou a inchar e rapidamente estourou. De seu ventre saíram muitas formas de vida, eram inúmeros Orixás. Seu corpo e seus seios viraram uma grande corrente de água, o rio Iemanjá, que correu para o oceano, a casa de sua mãe.

Esse mito narra a versão iorubana de Édipo, com o seu inevitável incesto. No entanto, podemos entender com o episódio o retorno do ego ao inconsciente, e a sua ampliação. Augras (1980) aponta para o aspecto de descida ao inconsciente e resgate de elementos importantes para o crescimento do ego, no contexto do drama edípico. O retorno à mãe não é de cunho erótico, mas a ânsia de retornar para o ventre materno, uma saudade do paraíso urobórico perdido com o aflorar da consciência. Nas palavras de Jesus a Nicodemos, ele não poderia obter a salvação se não nascesse de novo, ao que Nicodemos replica: como poder voltar ao ventre da mãe sendo já velho? E Jesus explica que ele deve nascer da água e do Espírito. Essas são referências ao novo nascimento, não material, mas espiritual; assim como a história de Édipo ou de Orungã não deve ser compreendida do ponto de vista objetivo, mas simbólico, já que o retorno do ego ao inconsciente envolve perigos.

Voltando à questão do incesto, se o ego enfrenta os seus medos e os perigos que essa empreitada oferece, vencendo a luta contra a indiferenciação, ele retorna com ganhos de consciência muito importantes, oferecendo significado para a vida consciente e realização para os conteúdos inconscientes. Por conta desse incesto os outros Orixás surgiram, como se eles fossem resgatados e realizados no mundo, partindo das profundas entranhas de Iemanjá, a fonte da vida. Assim como o mar é considerado a fonte da vida biológica, o inconsciente é a fonte da vida psíquica.

Enfrentar a viagem do herói, com a sedução que essa aventura oferece e os seus perigos, constitui em um importante resgate de conteúdos inconscientes, em que a história de Iemanjá e Orungã são metáforas, como apontou Jung.

A sua saudação – *Odôia* Iemanjá! – evidencia sua ligação com o rio. Na língua africana, *odò* significa rio e *iyá* é traduzido como mãe. Assim estamos louvando a Mãe do rio. Mas no mito ela foge para a casa de sua mãe Olokum, o oceano.

Na chegada ao Brasil dos africanos que foram escravizados não existia um rio do porte do rio Iemanjá, onde ela pudesse receber culto, pois as áreas ocupadas no princípio do processo de colonização eram litorâneas. Assim só restava aos povos devotos da Grande Deusa agradá-la no mar, o que justifica sua visão, e o desenvolvimento de seu culto como um Orixá do mar. Ela usa as cores azul e cristal. O azul, como variante do axé preto, faz referência ao mistério do que é oculto, o que acontece debaixo das águas, em segredo. Já o cristal, sendo um tipo de axé branco, traz a energia de possibilidade, de estado ideal, a intenção que pode virar ato.

Um mito narra que, após a criação do mundo, Olorum, o Senhor do Céu, dividiu entre os Orixás as tarefas e os objetos de cuidado de cada um. A Iemanjá foi designado cuidar da casa de Oxalá. Ela ficou muito insatisfeita, achando-se menor; reclamava dia e noite ao pé do ouvido do marido, lastimava-se, resmungava. Iemanjá reclamou tanto, mas tanto, que Oxalá enlouqueceu. O grande Orixá perdeu a sanidade mental. Chocada com o que havia acontecido e sabendo-se culpada por suas queixas incessantes, Iemanjá começou a agradar e reverenciar a cabeça (ori) de Oxalá. Ela ofereceu frutas, caramujos, peixes, tudo que era de mais saboroso e rico, na intenção do restabelecimento e da cura do Orixá do Branco. E, assim, entre cânticos de louvor e oferendas, Oxalá recobrou a consciência e o equilíbrio psíquico.

Sabendo do ocorrido, Olorum chamou Iemanjá e determinou que, a partir daquele momento, ela seria a responsável pela manutenção das cabeças de todos os seres que habitavam a Terra. Iemanjá tornou-se Iyá ori, a mãe das cabeças. Nasceu dessa narrativa o ritual do iborí (louvar a cabeça), o culto à cabeça, a divindade pessoal de cada ser humano, ou a psique em sentido mais amplo. Um ditado iorubá diz que a cabeça ruim leva a um caminho ruim, mas a cabeça boa leva a um caminho bom!

A simbologia de Iemanjá também envolve perigos, pois é representativa dos poderes inconscientes, assim como a associação com a sereia oferece encantamento, sedução e perigo. No entanto, não podemos apresentar Iemanjá como o elemento polar negativo da Grande Mãe, em que a Virgem Maria se configura como o positivo. Iemanjá não pode ser a expressão sombria da Grande Mãe, pois, sendo um Orixá, sintetiza em sua natureza as duas polaridades, luminosa e sombria. A Virgem Maria não pode, do ponto de vista teológico, apresentar essa síntese, pois o atributo de *Summum Bonum* atribuído a Deus é extensivo a ela, não sendo possível aparecer em sua simbologia elementos sombrios. Assim, consideramos um erro dimensionar os aspectos sombrios da Grande Mãe para Iemanjá, enquanto a Virgem Maria se torna depositária dos elementos luminosos. O sistema dos Orixás e o cristianismo são distintos, e, para que possamos fazer aproximações, necessitamos de certos cuidados. No sistema dos Orixás, assim como em relação aos aspectos arquetípicos, todas as divindades apresentam aspectos luminosos e sombrios, de acordo com a relação estabelecida com o ego.

5.15 Nanã Buruku, a ancestral

Nanã é a mais velha dos Orixás femininos, por isso mesmo considerada carinhosamente como a avó. É a mãe dos mortos e reina sobre as águas paradas, charcos e pântanos. Essa força arquetípica é chamada Nzumbarandá no candomblé de Angola e Nã entre os jejes.

É a lama primordial, matéria a partir da qual foram feitos todos os seres que habitam o orbe terrestre. Sua cor é o roxo, um tipo do axé preto representante das transformações ocultas que ocorrem no ventre da Terra, da homogeneidade característica da *nigredo* alquímica, logo também ligada a *mortificatio* e *putrefactio*. Essas são etapas que indicam o início da transformação psíquica.

Conta-se que, quando Olorum decidiu que a Terra seria habitada por outras existências, além dos Orixás, ele pediu a cada um deles que buscasse materiais para que os corpos dos novos seres fossem moldados. Todos começaram a procurar, muitos pegaram a lama nas mãos, mas Nanã chorava, seu pranto escorria pelos dedos dos deuses e eles se solidarizavam com a dor da anciã, abandonando o material. Mas Ikú, a morte, não teve dó do choro de Nanã. Vendo que parecia boa, pegou uma porção da lama e se retirou.

No tempo determinado por Olorum, todos apresentaram seus materiais escolhidos: Ogum apresentou o ferro, Oxóssi trouxe madeira, Xangô levou lava resfriada e Oxum pedras de rio. Todos os materiais foram reprovados pelo Criador Supremo, mas quando Ikú lhe entregou a lama, ele reconheceu ali a matéria-prima perfeita e se orgulhou.

No entanto, pelo fato de Ikú não ter respeitado o sofrimento da Terra, o choro de Nanã, ela foi destinada a devolver ao solo, a seu tempo, todas as porções que fossem tiradas para criar os seres vivos. Devido a essa obrigatoriedade todos os seres criados se decompõem e voltam ao pó da terra.

Nanã é a que origina e expele, mas sempre recebe seus filhos de volta, no fim da vida, pois representa a decomposição dos elementos, necessária para a criação de uma nova vida. Assim como somos gerados no útero da mãe individual e somos expulsos desse ventre para a vida externa, ao fim da jornada, seremos acolhidos pelo útero coletivo da Grande Mãe primeva, identificada como Nanã, Pachamama, Gaia ou Terra.

Nanã é uma divindade anterior à idade do ferro, mito narrado na disputa que ela teve com Ogum, o ferreiro. Nanã é severa e grave, evidencia o poder feminino controlador e autoritário das grandes matriarcas. Disciplina os mais jovens nas regras sociais, que não devem ser transgredidas, sob pena de pesados castigos. Exerce o poder sobre os mortos e usa-os como uma constante ameaça ao poder patriarcal instituído. Nesse ponto, Nanã acaba se confundindo um pouco com as Iami Oxorongá, na qualidade de deusa idosa, poderosa e limitadora do poder patriarcal (Ligiéro, 1993).

Um de seus mitos conta que ela administrava a vida dos homens de maneira cruel. Quando um marido brigava com sua mulher, e ela vinha queixar-se para Nanã, imediatamente a deusa dos mortos enviava fantasmas para atormentar o marido briguento. Os homens não suportavam mais esse estado de coisas e enviaram pedidos aos Orixás para que resolvessem a questão. Decidiu-se que Oxalá deveria seduzir Nanã e se casar com ela para poder roubar-lhe o segredo do poder sobre os fantasmas. Nanã, então, apaixonou-se por Oxalá e casou-se com ele. Certo dia, em que ela se ausentou da casa, Oxalá se travestiu com as roupas de Nanã e foi falar com os mortos, dizendo que, daquele momento em diante, eles deveriam obedecer a Oxalá; assim, ele poderia defender os homens dos ataques enviados pelas mulheres. Nanã descobriu a cilada e batalhou com Oxalá, porém ela o amava e decidiu acabar com a briga. Mas, apesar de ter conseguido o seu intento, como castigo, Oxalá é obrigado a vestir roupas femininas quando se apresenta. O poder feminino só pode ser exercido pelo homem se ele integrar o feminino em si mesmo. (Há uma narrativa próxima em Verger, 1986.)

Esse mito narra a passagem do dinamismo matriarcal para o patriarcal. Vemos o matriarcal não em seu aspecto inicial de fertilidade e manutenção da vida, como em Oxum, ou da educação, como em Iemanjá. Em Nanã vemos o matriarcado na estrita intenção de manter seu poder de dominação e controle sobre o mundo. O poder é mantido à custa do medo dos fantasmas, medo imposto ao ego pelos elementos recalcados no inconsciente e oriundos dos aspectos sombrios do matriarcado.

Para que se processe a passagem desse dinamismo psíquico para o patriarcado é necessária a interferência do princípio do patriarcado, que nessa cultura não foi feita à custa de violência e guerra, mas de sedução e artimanhas. Os aspectos sombrios são integrados, de maneira que não ocorra o recalque dos elementos femininos – já pudemos observar ao longo deste capítulo a indispensável presença do feminino na estruturação da religião dos Orixás, diferentemente de outros cultos mais patriarcais. Ocorre a passagem para o nível patriarcal, porém Oxalá é obrigado a vestir-se com roupas femininas – ele necessita carregar em si os dois elementos opostos.

Nanã defende de tal maneira as mulheres, e o poder feminino, que é corrente saber que, no culto aos Orixás, Nanã não tem filhos, mas filhas. Existem, claro, exceções que não cabem ser discutidas. Ela representa o poder feminino que, destronado, revolta-se e torna-se rancorosa. No entanto, é a deusa que possibilita o surgimento da nova vida, que brota da decomposição de estruturas anteriores. Apesar de rejeitar os filhos que nascem problemáticos – Oxumaré, Obaluaê e Irôko –, Nanã sempre os recebe de volta, ao fim da vida. É a ideia da terra mãe que expulsa a vida de si, mas a acolhe no descanso da morte.

O sonho de uma cliente, trazido por uma supervisionanda, oferece uma boa fonte de amplificação com o mito de Nanã. A sonhadora estava diante de um charco, havia muita lama, e parecia um pântano cheio de cadáveres. Atrás havia uma montanha e no alto desta uma casa. A sonhadora deveria atravessar o pântano e a sensação da travessia era de podridão. Quando chegou ao outro lado, recebeu auxílio da irmã do seu avô materno, que lhe estendeu a mão. Suas associações com esta tia-avó foram: ficou viúva cedo, seus filhos foram criados por outra pessoa, ensinou a cliente a costurar e bordar com retalhos.

Esse sonho e as associações feitas fornecem elementos para que se proceda a amplificação pelo mito de Nanã. Sua ligação excessiva com a figura da mãe, matrona forte e austera, levou-a a evitar as relações afetivas, além de criar um afastamento com a experiência de grupos, próprios da adolescência. Ela se tornara velha antes do tempo e manteve-se no reino materno, para evitar os terríveis fantasmas que poderiam ser invocados.

Se, no aspecto negativo, Nanã é rancorosa pela perda do seu poder, no outro, é a imagem da velha sábia, senhora da sabedoria e dos mistérios da vida e da morte, daí o sincretismo que lhe é outorgado com a Senhora Sant'Ana, a mestra. Em Nanã encerramos o ciclo das mães que se inicia com Oxum, a mãe jovem; Iansã, a mãe distante, mas atenta; Iemanjá, a mãe madura; e Nanã, a mãe idosa.

Considerando os quatro estágios de manifestação do princípio feminino, e que são representativos dos estágios da anima, podemos criar uma aproximação da seguinte forma:

- No primeiro estágio, a mulher mais ligada aos elementos tribais e ctônicos. São representantes as guerreiras Obá e Iansã.
- No segundo estágio, a mulher mais romântica, correspondendo à donzela dos cavaleiros andantes. É representada pela docilidade de Oxum.
- No terceiro estágio, correspondente à Virgem Maria, a mulher espiritualizada, encontramos a maternal Iemanjá.
- No quarto e último estágio, a mulher sábia, encontraremos as severas e profundas Euá e Nanã Buruku.

5.16 Irôko, a árvore primordial

Para o povo iorubá, a grande árvore é, de forma simultânea, um assentamento e um símbolo da Ancestralidade e representante do Tempo. O Inquice (Nkisi) que mobiliza essa energia psíquica entre os povos bantu é Kitembo, e Lokô é como se chama o Vodun da temporalidade para o povo jeje. Os africanos cultuam os Espíritos que habitam as árvores; elas são seres vivos e, como tal, têm uma essência, além de fazerem conexões com outras formas espirituais. Alguns exemplos de árvores sagradas são o dendezeiro e a cajazeira, onde se cultua Ogum, a jaqueira, onde se cultuam as Iami, entre tantos outros.

Irôko é o nome de um vegetal africano de grande porte (*Milicia excelsa*), da família das *Moraceae*, que, no Brasil, dentro do candomblé foi substituído, assim como tantos outros espécimes, por um equivalente: a gameleira-branca, *Ficus doliaria*, que tem o mesmo porte e longevidade. O nome da divindade cultuada originalmente no Irôko é Oluerê, o Senhor do Tempo. A árvore mais velha e de maior porte de um terreiro pode ser usada para o culto a ele. Nela se amarra um grande alá (o pano branco), símbolo de pureza e realeza, e assim todos que adentrarem o espaço do terreiro saberão que ali está vivo o deus do Tempo. Essa é a prova de que a árvore não é o Orixá, e sim seu lugar de culto. Como na África, o vegetal mais comum para esse fim era o Irôko, firmando-se como a denominação genérica da divindade.

Essa árvore é chamada o grande cajado de Olorum. Quando Odùa criou a Terra, ela plantou uma semente de Irôko, que cresceu e cresceu, chegando até o Òrun, e foi por ela que as divindades desceram para ocupar o novo espaço. Ele está aqui desde o princípio dos tempos: viu tudo acontecer, tem boa memória, não esquece de nada e sabe de tudo. Irôko tem um temperamento difícil, é muito sisudo e dono de uma certeza que parece inabalável, e nunca esquece uma ofensa, característica associada ao *senex*. Encontramos referências às grandes árvores em diversas culturas, na cultura celta, por exemplo, o carvalho, o salgueiro, a macieira, entre outras. Podemos pensar, também, na Árvore do Conhecimento e na Árvore da Vida narradas em Gênesis e Apocalipse, bem como na cruz de Cristo, na Árvore Sephirótica, em Yggdrasil, no cedro libanês. Em menor escala, no cajado de Aarão, do Bom Pastor ou no Opaxorô de Oxalufã. A simbologia da árvore é grande e passa em quase todas as culturas.

Conta um mito que, em certa época, as mulheres de uma aldeia não mais estavam gerando filhos; uma onda de esterilidade assolava o povoado. Foi então que as anciãs falaram que todas as desejosas de filhos procurassem a ajuda de Irôko, pois ele sabia de tudo, era poderoso e teria uma solução a dar.

As mulheres da aldeia, então, se puseram em círculo ao redor da grande árvore, todas de costas para não correrem o risco de olhar de frente para o Orixá e enlouquecerem, pois quem olha diretamente nos olhos de Irôko vê tudo que ele viu desde a criação e, por não suportar, enlouquece e morre. Assim que começaram a clamar, a árvore quis saber o que ganharia em troca de sua magia, e as mulheres, na maioria casadas com agricultores, prometeram os frutos da terra, na primeira colheita após o parto. Porém, uma delas, mulher de um artesão, por não saber o que oferecer, prometeu seu próprio filho como forma de agradecimento. Ela foi para casa e contou o ocorrido ao seu marido, que lhe disse que não poderiam dar seu filho como dádiva, pois seria o seu primeiro.

Depois daquele dia, meses à frente, nas casas não cabia tanta alegria, muitas mulheres anunciavam que estavam grávidas e o povo da aldeia estava em festa. Por volta dos nove meses depois do ritual de súplica, os bebês começaram a nascer, e, logo em seguida, na primeira colheita, os pés de Irôko estavam cobertos de oferendas. Havia milho, inhame, frutas, bichos de caça, mas não tinha o bebê que fora prometido. Os pais não conseguiram cumprir a promessa de entregar a criança, tamanho era o amor que sentiam por ela. O tempo passou e a mãe nunca mais chegou perto da árvore; sempre vigilante, nunca deixava a criança também se aproximar dela.

Um dia, quando a mulher estava andando pela estrada, o Espírito que habitava a árvore se apresentou à sua frente. Em desespero, ela se prostrou e colocou o rosto no chão, em sinal de respeito, mas também para se proteger. De nada adiantou a reverência, pois, como castigo pela falta de palavra, Irôko a transformou num pássaro, que de sua copa jamais poderia sair.

O tempo passou e o artesão procurou por toda parte sua esposa desaparecida. Um dia, passando perto do Irôko, ele ouviu o lamento de uma ave que cantava sobre a dor de uma promessa não cumprida. O artesão logo entendeu que se tratava de sua mulher e pôs-se a pensar como poderia pagar a promessa feita anos atrás. Foi aí que decidiu ir à floresta, onde pegou um tronco de Irôko e esculpiu uma cópia de seu filho. Logo que terminou a obra, correu aos pés da grande árvore e, com cânticos de louvor, entregou o menino de madeira em meio àquelas raízes frondosas. Irôko gostou muito do presente, pois tinha recebido o menino que tanto esperava. E mais, aquele menino era sempre alegre e sorridente, não tinha medo de olhar nos olhos de Irôko, não perdia a razão quando ele o fitava. A alegria do deus foi tanta que ele quebrou o feitiço sobre a mulher.

Depois daquele dia, a família enrolou um grande laço branco no tronco da árvore, levou oferendas, cantou e dançou em volta de Irôko, que ficou feliz e satisfeito. A sabedoria ancestral diz que o Tempo dá... o Tempo toma!

Um aspecto a ressaltar é quanto à impossibilidade do confronto direto do ego com o inconsciente, assim como olhar nos olhos de Irôko. O conteúdo arquetípico sempre se manifestará por símbolos que são veículos de expressão e anteparos para a grande carga de energia psíquica representada neles. O diálogo com os conteúdos inconscientes sempre abriga um risco para o ego, pois, caso não esteja adequadamente estruturado, pode cindir em estados psicóticos.

Como paralelo mítico do perigo em olhar para Irôko, podemos lembrar a narrativa de Êxodo quando Moisés queria ver Javé e este se negou, pois quem o visse diretamente morreria. Javé colocou Moisés em uma fenda na rocha e passou adiante para que Moisés somente o visse pelas costas em condição segura. Outra narrativa mítica diz que Sêmele quis ver Zeus, seu amante, em toda a sua grandeza. Como ele havia prometido satisfazer seu pedido antes mesmo de saber qual seria, não teve alternativa a não ser se mostrar. Sêmele, então, foi fulminada!

As cores usadas no culto a Irôko são o marrom e o branco, intercalados. O marrom é um tipo do axé preto, ligado ao mistério, ao que acontece de forma oculta, dentro. O branco fala da ligação da divindade com a Ancestralidade, com os primórdios da criação. A saudação a Irôko diz: ele quebra o vento, e tudo se acalma...

5.17 Ossaim, o dono das folhas

Orixá que rege o reino vegetal, é o detentor do segredo de todas as folhas. Para o povo bantu, o Inquice que tem poder sobre esse elemento é chamado Katende, e Agué seria o Vodun dono do mistério dos vegetais.

Conta-nos um mito que, nos tempos antigos, no princípio da Criação, Ossaim detinha sob sua guarda todas as folhas criadas por Olorum. Ele as guardava numa grande cabaça que ficava dependurada nos galhos da árvore de Irôko, a sua morada, e sempre que alguma divindade precisasse usar o poder das ervas tinha que pedir a ele que lhe desse o vegetal. Mas Ossaim nem sempre estava ali, ou, em outros casos, levava muito tempo procurando a folha solicitada. Além disso, as ervas precisavam ter seu poder despertado por rituais feitos por ele.

Um dia, insatisfeitos com tal situação, os outros Orixás se reuniram para pensar juntos uma forma de acabar com o monopólio de Ossaim sobre todas as plantas. Foi então que Xangô deu uma possível solução, e todos concordaram. No dia acertado, todos os deuses se posicionaram aos pés da casa de Ossaim, chamaram-no e pediram que ele desse a cada um deles um punhado dos vegetais que existiam. Ele então calmamente retrucou que Olorum mesmo tinha lhe dado esse domínio e que não seria possível tal atitude.

Nesse momento Iansã, balançando as saias, chamou os seus ventos e ordenou que sacudissem a árvore. Foi aí que a cabaça, recipiente das ervas, escapuliu dos galhos e caiu no chão, espalhando todas as folhas. Nessa hora cada Orixá correu e catou para si algumas delas. Executado o plano, todos foram embora correndo, e Ossaim desceu do pé de Irôko, chorando e clamando pelo Criador.

Enquanto colhia as poucas folhas que restaram sobre o chão, Olorum se fez presente em sua frente e lhe disse que não ficasse triste, pois só ele sabia como acordar o poder das ervas, e que, mesmo cada um tendo levado um punhado dos vegetais, todos teriam que voltar e clamar ao senhor das folhas que as despertasse. *Kò sí ewé, kò sí Òrìṣà!* (lê-se: Kô si euê, kô si Orixá!) – Se não tem folha, não tem Orixá! Nessa narrativa está bem evidente a conexão mágico--simbólica do sistema religioso de matriz africana com a natureza e suas estruturas, e a natureza ecológica deste.

Algumas vertentes afirmam que Ossaim não teve uma mãe, que foi criação direta de Olorum; outras o tratam como filho de Nanã, irmão de Obaluaê, Oxumaré e Euá. Ele não gerou filhos nem teve esposas, é um símbolo da interiorização e da castidade. Orixá de poucos contatos, encontrou Oxóssi perambulando pela mata, deu-lhe um unguento, que o enfeitiçou, e o levou para dentro das profundezas da floresta, onde lhe ensinou muito sobre magia e medicina. A Ossaim é associada a função de farmacêutico, boticário e criador de filtros mágicos.

Alguns mitos dizem que ele anda na companhia de um anão de uma perna só, que usa gorro e fuma cachimbo de casca de caramujo chamado Aroni. Ossaim tem uma forte ligação com as Iami Oxorongá, as mães ancestrais e feiticeiras, tanto que está sempre ladeado pelo pássaro Opere, símbolo do feminino. Tanto o pássaro quanto a árvore são representados no seu principal instrumento simbólico de culto: uma haste de metal central, em cuja ponta existe um pássaro, rodeada por outras seis setas. Essas hastes representam os galhos das sete árvores sagradas para as feiticeiras. As setes árvores sobre as quais seus pássaros descansaram. O instrumento pode ser ligado à simbologia do número sete: na astrologia, temos os sete planetas visíveis a olho nu na astrologia e o candelabro de sete braços do judaísmo.

Suas cores no culto são o verde e o branco; o verde, como qualidade do axé preto, confirma sua ligação com a terra, elemento essencial para a geração da vida vegetal; por outro lado, o branco, representativo do axé de possibilidade, o liga diretamente às árvores e ao princípio da criação, reforçando a tese de que ele teria sido criado pelo próprio Olorum. Ossaim é aquele que pelo mistério produz a cura, a nova chance de continuar a viver! *Ewé o asà!* – As folhas, elas nos protegem e sustentam! Ossaim apresenta os mistérios curativos das ervas e plantas, o que o aproxima de uma das qualidades do xamã.

Um mito sobre Ossaim conta que ele era um excelente curador, um andarilho que, por onde passava, realizava feitos fantásticos com sua medicina. Nesse tempo, Xangô caiu muito doente e nem um dos boticários de seu reino dava uma solução para sua doença. Foi aí que chegou aos ouvidos de sua corte que o grande feiticeiro Ossaim estava pelas redondezas. Quando o curador foi levado à presença do rei, este lhe prometeu muitas riquezas e um lugar na corte, se debelasse aquela moléstia. E, mais que de pronto, Ossaim começou a trabalhar no remédio.

Xangô tomou a beberagem e, no dia seguinte, o rei estava em pé e cumpriu sua promessa, dando ao andarilho um abrigo, um lugar na corte, muitos agrados, além de nomeá-lo boticário oficial do reino.

O tempo passou e a fama de Ossaim aumentava. Todos na cidade que sentiam qualquer desarranjo na saúde o buscavam, saudavam-no e exaltavam a sua habilidade como curador. Ossaim nem falava mais no nome do rei, estava tão orgulhoso de si que não fazia referência ao que lhe foi dado por Xangô, entrando na *hybris*. Toda a fama do feiticeiro começou a incomodar o monarca e sua vaidade. Como alguém podia ser mais afamado no reino do que o rei?

Um belo dia, Ossaim estava no alto de um monte colhendo ervas para seus preparados quando Xangô mandou um raio para fulminá-lo. Porém, o raio não o matou; cegou seu olho esquerdo, arrancou sua orelha direita, decepou seu braço esquerdo e a perna direita. A partir desse dia, Ossaim deixou o castelo de Xangô e voltou para a floresta, onde raramente é encontrado. Ele passou a ser louvado como aquele que mora na árvore. O senhor de uma perna só, que corre mais do que quem tem duas.

Mais uma vez encontramos um resultado catastrófico como consequência da *hybris* dentro da mitologia de matriz africana. A empáfia de Ossaim se assemelha, psiquicamente, à negligência ou à negação da importância dos conteúdos do si-mesmo, por parte do ego. Jung afirmava que sempre que a consciência tenta se sobrepor ao inconsciente de forma opressiva, recusando as mensagens do si--mesmo que alertam para o desequilíbrio da psique, a manifestação do sintoma ocorrerá, até mesmo como somatização, como se um raio enviado da mais profunda região do inconsciente acertasse o corpo, com o intuito de conduzir o ego à sua justa medida, restabelecendo a proporção ego-si-mesmo. Ossaim passa a ter um membro amputado de cada lado do corpo, sendo obrigado a se reestruturar dentro dessa nova realidade, reequilibrando-se. Negar o rei assemelha-se ao afastamento do eixo ego-si-mesmo, e isso pede reparação.

5.18 Oxalá, o pai, velho e sábio

A divindade mais respeitada e querida dos cultos de Orixá. Oxalá ou Obatalá é o pai criador dos homens, o rei do pano branco que é "inabalável em sua autoridade e extremamente generoso em sua sabedoria" (Ligiéro, 1993, p. 102). É a representação do poder fertilizante masculino, sendo o seu elemento, no corpo humano, o sêmen. Os dois aspectos mais conhecidos são o jovem e guerreiro Oxaguiã e o velho e sábio Oxalufã. Este último sempre se apresenta vestido de branco e, encurvado sob o peso dos anos, apoia-se em um cajado de prata, o Opaxorô. Dentro dos terreiros de nação jeje, essa energia é chamada de Lissá Abuké e, para o povo bantu, Lembárenganga é o dono do branco e quem carrega o peso do tempo. Apesar de sua sabedoria e bondade, ele apresenta aspectos de teimosia e arrogância de seu poder, e um de seus mitos narra sobre isso. A face jovem dessa energia para o povo bantu é o Inquice *Nkasute*.

Certo dia, Oxalá resolveu visitar Xangô, rei de Oyó. Ele consultou um babalaô para saber como seria a viagem. O babalaô lhe advertiu para não seguir no intento, pois a viagem seria terrível e acabaria mal. Mas, como Oxalá é muito obstinado, resolveu fazer a viagem assim mesmo. Então o babalaô disse que, se ele não quisesse perder a vida durante a viagem, deveria fazer tudo o que lhe pedissem e não reclamar das consequências que viriam. Além disso, deveria levar três mudas de roupa branca e uma barra de sabão da costa. Assim procedendo, Oxalá partiu. Logo de início, encontrou Exu Elepô (Exu do azeite de dendê) sentado à beira da estrada com um barril de azeite de dendê. Exu saudou Oxalá e pediu sua ajuda para pôr o barril nas costas. Este logo se prontificou, e então Exu virou todo o azeite sobre ele, que ficou sujo de dendê. Exu gargalhava e zombava de Oxalá, que não reclamou e foi lavar-se no rio e trocar de roupa. Deixando a roupa suja no rio, seguiu viagem e encontrou ainda Exu Aladi (Exu dono do óleo do caroço do dendê). Atendendo a mais um pedido de ajuda, sujou-se com o óleo amarelado. Oxalá, então, trocou-se no meio dos arbustos, botou sua última muda de roupa limpa, deixou as vestes sujas para trás e seguiu viagem. Por fim, mais perto que longe de chegar ao seu destino, encontrou Onidú (Exu dono do carvão) suplicando por ajuda. Sem poder se negar a nada, deu apoio ao andarilho, mas o saco de carvão abriu-se e sujou a roupa imaculadamente limpa do Senhor do Branco. Rindo muito, Exu nem olhou para trás e sumiu estrada afora. O que mais se podia fazer? Oxalá apressou os passos, ansioso por um bom banho e vestes novas.

Entrando no reino de Xangô, encontrou um cavalo que ele mesmo havia presenteado ao rei tempos atrás. O animal estava perdido e Oxalá resolveu levá-lo de volta. Estava a caminho quando os servidores de Xangô o encontraram e, tomando-o por um ladrão, aprisionaram-no, lançando-o no cárcere, nas masmorras abaixo do palácio. Após esse fato, não mais choveu e as ervas e animais, bem como as mulheres, tornaram-se estéreis. Além disso, as doenças campearam pelo reino, que, durante sete anos, foi devastado. Inconformado com tal situação, Xangô chamou um babalaô e pediu que lhe dissesse o que estava ocorrendo. Então, o babalaô informou que um velho inocente estava preso nos porões do palácio. Xangô indignou-se com tal injustiça e chamou o velho à sua presença. Sua indignação foi maior quando reconheceu Oxalá, o rei do pano branco. Então mandou que todos do povo se vestissem de branco em homenagem e respeito a ele, inclusive as suas esposas Iansã, Obá e Oxum, bem como sua mãe Iemanjá; e que os serviçais trouxessem água do rio para banhar o senhor do pano branco. Todos deveriam ficar em silêncio e contrição para que ele perdoasse tão grande ofensa. Oxalá perdoou a todos e o reino de Xangô voltou à harmonia. *Êpa, Baba*! Salve o Pai! (Verger, 1986). O axé branco, em sua plenitude, traduz a energia de possibilidade, de tendência, do que aspira à ascensão. É a cor do *albedo*, etapa alquímica que representa o estado ideal, a separação entre matéria e impureza, o ponto de partida para a ação porvir.

Nesse mito temos a origem da festa das águas de Oxalá, ou a lavagem da Igreja de Nosso Senhor do Bonfim em Salvador. Igualmente temos os passos que guiaram o sincretismo de Oxalá com Jesus Cristo. Ele é o criador e pai dos homens. Empreendeu uma viagem e foi atormentado pela zombaria de Exu três vezes, foi condenado e preso injustamente, saiu da prisão após sete anos e perdoou os seus algozes. Jesus é também Deus criador; encarnou-se e foi tentado pelo diabo nos quarenta dias que esteve em jejum no deserto, foi condenado e morto, saindo do sepulcro três dias após sua morte, e igualmente perdoou todo o mundo.

Podemos associar esse caminho ao processo de iniciação e aos ritos do deus Mitra, bem como aos mistérios de Elêusis. Em primeiro lugar, o ego resolve empreender a viagem, mesmo sendo advertido dos perigos. Há uma certa arrogância e superioridade nessa atitude do ego, que em breve deixaria sua postura de rei no embate com a sombra. O ego segue no caminho apoiado em sua identificação com a persona e defronta-se com a sombra, na figura dos três Exus ao longo do percurso. Eles despejaram em Oxalá os elementos que lhe são polares (as cores amarela, preta e vermelha, respectivamente). Oxalá só usa branco, ele é o rei do pano branco! Nesse encontro, a sua majestade e sua identificação arrogante com a persona foram jogadas por terra, ou melhor, lavadas e despachadas no rio. Em seguida, o ego é lançado em um estágio chamado "noite escura da alma" por São João da Cruz, a entrada nos mistérios do mundo inconsciente, correspondente à prisão de sete anos. Vencida a prova sem reclamar, e sem retornar, o ego encontra a volta ao mundo da luz, na retirada e exaltação posterior. Xangô ordena que seu general, chamado Airá, retire Oxalá da prisão e, juntamente com as ayabás (deusas), restitui-lhe o poder e o purifica em um banho salutar. A saída do ego desse estágio inconsciente é seguida de um batismo, um novo nascimento pela água. Ao final do mito, Oxalá retorna ao seu reino auxiliado pelo chefe da guarda de Xangô. Quando o ego retorna desse processo de iniciação, ele traz para a consciência conteúdos muito importantes para a ampliação psíquica e estabelece o eixo ego si-mesmo, aqui representado pela presença de Airá, que volta com Oxalá.

No mesmo contexto simbólico de Oxalufã, temos Oxaguiã, Orixá do branco, assim como o mais velho, mas que precisa do ferro, ligando-o à terra, para forjar suas armas de guerra. Um de seus epítetos é *Ajagunã* (*a* = aquele; *jà* = lutar; *ọnà* = caminho); evidencia seu caráter belicoso, que contrasta com a calmaria e lentidão de Oxalufã. Essa força guerreira ligada ao ar, dentro de jeje, é chamada Lissá; no bantu, Nkasuté Lembá tem essa responsabilidade. Oxaguiã sintetiza a união de dois polos, ar e terra, sendo a unidade dual. Tem uma natureza pautada na ambiguidade e na oscilação. Suas cores são branca e azul-escura, axé branco e axé preto, polares e complementares. Ele é chamado Elejibô, o senhor da cidade de Ejibô. Seu nome significa a divindade que come inhame pilado. Ele carrega uma mão de pilão entre seus instrumentos, é companheiro de Ogum e de Oxóssi, sendo ligeiro nas ações e lento nos pensamentos. *Êpa Ajagunã*! Salve o guerreiro do caminho!

Outro mito reporta a dinâmica entre os princípios de mudança e estabilidade de todas as coisas. Conta-se que certa vez houve uma grande discussão entre Exu e Oxalá para se saber quem dos dois era o mais importante. Como não se chegava a uma conclusão, optaram por um desafio. Oxalá atacou primeiro, deixando Exu com corpo de anão, mantendo sua cabeça grande. Exu, sacudiu-se e voltou ao normal. Em seguida Exu pegou de sua cabacinha um pó branco e soprou sobre Oxalá, que imediatamente ficou branco, e tentou de todas as maneiras voltar à sua cor original, mas não conseguiu. Todos riam e louvavam Exu como mais poderoso. Então, Oxalá tirou do alto de sua cabeça seu axé e tocou os próprios lábios, ordenando a Exu que lhe entregasse sua cabacinha de feitiços. Exu não pôde resistir à ordem de Oxalá e rapidamente lhe entregou a cabacinha de feitiços que Oxalá enfiou dentro do saco da criação que estava em suas mãos. Estava terminado o desafio, Oxalá era rei! Estava clara sua superioridade, não pela força, não pela magia, mas pela autoridade de sua palavra (Prandi, 2001b; Verger, 1986).

A alternância entre desestruturação e estabilidade ou, como apontam pesquisas da nova astrofísica, matéria e antimatéria deve servir para o movimento sem perder a estabilidade. Assim, um ponto a mais deve ser estável, a estabilidade deve ser pouca coisa mais potente que a desestruturação para que haja um universo possível. Na psique, toda possibilidade de desestruturação de partes ou relações deve ser submetida à função estruturante do si-mesmo, para que se mantenha a estabilidade da psique.

Esse breve relato e análise mítica dos Orixás mais cultuados em nosso meio deve ser entendido como uma introdução às possibilidades de elaboração psicológica contidas nestes mitos. Cada um dos Orixás aqui expostos merece, por si só, um trabalho de investigação e análise mais aprofundado, mas esse não é o intuito desta obra, que pretende despertar no leitor maior interesse para a rica simbologia afro-brasileira.

Esperamos ter contribuído para uma reflexão mais aprofundada da potencialidade arquetípica dos Orixás.

6 A dimensão mítica na jurema sagrada e na umbanda

O encontro de tradições religiosas de raízes e povos diversos no processo de colonização do Brasil possibilitou a construção e o desenvolvimento de diferentes tradições religiosas. A hibridização entre elementos simbólicos e ritualísticos com base nas tradições indígenas, cristã europeia e africanas criaram expressões religiosas diferenciadas e que, partindo de tradições diferentes, formaram sua própria tradição mítico-espiritual.

Vamos apresentar em primeiro lugar a jurema sagrada, provavelmente um movimento que influenciou e, posteriormente, recebeu influência da umbanda.

6.1 Salve a jurema sagrada

> Oh jurema encantada, que nasceu do frio chão,
> dai-me Força e Ciência, como deste a Salomão.
> Salomão bem que dizia, aos seus filhos juremeiros...
> para entrar nessa jurema, médium, peça licença primeiro!
> Salomão bem que dizia, aos seus filhos juremados...
> para entrar nessa Ciência, médium, é preciso ter cuidado!
> Oh jurema encantada, mas quem foi que te encantou?
> Foi a mão de Jesus Cristo, quando nesse mundo andou.
> Dizem que a jurema amarga, mas para mim é um licor,
> a jurema dá Ciência, por ordem de Nosso Senhor!
> A jurema bota vagem, a jurema bota flor,
> a jurema com seus frutos, aos seus filhos alimentou.
> Pelo leite da jurema, pelo sol que vai raiar,
> dai-me forças, Jesus Cristo, para a Cidade eu abalar.
> (Canto da liturgia da jurema)

Segundo Roger Bastide (apud Prandi, 2001), o catimbó se origina do encontro da pajelança e do catolicismo popular somados a ritos angola-congoleses (Cacciatore, 1977). A prática religiosa indígena está fortemente arraigada na natureza, como o uso de fumo e do sumo de plantas sagradas que proporcionam a cura e colocam o pajé em contato com o mundo espiritual. No ritual do catimbó, ao contrário da pajelança, a fumaça não é aspirada, mas sim soprada sobre os doentes e consulentes, e a possibilidade do contato com o mundo espiritual advém da ingestão da bebida sagrada, seja a ayahuasca, seja a jurema. O termo catimbó deriva do tupi, em que *caá* = mato, folha e *timbó* = venenoso (Cacciatore, 1977).

A jurema é um vegetal arbustivo, encontrado na zona da Mata e no sertão nordestinos, além de colonizar muitos outros ambientes. A jurema preta (*Mimosa tenuiflora*) é o tipo mais comum usado no culto da espécie acácia jurema. É uma árvore considerada sagrada e tem o seu uso difundido entre os povos indígenas originários do Nordeste, desde tempos imemoriais. O vegetal tem ação cicatrizante, antimicrobiana, analgésica e febrífuga e a madeira é extremamente resistente, usada para fazer mourões de cerca, carvão vegetal de alta rentabilidade, móveis e construções.

Uma narrativa do preparo da jurema é relatada por Bastide (apud Prandi, 2001): a raiz é raspada e lavada, macerada entre pedras e colocada em uma vasilha com água, para então ser espremida. Deixada na vasilha, a água se torna uma calda vermelha e espumosa que, após se retirar a espuma e baforada pelo cachimbo, está pronta para se beber.

O culto à jurema sagrada ou juremá, também chamado de catimbó, é característico e bem fundamentado e concentrado em algumas partes da região Nordeste. A saber, a porção norte de Sergipe, Alagoas, largamente em Pernambuco e Paraíba e em parte do Ceará. Nas demais regiões onde se encontra a celebração a esse conhecimento certamente houve migração de adeptos oriundos das terras supracitadas. A integração das tradições simbólicas indígenas com as do catolicismo popular e africanas foi promovida pela própria similaridade simbólica politeísta presente nessas tradições.

Obviamente, a atribuição de planta sagrada, com o nome de acácia, foi dada pelos europeus, mas curiosamente esse vegetal já tinha uma simbologia no Velho Mundo. Em Ex 37,1-4 é dito que a Arca da Aliança determinada por Moisés foi construída de madeira de acácia revestida de ouro, assim como a tradição diz que a coroa de espinhos de Jesus foi trançada com espinhos dessa árvore. Também na tradição maçônica um ramo de acácia foi plantado sobre o mestre construtor do Templo de Salomão original, chamado Hiram. Provavelmente a presença de Salomão no catimbó ou jurema teve influência da colonização holandesa do Nordeste brasileiro, e com a fundação da primeira sinagoga brasileira.

A acácia representaria um símbolo solar de morte e renascimento. Para os bambaras, o espinho da acácia foi a origem do zunidor, uma placa de madeira com um barbante cujo movimento produz som forte; entre os apaches, o xamã faz vibrar esse instrumento para fortalecer seu poder. Igualmente, entre os hindus, a acácia era usada em rituais religiosos. Portanto, diversas culturas a associavam a valores religiosos, divinos, solares e de triunfo (Chevalier & Gheerbrant, 1990).

Diz uma lenda que a jurema era uma árvore como outra qualquer até entrar em contato com Jesus. Conforme narrado, no episódio bíblico em que José e Maria tiveram que fugir para o Egito, salvando Jesus da matança promovida por Herodes, por uma ocasião em que os soldados romanos estavam bem perto da família, Maria escondeu Jesus no pé de uma acácia para que os soldados não o encontrassem. Em contato com o corpo vivo e sagrado de Jesus, a árvore adquiriu poderes divinos (Bastide, apud Prandi, 2001a).

Além de todos os benefícios medicinais e práticos, é uma planta enteógena, ou seja, guarda emanações do Sagrado em seu interior. A jurema é um vegetal completo. O extrato das cascas e raízes frescas tem uma substância psicoativa, o DMT (N, N-dimetiltriptamina), responsável por desbloquear algumas funções cerebrais e ampliar a sensibilidade do corpo, facilitando assim o contato com energias mais sutis.

> Jurema é um pau encantado,
> é um pau de Ciência,
> que todos querem saber...
> Mas se você quer jurema...
> Eu dou jurema a você!
> (Cântico da jurema)

A divinização do vegetal está intimamente entrelaçada ao culto de diversas entidades espirituais ligadas direta ou indiretamente à árvore. São os chamados Encantados das Cidades do Juremá.

> A ingestão da jurema permite ao descendente do pajé viajar pelo mundo sobrenatural, que é concebido como um outro mundo natural, com seus reinos encantados, que se subdividem em estados, e esses por sua vez, em cidades. Cada cidade, que é a unidade menor desse país de sonhos, tem três senhores para dirigi-la, isto é, três espíritos (Bastide, apud Prandi, 2001a, p. 150).

Aqui podemos ver a amplitude da dinâmica do ritual, na qual o ego é submerso na diversidade de aspectos e princípios simbólicos, o conglomerado de complexos presentes no contexto do inconsciente que, por meio do ritual, é visitado pela consciência.

Algumas histórias dão conta de homens e mulheres que tiveram seus sepultamentos feitos aos pés de uma jurema ou no entorno de um juremal. Outros passaram um determinado tempo à sombra da planta e ali se iluminaram. Outros ainda, como os donos da Terra, os povos originários a quem chamamos Caboclos, usavam a jurema para seus rituais mágicos e místicos.

> Caboclo bebeu jurema, Caboclo se embreagou...
> Com a raiz do mesmo pau, o Caboclo se levantou!
> (Cântico da jurema)

O Povo da Matas, como também são chamados os Caboclos, são os espíritos responsáveis pela guarda e distribuição dos segredos das plantas e ervas curativas. Donos de uma sabedoria ancestral profunda, atuam em curas, desobsessões e encantamentos. Apesar de serem uma energia sutil e muitos terem um temperamento dócil, são portadores de uma força descomunal e muito específica; podem se apresentar como Caboclos infantis ou adultos de ambos os sexos. "O nó que um Caboclo dá, só outro Caboclo pode desamarrar..." (sic).

> Caboclinho da jurema, oh salve o seu toré,
> para me livrar das flechas, salve o Rei dos Canindé!
> Rei Canindé, Rei Canindé, salva de palmas pro Rei Canindé
> Rei Canindé, Rei Canindé, salve a coroa do Rei Canindé!
> (Cântico da jurema)

Na constituição dessa expressão religiosa encontramos elementos europeus como a magia e o culto aos santos católicos, além de elementos africanos como o culto a Orixás e o uso do sacrifício animal em algumas casas (Brandão & Rios, apud Prandi, 2001a).

Outras relações entre os cultos ameríndios e os símbolos europeus trazidos durante o processo de colonização podem ser vistas nos nomes usados por algumas entidades. O Caboclo Sultão das Matas, por exemplo, carrega em seu nome um título ligado a culturas do Oriente Médio.

> Olha a palha do coqueiro, olha lá...
> Se meu Caboclo for embora, eu vou buscar.
> É no aê ê ê. É no aê ê á...
> Oh Sultão da Mata arreia, oh Sultão da Mata arreiá.
> (Cântico da jurema)

Alguns pontos cantados, trazidos por certas linhas de Caboclo, fazem referência aos locais de origem de tais entidades, como é o caso dos Caboclos da linha Ororubá.

> Soprei minha gaita pra cima Caboclo, soltei minha flecha no ar
> Ororubá, Ororubá, salta Caboclo com o Rei Ororubá.
> Ororubá, Ororubajé, salta Caboclo na ponta do pé.
> (Cântico da jurema)

> Quando o cacique me chama, ligeiro eu chego lá...
> E levo os índios guerreiros, os índios guerreiros do Rei Ororubá!
> (Cântico da jurema)

A Serra do Ororubá fica localizada no município de Pesqueira, no agreste do Estado de Pernambuco. É uma região habitada pelos povos indígenas da etnia Xucuru de Ororubá, que descende do povo tarairiú, que existia em grande número até o século XVIII. O nome desse povo tem ligação com o pássaro uru, que é considerado sagrado para os indígenas, e com o ubá, uma árvore igualmente digna de culto, dentro da mata.

> Cabocla de pena, de pena de uru,
> seu manto é verde, seu penacho é azul...
> (Cântico da jurema)

A partir dessas informações, confirmamos as origens do culto de jurema como sendo essencialmente vindo dessa parte do Nordeste. Podemos notar a amplitude simbólica e sagrada de elementos como a árvore e o pássaro em várias culturas e tradições, representações do materno ancestral, do *axis mundi,* eixo que conecta dois mundos, e do Espírito que transita livremente entre céus e terra.

Além do Povo das Matas, que são dignos de serem louvados, também são chamados Mestres e Mestras, espíritos que, incorporados em seus médiuns, têm lições a dar, missões a cumprir, junto aos que ainda estão sobre a Terra.

> Senhores Mestres do outro mundo, licença queiram me dar
> para eu vir afirmar meus pontos, aqui na mesa real.
> Com Deus eu venho afirmando, com Deus eu vou afirmar.
> Limpando com a jurema, retirando com o vá jucá
> chamando os Senhores Mestres, aqui para trabalhar.
> Quem tem Mestre na jurema, tá na hora de arriar,
> quem tem Mestra na jurema, tá na hora de arriar.
> (Cântico da jurema)

Essas falanges têm espíritos de diversas ordens, desde aqueles que tiveram uma vida mais boêmia até os curadores e mesmo médicos, como nos casos de Mestre Manoel Cadete e Mestre Carlos.

> Pau de jurema, quem te cortou?
> Foi Manoel Cadete, Mestre curador!
> Tanto cura com a rama, quanto cura com flor...
> Ele é Manoel Cadete, Mestre curador!
> (Cântico da jurema)

> Mestre Carlos é bom Mestre, que aprendeu sem se ensinar.
> Sete dias passou deitado, no tronco do juremá...
> Quando se "alevantou", tava pronto para trabalhar.
> (Cântico da jurema)

Esse cântico traz o fato da iluminação ou aprendizado da ciência da jurema a partir do período de sete dias sob a árvore, uma narrativa que nos remete à iluminação de Sidarta Gautama sob a árvore Bodhi, tornando-se o Buda. Outra referência é quanto ao número de dias, uma semana; simbolicamente, aprendeu a sabedoria dos sete planetas visíveis, que estão presentes na astrologia ancestral, no Menorá judaico e no mito de criação em Gênesis. Tradicionalmente se atribui a dominância de cada um desses sete planetas aos dias da semana.

O culto aos vegetais dentro do juremá inclui também o angico (*Anadenanthera colubrina*), do qual se usa, ritualmente, a casca, e o jucá (*Caesalpinia ferrea*) – chamado vá jucá, corruptela de vagem jucá – que tem na vagem o objeto de adoração. Temos na imagem desses três vegetais, simbolicamente, o ternário sagrado.

> Oh imburana de cheiro, do angico ao vá jucá...
> Tô, tô na jurema, tô tô juremá!
> Eu vou chamar Senhores Mestres, para eles "me ajudar"...
> Tô, tô na jurema, tô tô juremá!
> (Cântico da jurema)

A fumaça dos charutos e cachimbos, assim como o álcool, são comumente usados como catalisadores de energias, nos trabalhos feitos pelos Senhores Mestres. São a forma mais próxima da materialidade, para manipular as energias mais densas no mundo físico.

> Eu mandei ver, mandei buscar,
> vai-te fumaça pra onde eu mandar!
> A fumaça que eu tinha espalhou-se no ar,
> vai-te, fumaça, pra onde eu mandar!
> (Cântico da jurema)

Alguns autores atribuem o termo Mestre ao equivalente a médico ou feiticeiro de origem mestiça, que teriam se encantado ou se iluminado ao morrer, ou se iniciado antes da morte como Mestre Inácio e Maria de Acais. Cada um está ligado a uma planta de ciência (espécie vegetal), e responsável por um campo de atividade. Os Mestres recebem oferendas de bebida, fumo e comidas; as Mestras também, além de presentes como leques e bijuterias. Algumas Mestras morreram virgens e ganharam o título de princesas, como a Mestra Laurinda e a Princesa Catarina (Brandão & Rios, apud Prandi, 2001a).

Dentro da linha dos Mestres, existem aqueles que são boêmios, mais dados à malandragem, mas não menos responsáveis e trabalhadores. O álcool da cachaça acaba sendo veículo para tinturas e beberagens, preparadas para ajudar no tratamento de perturbações do organismo, junto com folhas, cascas e raízes de ervas sagradas.

> Sibamba é beberrão, mas sabe "trabalhá",
> com seu garrafão de pinga, tomba aqui, cai acolá!
> Oh Sibamba nas sete ramas escorrega,
> quem não sabe andar, leva queda!
> (Cântico da jurema)

As Senhoras Mestras têm nas áreas da saúde e do amor sua grande atuação. São boas benzedeiras, rezadeiras e conselheiras sentimentais. Seus pontos cantados geralmente trazem histórias de amarguras e desavenças nas paixões vividas e caminhos trilhados em suas vidas. Algumas foram, quando vivas, mulheres da boemia, outras morreram castas e foram feiticeiras, parteiras, figuras das mais diversas representatividades. Foram mulheres que vivenciaram todas as faces da vida terrena e, hoje, voltam do mundo espiritual para dar seus recados, beber, fumar e aconselhar seus adeptos e admiradores.

No aspecto masculino da representação espiritual percebemos a atuação em curas, demandas, combates, questões ligadas a empregos. Já o aspecto feminino se direciona ao campo dos envolvimentos afetivos, amorosos, mágicos, dos partos. Caracterizam-se como Logos e Eros na prática popular do aconselhamento aos necessitados, representando forças arquetípicas de *animus* e *anima* no imaginário mítico-religioso da jurema. Esses aspectos serão hibridizados na formulação da umbanda.

Uma das entidades reverenciadas dentro do juremá, na linha das Senhoras Mestras, é a Mestra Ritinha. Contam alguns de seus pontos cantados que ela era uma moça de 15 anos de idade quando já ganhava a vida no mundo como prostituta. Ela frequentava as ruas do antigo centro da cidade do Recife, nas proximidades do Cais do Porto, onde ganhava dinheiro como acompanhante para marinheiros de todas as partes que desembarcavam na cidade. Viveu grandes amores e dissabores.

> Com quinze anos de idade, morava no cais do Apolo,
> gostava de um marinheiro, que se chamava João Soares,
> por causa desse marinheiro, que a sua vida atentou,
> com sete navalhadas no pulso, a sua vida tirou.
> E adeus, adeus, João Soares, hoje ela vive pra Deus,
> mas o culpado disso tudo foi Josué...
> ai de quem prometeu e não me deu,
> olhe pra trás e veja quem sou eu!
> (Cântico da jurema)

> Ritinha era uma filha, por sua mãe adorada,
> por não ouvir os seus conselhos, morreu de sete facadas.
> Confiou-se nas amigas, que lhe levaram à malícia,
> na hora do seu enterro, só se achou foi a polícia!
> (Cântico da jurema)

Dói... dói, dói, dói, dói...
Um amor faz sofrer, dois "amor faz" chorar!
amar a um seria bem melhor,
do que amar a dois, na força do catimbó.
(Cântico da jurema)

A narrativa de Mestra Ritinha é o enredo de histórias reais de muitas garotas em qualquer lugar e ao longo da história. A jovem que se perde por amor é rejeitada e injuriada até o desfecho final de sua morte. Com variações em várias culturas, o risco da vivência do amor e da sexualidade na cultura fundamentalmente patriarcal que determina rígidas normas de conduta às jovens pode levar a finais trágicos. O mito expressa a vida e a tragédia vivida por muitas mulheres e, divinizado, se apresenta como espelho e lenitivo para as fiéis que encontram na Mestra Ritinha um consolo.

Assim como as Mestras, outras figuras de mulheres aparecem dentro da jurema, ligadas às magias e ao que é controvertido, são as Pombagiras. Rainhas das noites, nas encruzilhadas e em cemitérios, são companheiras inseparáveis dos Exus, entidades ligadas às forças da chamada linha de esquerda. Muito se fala sobre Exu e Pombagira como sendo figuras satânicas, ligadas ao mal. Ora, tudo o que é relativo a sexualidade e liberdade provoca incômodos nos mais pudicos. E esse era o cenário, quando essas entidades começaram a se manifestar nas giras de catimbó. Lembramos que a moral cristã relega ao Diabo os aspectos da sexualidade, sensualidade, malandragem e agressividade.

Ainda sob o domínio das classes mais abastadas, ligadas à supremacia branca europeia e cristã, indígenas, negros e mestiços, escravizados ou libertos, criminosos e brancos degredados eram considerados a escória de uma sociedade que se compunha de piratas e aventureiros exilados dos países colonizadores. Um fenômeno comum até nossos dias é uma pessoa humilhada por uma camada social superior humilhar outra que julga inferior a ela, perpetuando a corrente de humilhações. Esse fenômeno social é conhecido como síndrome do pequeno poder. Nesse sentido, os humilhados tendem a humilhar outros para se sentirem superiores de alguma forma. Nesse contexto, a Pombagira surge como uma figura de contraponto, resistência e afronta ao falso moralismo dos dominadores. Vale a pena lembrar que muitas mulheres acusadas de feitiçaria pela Inquisição lusitana foram degredadas ao Brasil, escapando assim da fogueira. E, embora fossem brancas europeias, também eram humilhadas pelas classes dominantes. Muitas histórias e mitos vieram com essas condenadas trazendo o imaginário luso-hispânico de mulheres feiticeiras e devassas, como é o caso de Dona Maria de Padilha e Toda a Sua Quadrilha e Dona Maria da Calha e Toda a Sua Canalha (Meyer, 1993).

> Pombagira é mulher de sete maridos,
> não mexa com ela, ela é um perigo.
> Se duvidar, se duvidar,
> é na calunga que ela vai te derrubar!
> (Cântico da jurema)

A falange de Pombagira é formada principalmente por espíritos de mulheres brancas, negras e pardas que foram escravizadas, agredidas, estupradas, subjugadas de todas as maneiras pelo patriarcado e pelo machismo imperativo da recém-nascida sociedade brasileira. Em vida, foram mulheres que sabiam usar formas de envenenamento por ervas, provocavam impotências em seus algozes por meio do uso imperceptível de pós e feitiços. Esse conhecimento as acompanhava depois da morte e, para cumprir sua missão e ajudar de alguma forma a vida de outras mulheres que passariam pelos mesmos maus-tratos, retornavam espiritualmente, atuando sobre as médiuns e trazendo seus saberes e visões de quem, agora, conhecia também o outro lado da vida.

> Não mexa com ela não, que ela não mexe com ninguém.
> Mas ela é ponta de agulha, senhora dona...

Quando ela mexe, mexe bem!
(Cântico da jurema)

Estais mexendo comigo, seu moço,
sem saber quem eu sou, seu moço.
Não mexa comigo, não,
que eu sou feiticeira, e não tenho coração.
(Cântico da jurema)

Os companheiros ou maridos das pombagiras, os exus, são entidades da noite, ligados a energias telúricas, mais densas. Seus pontos de força são, além das encruzilhadas, os cemitérios, a boca da mata, o mercado. Todos os lugares em que haja fluxo de pessoas e trocas vibracionais. O nome Exu, que passou a ser escrito dessa forma aportuguesada, vem da palavra da língua Iorubá Èṣù – o Orixá dos caminhos. Assim como a divindade Orixá, o exu, cultuado na linha de esquerda, ou linha de rua, também atua nas passagens, ajudando os afetos e atrapalhando os desafetos. Ele funciona como um regulador, um vingador, que tem a possibilidade, que os encarnados não têm, de punir aqueles que um dia desdenharam, agrediram e desmereceram outros seres humanos.

Tava dormindo na beira do mar,
quando as Almas me chamou pra trabalhar.
Acorda, Tranca-Ruas, vai guerrear.
O inimigo tá invadindo na porteira do "currá",
Ponha mão nas suas armas, vá guerrear.
Bota inimigo pra fora, para nunca mais voltar!
(Cântico da jurema)

Nesse cântico podemos observar aspectos da agressividade muitas vezes recalcados na sombra individual de quem é oprimido, independentemente da etnia de origem; bem como representa uma ação mágica de resistência coletiva à opressão social e/ou cultural percebida contra pessoas ou grupos no contexto da cultura brasileira.

Segundo a crença da jurema, dos centenas de milhares de negras e negros que foram trazidos para o Brasil e escravizados, os que escaparam aos maus-tratos e conseguiram morrer de uma morte não violenta tiveram, em espírito, a tarefa de voltar para dar suporte e estimular a força e resiliência dos que continuavam vivos. Essa é a linha das pretas e eretos-velhos. Uma classe de espíritos com energia ligada ao cuidado, ao afeto, à saúde. Muitos de seus pontos cantados rememoram as condições vividas e fazem referência às terras de origem.

> Vovó não quer casca de coco no terreiro,
> que é para não se lembrar do tempo do cativeiro.
> (Cântico da jurema)

> Preto-Velho que veio de Angola, vamos saravá o gongá,
> arreia, arreia, arreia, vamos saravá o gongá.
> Preto-Velho é São Benedito, Preto-Velho é João Serrador,
> Preto-Velho na linha de Congo, saravá Ogum, saravá Xangô!
> (Cântico da jurema)

Nesse cântico é bem evidente a influência da cultura bantu e a explícita referência à Angola como local de origem e, ao mesmo tempo, terra mítica onde vivem os encantados. Igualmente, o imaginário católico popular se manifesta na associação de São Benedito, santo católico e negro, aos Pretos-Velhos.

Outro povo que a jurema reverencia é o povo Cigano. Assim como os Pretos-Velhos, essa falange foi incluída no culto da jurema, a partir de contatos dos indígenas com povos imigrantes do Oriente. A alegria contagiante e a sabedoria adquirida ao longo dos tempos conferem aos ciganos uma energia de leveza e sutileza.

> Eu sou Cigana, sou Cigana do Egito.
> Venho fazendo a limpeza,
> pra meus irmãos se concentrar.
> (Cântico da jurema)

Maria, Maria Cigana, que vem de lá do Egito,
que senta naquelas areias aonde descansam os ciganos.
Com a força de Santa Sara, e do grande Pai Celestial.
(Cântico da jurema)

O imaginário referente ao cigano o localiza nas regiões desérticas que rodeiam o Egito, uma associação aos povos nômades, sejam ciganos ou beduínos, que personificam sabedorias ancestrais além da alegria presente no acampamento cigano. Lembrando que, no início do processo de escravização de africanos no Brasil, um grupo de sudaneses chegou nos navios negreiros a Salvador. Esses africanos eram muçulmanos. Novamente, o acolhimento compensatório em que o grupo humano marginalizado socialmente adquire dimensão sagrada e espiritual por meio da ressignificação do grupo étnico. A capacidade que o culto da jurema tem de sacralizar o excluído socialmente, concedendo uma nova significação coletiva, é notável!

Uma falange de culto específico dentro da jurema é a de Reis Malunguinho. Eram chamados malungos os negros principalmente de nações como Angola e Mina que sobreviviam às travessias do oceano e aportavam nessas terras. Os angolanos eram os negros que mais se opunham à escravização, amotinando-se, fugindo, confrontando as ordens dos senhores de engenho. A organização entre os fugitivos deu origem a vários quilombos, como o de Palmares (o mais conhecido) e o grande quilombo do Catucá, símbolo da resistência dentro do processo de escravatura no Nordeste, mais especificamente em Pernambuco.

Entre Recife e Goiana, englobando zona da mata e litoral, se entendia a Mata do Catucá. A figura de Malunguinho é, na jurema, a única entidade que circula e atua em três diferentes linhas espirituais: na linha de Exu ele é o que mostra os caminhos, que possibilita as passagens, andanças e peregrinações; na linha de caboclo é o grande conhecedor das matas, das folhas e encantamentos; e, por fim, na linha de Mestres, atua nas contendas do dia a dia, desembaraçando situações e orientando seus discípulos.

Malunguinho no mundo é meu braço direito,
Malunguinho no mundo é o braço forte do meu juremá!
Triunfei, triunfei, triunfei, triunfá,
triunfa, Malunguinho, no meu juremá!
(Cântico da jurema)

Que mata é essa, que nela eu vou entrar,
que nela eu vou entrar, com os meus "Caboculinhos"?
É dos Reis Malunguinho, bote estrepe no caminho
para o inimigo não passar!
(Cântico da jurema)

Como explanado anteriormente, a formação de modos e olhares da religiosidade popular no Brasil foi sendo construída e transformada ao longo do tempo. Múltiplas influências se hibridizaram, associando elementos simbólicos do catolicismo popular trazido por portugueses, aspectos da pajelança e dos cultos bantu, inferências trazidas com os holandeses protestantes e judeus colonizadores em referências como Salomão e sultões, bem como a povos nômades e ancestrais divinizados. Toda essa construção foi possível graças à plasticidade do símbolo enquanto potência da psique coletiva que se expressa em imagens diferentes em cada cultura, mas mantém a mesma significação arquetípica, seja como herói, rei, guerreiro, mago ou sábio.

6.2 Entidades da umbanda

Diferente dos Orixás, os Caboclos e demais entidades da umbanda não têm um mito, ou uma história complexa a ser contada. Assim, podemos tentar uma compreensão de sua figura por meio de aspectos da sua personalidade, da letra dos pontos cantados e da história coletiva de cada entidade.

Vamos tentar, em breves palavras, apresentar cada uma das personalidades míticas presentes nos terreiros de umbanda. Sempre é bom lembrar que qualquer tentativa de descrever um fenômeno espiritual ou psíquico não pressupõe a análise e a compreensão total do fenômeno. O que esboçamos é o esforço de deixá-lo mais apreensível para a consciência.

A principal figura da umbanda é o caboclo, representado por um indígena (caboclo de pena) ou um mestiço (caboclo de couro) que geralmente preside a cabeça do médium e é o seu principal guia. Aproxima-se muito da descrição feita pela literatura indianista do fim do século XIX.

Apresenta-se como jovem ou maduro, nunca velho, forte e assertivo, invencível e de aspecto guerreiro. Representa o guia seguro através das florestas espirituais; sempre armado de flechas e lanças, combate o mal e outros espíritos perturbadores; uma bela representação do herói e do *animus*. A cabocla reproduz a mesma característica, acrescida de uma certa feminilidade campestre. Simbolizam aspectos da combatividade e força dirigidas da psique. Caboclos e caboclas associados geralmente à figura do herói, da heroína e do(a) guerreiro(a) conferem autoconfiança e determinação ao ego e, muitas vezes, atuam de maneira compensatória ao ego mais frágil.

Não é incomum encontrarmos pessoas que, no cotidiano das grandes cidades, apresentam uma postura mais temerosa, desvinculada de laços sociais mais significativos e distante de conteúdos inconscientes (natureza ou o humano primitivo). Nesse contexto, como a umbanda é uma religião essencialmente urbana e contemporânea, ela pode oferecer um mapa de realidade cultural e religiosa que favorece a compensação da fragilidade do ego, bem como a ligação com outras subpersonalidades inconscientes e com o ambiente natural.

Como exemplos de nomes das entidades temos os caboclos: Sete-Flechas, Urubatão, Arranca-Toco, Guarani, Aimoré, Tupinambá, Yonuaruê, Pena Verde, Pena Branca, Itapuarê; e caboclas como: Jurema, Iracema, Janaina, Iara e Indaiá. Podemos perceber nos nomes dos caboclos aspectos de força e combatividade, e nas caboclas o aspecto de feminilidade associado à ideia geral do caboclo.

Um ponto cantado do caboclo Aimoré diz:

> Aimoré é um caboclo valente,
> valente aqui ou em qualquer lugar.
> Aimoré mora lá nas matas,
> nas matas do Juremá!
> (*3333 pontos riscados e cantados*, 2006)

Nessa bela poesia podemos observar os aspectos heroicos e combativos atribuídos aos caboclos que têm sua morada nas matas do Juremá, ou seja, na Jurema, cidade mítica e sagrada, como dito acima; assim como Aruanda, outro nome para essa cidade (ou aldeia) sagrada. Da mesma forma, Angola assume essa característica simbólica semelhante a Shangrilá ou El Dorado.

Outro ponto que evidencia a potência do herói é do caboclo Itanhanguera:

> Na mata ou em demanda,
> ele luta e não medra.
> É forte no arco e flecha,
> seu brado racha a pedra!
> (*3333 pontos riscados e cantados*, 2006)

Como exemplo do imaginário das caboclas, altivas e doces guerreiras, temos o ponto cantado da cabocla Jupira:

> Estava em festa,
> toda a floresta estava em festa,
> porque cantou o uirapuru.
> No seu cantar ele veio anunciar,
> Que a cabocla Jupira vai baixar.
> Na terra de Pai Olorum,
> Ela vai baixar pra nos ajudar, ela vai salvar.
> A sua banda, a sua gira,
> saravá, Pai Olorum, saravá,
> acaba de chegar a linda cabocla menina!
> Mas ela tem a beleza que encanta,
> O olhar de uma santa, que nos encanta!
> Jupira linda, cabocla menina,

é portadora de uma mensagem divina.
Ela é, ela é, ela é,
a menina dos olhos do cacique Aimoré!
(*3333 pontos riscados e cantados*, 2006)

A combinação de força, vitalidade e bravura com beleza, meiguice e juventude apresenta a figura de Jupira como uma Diana indígena, a jovem audaz e destemida, gentil e amorosa, personagem de muitos contos e mitos, bem como uma bela representação da *anima*.

Os caboclos podem atuar preferencialmente nas vibrações (ou representações) de Oxóssi (principalmente), Ogum, Xangô ou Oxalá. As Caboclas nas vibrações de Oxum, Iemanjá, Iansã ou Nanã. Sua saudação é *Okê* Caboclo!

Os Pretos-Velhos são, juntamente com os caboclos, os guias ou as entidades mais conhecidas da umbanda. Representam os antigos negros escravizados que, não tendo cumprido sua missão na Terra, voltam para fazer a caridade. Sempre muito velhos e alquebrados, andam com dificuldade e encurvados. Ouvintes pacienciosos, expressam compreensão pelas dificuldades humanas e são ótimos conselheiros. Apresentam uma sabedoria simples e pragmática, sempre insistindo na paciência e resiliência.

Trabalham na vibração da linha das almas, por isso habitam os cruzeiros dos cemitérios, e são bons mandingueiros (ou feiticeiros). Sua força está na sabedoria e na magia, as quais manipulam muito bem. Figura mítica ligada à imagem arquetípica do velho e da velha sábia, semelhante ao mago-mestre nas sagas de Harry Potter e de Frodo Bolseiro, são comumente chamados de vovô ou vovó, tio ou tia, ou ainda pai e mãe. Remetem o ego a aspectos da sabedoria antiga e mágica do inconsciente, e a uma das imagens do si-mesmo. Essa entidade já era presente em várias expressões espiritualistas antes da formalização da umbanda, como visto na jurema.

Como exemplos de seus nomes temos: Pai José de Aruanda, Pai Joaquim, Pai Benedito, Pai Francisco de Angola, Mãe Joana da Guiné, Vovó Quitéria, Vovó Maria Conga. Todos esses nomes fazem menção ao parentesco familiar e carinhoso com essas figuras, além de indicar origens como Guiné e Angola, e sempre com nomes de santos católicos; às vezes, nomes característicos como Vovó Maria Redonda. É curioso notar que o jeito próprio de falar dos Pretos-Velhos (zi fio, zum vai, suncê) é a forma popular do português falado em Angola, na África (Van der Poel, 1988). Sua saudação é: Adorei as Almas!

Neste ponto cantado de Pai Benedito do Cruzeiro:

> Quando ele vem, vem louvando a Jesus,
> vem dizendo que seu pai,
> que seu pai morreu na cruz!
> Ele vem do tempo do cativeiro,
> ele é Pai Benedito do Cruzeiro.
> Ele vem na umbanda saravá,
> porque tem permissão de Oxalá!
> (*3333 pontos riscados e cantados*, 2006)

Podemos observar a relação de Pai Benedito com o Cruzeiro das Almas, ou seja, o cruzeiro do cemitério, o limite entre a vida e a morte, um limiar representado pelas cores de suas velas, pretas na metade inferior e brancas na metade superior, representando dois mundos: dos mortos e vivos, respectivamente. Por terem essa representação, são simbolicamente associados ao Orixá Obaluaê. Essa poesia revela resiliência, paciência e perdão, fazendo referência a Jesus Cristo e sua paixão.

Outro ponto cantado traz a questão da magia ou mandinga dessas entidades. É o ponto cantado do Pai Cipriano da Almas:

> Feitiço, mandinga, quebranto, só ele sabe rezar.
> Sua bengala e seu cachimbo servem pra trabalhar.
> Pai Cipriano das Almas é um velho mandingueiro,
> quando chega na Umbanda, encruza todo o terreiro.

Ele é velho rezador, com seu patuá de valia,
por Deus e Nossa Senhora, nos tira a agonia!
(*3333 pontos riscados e cantados*, 2006)

Nessa poesia a referência aos aspectos de mago e feiticeiro dos Pretos-Velhos está bem evidente, fazendo uma alusão aos milhares de benzedores e benzedeiras que ainda existem no Brasil e pelo mundo. Vovó Maria Redonda também traz poesia e fé católica em ponto cantado.

Fio, se suncê precizá é só chamá a vovó que ela vem te ajudá.
Pense numa estrada longa, zi fio, lá no seu jacutá,
pense numa casinha branca, zi fio, que a vovó tá lá.
Sentada num banquinho tosco, zi fio, com sua rosário na mão,
pensa na Vovó Maria Redonda fazendo oração! (sic)

É interessante notar que, no início dos terreiros organizados como umbanda, por forte presença da devoção católica romana, uma linha que posteriormente foi absorvida na corrente dos Pretos-Velhos se apresentava nas giras. Essa era a linha de Santo ou linha de Oxalá, cujos chefes de falange eram santos católicos. Uma dessas falanges, chefiada por São Francisco de Assis, representava os Semirombas (homens santos ou homens puros). Sua manifestação era apresentada pela incorporação de padres, freiras e monges católicos e seu trabalho era voltado para a cura ou desobsessão (*A umbanda sagrada*, s.d.).

As Crianças são igualmente bastante conhecidas e representam a infantilidade livre e solta de qualquer restrição. Embora sejam crianças travessas, são sempre bem-intencionadas, demonstrando sua força espiritual na inocência infantil. Apresentam-se como crianças de mais ou menos dois a seis anos de idade e brincam à vontade com objetos, doces e entre si. Embora se mostrem como crianças muito novas, sua reflexão evidencia profunda sabedoria quanto às orientações que expressam aos consulentes.

Podemos observar uma regressão muito intensa do ego, em níveis bem infantilizados dos médiuns em transe. Nela, o ego experimenta a ligação com a imagem da criança divina – a criança luminosa, pura, alegre e feliz! Seus nomes mais comuns são: Joãozinho, Mariazinha, Quinzinho, Rosinha etc. Sua saudação é: Salve Cosme e Damião!

Outra figura importante é a do Cigano. Apresentam-se em festa, como no acampamento cigano, e podem assumir aspectos mais próximos aos Exus ou não, depende da concepção do terreiro. São sensuais sem serem libertinos, um tanto matreiros e capciosos, sem, contudo, serem mal-intencionados.

Nessa linha (ou padrão simbólico) de entidades, observamos uma aproximação a elementos mais espontâneos da personalidade, como a jocosidade, a sensualidade em suas insinuações mais sutis e aspectos do desejo, bem como esperteza e sagacidade, em que se dispensam aspectos mais rígidos de relacionamento social representados pela persona.

Apresentam, além dos aspectos anteriormente observados, a liberdade e independência própria do povo cigano, que, por ser nômade, não perde sua unidade entre várias regiões e culturas por onde caminha. Afirmam a liberdade de se ser o que se é, e buscam ensinar a autenticidade pessoal relativizando mecanismos de adaptação social. As ciganas têm a habilidade de jogar cartas e tarô e muitas vezes chamam-se Esmeralda, a exemplo da obra de Victor Hugo. Sua saudação é *Optchá*!

Os boiadeiros, também chamados caboclos de couro, apresentam a mesma aproximação com elementos menos valorizados socialmente em proveito da espontaneidade, porém com algumas peculiaridades. O boiadeiro é forte e agressivo, sério e valente domador do rebanho. Com chapelões, chicotes e outros objetos próprios de vaqueiro dominam os espíritos inferiores e perturbadores. Essa linha não apresenta entidades femininas, talvez porque ainda não se tinham mulheres nessa atividade, e traz representações do herói. Sua saudação é *Xetruá*!

Um de seus vários pontos cantados apresenta a imagem simbólica do boiadeiro:

> Eu vim de muito longe, do alto do Chapadão.
> Com meu laço cru aqui do lado, chapéu de couro na mão.
> Chegou, chegou, na Casa Santa ele chegou.
> Boiadeiro na Vizala, chegou no reino agora.
> Quem está de pé que se sente, pois ninguém mais vai embora!
> (*3333 pontos riscados e cantados*, 2006)

O baiano geralmente se apresenta como cangaceiro e seus auxiliares; é o baiano rebelde e justiceiro do sertão romantizado. Essa corrente inclui também as baianas que, ao contrário dos baianos – que evidenciam uma certa agressividade dirigida –, demonstram grande sensualidade e espírito de festa, muito alegres e extrovertidas. O baiano e a baiana sempre trazem alegria expansiva e festividade para os terreiros, pois de todas as entidades é a que mais dança e se alegra. São mais expansivos do que os ciganos, matreiros e brejeiros, como o imaginário alegre atribuído à Bahia, além de remontarem à influência africana e aos terreiros de candomblé. Alguns nomes comuns para essas entidades são: Baiano Serafim, Baiano Severino, Maria Baiana e Maria Carolina; além, é claro, de Lampião e Maria Bonita. Sua saudação é Salve a Bahia!

Neste ponto cantado é possível identificar a tenacidade da linha dos baianos em resolver questões difíceis, seja pela fibra combativa ou pela fé no Senhor do Bonfim. Observa-se também a referência ao passado e à vida no sertão nordestino, evidenciados pela porteira velha e o galo cantador:

> Da Bahia veio um galhinho de alecrim.
> Não há nada neste mundo que a baiana não dê fim! (sic)
> Balançou porteira velha, porteira balanceou,
> balançou porteira velha que os baianos saravou!
> Galo cantou, cantou de madrugada,
> oi, tá na hora, na hora da baianada!

Quem tem baiano pisa, eu quero ver pisar,
Oh Jesus, salve a baianada, aqui neste lugar! (sic)

O marinheiro (também não temos entidades femininas, pois não era comum a presença de mulheres em atividades ligadas a embarcações) representa a aproximação com elementos sombrios da cultura, evidenciando um certo movimento pendular, ora interpretado como o balanço do navio, ora como a embriaguez de rum. São ótimos para dominarem os percalços da vida, como um mar revolto, sempre com esperança e guiados pela Estrela Guia, uma referência a Nossa Senhora dos Navegantes, também chamada *Stella Maris*, que era cultuada pelos Cruzados quando de suas viagens pelo mar, assim como pelos portugueses colonizadores. Sua presença diviniza uma grande população de marinheiros e estivadores que, na sociedade do início do século XX, viviam à margem nos portos cariocas.

A simbologia dos marinheiros faz referência aos aspectos míticos da viagem do herói e da Grande Mãe. O mar e a estrela referem-se a ela, assim como a designação de *Stella Maris* (Estrela-do-Mar) na Ladainha de Nossa Senhora. Há uma referência à viagem do herói pelo mar, sendo noite e ele tendo de enfrentar os poderes destrutivos do inconsciente, passa a confiar na bondade subjacente à imagem positiva da Grande Mãe, na figura da Estrela Guia para nortear a viagem e de Iemanjá para acalmar as tempestades marítimas. Seu representante principal denomina-se Tarimã (Cacciatore, 1977).

As últimas entidades a serem mencionadas, e que deveriam ser as primeiras pela norma simbólica e ritualística do candomblé, são os Exus. Não devemos confundi-los com o Orixá Exu do candomblé ortodoxo, que adquire um significado totalmente diferente do Exu presente na umbanda.

Antes de compreendermos melhor esta entidade da umbanda, se faz necessária uma diferenciação entre os dois sistemas – umbanda e candomblé. Originalmente os Orixás não são bons ou maus, a exemplo de várias divindades de outras religiões, como o judaísmo antigo ou o helenismo, não há uma divisão entre deuses bons ou maus. Assim como Javé poderia dispensar favores ou destruição, Zeus, Odin ou Xangô também o fazem. No entanto, devido à forte influência cristã presente na umbanda, a sua cosmogonia apresenta uma tendência a ter entidades de luz ou sem luz. Essa tendência divide as entidades em guias de luz (Caboclos, Pretos-Velhos, Crianças, Baianos, Boiadeiros, Marinheiros) e guias em estado de evolução ou sem luz (Exus e Pombagiras).

Em virtude dessas questões, Exu é muitas vezes associado ao Diabo cristão. Suas imagens geralmente representam seres fantásticos de pele vermelha, chifres, rabo, pés de cabra, tridentes, capas pretas, esqueletos e outras formas distorcidas do ser humano, fazendo referência a aspectos primitivos da evolução ou à morte; ou ainda de cartola, bengala e cavanhaque, a exemplo do Diabo teatral, uma espécie de Mefistófeles. Quando se apresentam, nos terreiros, geralmente os médiuns incorporados se utilizam de capas, garfos, cartolas ou bengalas; bebem cachaça e fumam. Alguns podem apresentar deformidade física, e quem diz tê-los visto pela vidência identifica-os com seres que apresentam aspecto meio humano e, meio animal, retorcidos e monstruosos – um meio passo entre o primitivo animal e o humano (uma boa imagem do que estamos nos referindo é a figura clássica do lobisomcm). Dois pontos cantados bem conhecidos expressam a associação de Exu com o Diabo no imaginário da umbanda, apesar de ter uma conotação diferente daquela do cristianismo. São eles:

O sino da igrejinha faz belém, blem, blão.
Deu meia-noite o galo já cantou!
Seu Tranca-Ruas que é o dono da gira,
oi, corre gira que Ogum mandou! (sic)

A porteira do inferno estremeceu,
as almas correm para ver quem é!
Deu uma gargalhada na encruzilhada,
é Pombagira e seu Lucifé! (sic)

Representam três aspectos sombrios da personalidade, pelo menos aqueles identificados como negativos em nossa sociedade cristã, e por isso mesmo associados ao mal: a agressividade violenta, a volúpia e sexualidade, e a malandragem. Geralmente os Exus apresentam certa violência e agressividade e costumam falar de maneira direta utilizando-se, às vezes, de palavrões. Personificam marginais e desvalidos sociais de baixo nível cultural, dedicados ao mal e à vingança devido à revolta pelo abandono social.

Por outro lado, podem também ser personificados por pessoas muito cultas, porém gananciosas, arrogantes e aéticas, que não titubeiam em prejudicar qualquer um para atingir seus propósitos egoístas. Esses Exus apresentam-se com a nobreza de um Mefistófeles, conversam bem, são finos e delicados no trajar e no comportamento.

Segundo a doutrina umbandista, quanto menos luz tem um Exu, mais violento e agressivo ele se torna. É o chamado Exu Pagão, Quiumba ou Rabo de Encruza, dedicado exclusivamente à prática do mal. Outros Exus em evolução, os chamados de luz ou de Lei, controlam e combatem os espíritos sem luz, relativo à assertiva de que o semelhante cura o semelhante.

Alguns nomes mais conhecidos dessas entidades são: Tranca-Ruas das Almas, Sete-Capas, da Meia-Noite, Gira-Mundo, do Lodo, Caveira, João Caveira, Sete Catacumbas e Veludo (peludo). Seus nomes fazem referência aos caminhos (abertos ou fechados), à noite, à escuridão, à morte e ao perigo.

No entanto, é dito que cada pessoa tem um exu particular, diferenciado do Exu Orixá do candomblé. Esse exu particular é um guardião e tem a incumbência de favorecer a ligação do filho de santo com os Orixás e de proteger o adepto contra investidas maléficas que possam vir, além de se colocar como uma espécie de serviçal do Orixá ou guia dono da cabeça do devoto.

Nesse sistema, a função de sombra exercida por exu é mais definida e induz o filho de santo a lidar com o universo sombrio da sua própria personalidade. Todos temos um exu e uma pombagira pessoal, assim como temos nossa própria sombra.

Uma lenda cigana ilustra bem a dinâmica entre luz e sombra na personalidade individual, que é muito interessante. Conta-se que um viajante, voltando por um caminho não habitual, avistou uma pequena vila. Na entrada dela passou por um cemitério onde havia uma imagem de São Jorge muito gasta pelo tempo. O viajante, então, dirigiu-se ao porteiro do cemitério e pagou-lhe para que restaurasse e pintasse aquela imagem. O porteiro consentiu e o viajante instalou-se naquela vila.

No dia seguinte, ele foi ver a obra de restauro da imagem e percebeu que o porteiro havia pintado somente o santo e o cavalo, deixando o dragão exatamente como estava. O homem indignou-se e disse ao porteiro que ele deveria restaurar a imagem completamente, inclusive o dragão: "Pinte o dragão também!" Com resistência, o porteiro concordou.

Voltando o viajante para a hospedaria, caiu doente. Usou tudo o que sabia para se curar, porém seus conhecimentos mostraram-se inúteis. Recorreu ao médico da vila, que também não conseguiu livrá-lo daquele mal, então o pobre homem pensou que acabaria seus dias naquele lugarejo sem poder voltar para sua família.

Enquanto pensava, um homem estranho entrou em seu quarto e deu-lhe para beber uma poção, desaparecendo em seguida. Após algumas horas o doente estava bem e saiu a procurar o estranho que lhe dera o remédio. Não o encontrando, dirigiu-se ao cemitério para ver a pintura encomendada e encontrou a imagem totalmente restaurada, inclusive o dragão.

Contou, então, ao porteiro o que lhe ocorrera. Este o ouviu atentamente e lhe disse assustado que o tal homem estranho era na verdade um diabo que assolava a região com uma peste incurável. O viajante olhou para a imagem de São Jorge totalmente restaurada, pensou por alguns minutos, levantou o chapéu, agradeceu e foi embora feliz (Pereira, 1991).

Essa lenda apresenta a necessidade de conscientização e integração dos aspectos sombrios e luminosos da psique. Não adianta somente restaurar São Jorge sem que se restaure também o dragão, pois eles fazem parte, de forma oposta, do mesmo contexto. O todo inclui obrigatoriamente os contrários. Aliás, a iconografia de São Jorge com o dragão nos faz lembrar do símbolo Yin-Yang, unidos e complementares; um não existe sem o outro.

Um interessante caso de terapia se referia à agressividade que Exu pode representar. Era a situação de uma adolescente que, sendo filha única, vivia sob a pressão agressiva do pai, que era alcoolista, e na urgência de proteger a mãe das investidas desse pai violento. No momento do conflito familiar, a adolescente recebia seu Exu para poder brigar e enfrentar o pai.

Curioso notar que o pai respeitava e até evidenciava um certo medo desse Exu. Essa entidade, nesse caso, era representante dos elementos reprimidos de agressão e desrespeito à autoridade paterna. Tomava o controle da consciência e se expressava de modo a preservar a integridade das mulheres da casa, a cliente e sua mãe. Embora esse elemento não estivesse presente na consciência da adolescente, ele cumpria o papel de regulador das relações.

Outro exemplo vem de um jovem que tinha que lidar com a violência de seu pai, direcionada contra ele e sua mãe. Ocasionalmente, baixava no jovem um exu que arrebentava os objetos da casa e ficava incontrolável. Podemos observar, neste segundo exemplo, a maior inconsciência e dissociação momentânea do ego, em que Exu novamente é responsável pelos aspectos mais sombrios reprimidos na psique do jovem, que se exteriorizam em violência explosiva, e não dirigida, como no caso anteriormente citado.

Esses dois exemplos demonstram aspectos dissociados do conteúdo sombrio, manifestando-se em possessão arbitrária, o que é muito diferente do transe durante o ritual no qual estão presentes elementos de contenção, limites e integração dos conteúdos inconscientes, além da integração construtiva no contexto grupal.

O segundo aspecto sombrio por eles representado é a sensualidade libertina, menos refinada e instigante, evidenciada pelo comportamento provocante e irreverente da Pombagira, equivalente feminino do exu, não existente no candomblé. Suas imagens costumam apresentar mulheres seminuas, de seios expostos, pele vermelha e longos cabelos soltos encimados por um par de chifres. É comum se manifestarem de maneira insinuante, utilizando-se de palavrões e provocações de cunho erótico e gargalhadas ruidosas. Além disso, são especialistas em resolver problemas de amor e sexo.

Geralmente são personificações de prostitutas, mulheres traídas, abusadas e abandonadas, de vida empobrecida nas ruas; ou, ainda, de mulheres maldosas que usavam a sensualidade para propósitos políticos nas cortes (caso da cortesã hispânica Maria de Padilha) ou feiticeiras condenadas. A questão anterior da existência de luz ou não, no caso dos Exus, é válida também para estas entidades. Alguns de seus nomes típicos: Maria Padilha, Maria Mulambo, Rainha, Arrepiada, Rosa Caveira e Mara.

Apresentamos dois pontos cantados de Pombagira. O primeiro faz referência à noite e ao luar, aspecto do feminino que se personifica sensual e poderoso, semelhante ao que seria encontrar Lilith em uma estrada solitária. O segundo faz referência ao mundo dos mortos, campo de mistérios tão vivos quanto é o inconsciente, longe da luz apolínea da consciência:

> Foi numa estrada velha, na subida da ladeira,
> numa noite de luar, de luar!
> Pombagira da Figueira, moça bela e faceira,
> dava o seu gargalhar, porque ela é Mojubá! (sic)

> Sacode o pó, que chegou Rosa Caveira,
> Pombagira da Calunga vem levantando poeira!
> Suas mandingas são cercadas de mistérios,
> saravá a Pombagira que vem lá do cemitério!
> Se diz que faz é melhor não duvidar,
> porque a Rosa Caveira promete pra não faltar! (sic)

Para exemplificar a possibilidade de amplificação dessa figura vamos mencionar o caso de uma cliente que apresentava uma resistência muito grande aos aspectos da própria sensualidade. Queixava-se da dificuldade em conseguir um relacionamento afetivo e aos 27 anos não havia conhecido a sua própria sexualidade. Por intermédio de uma amiga foi a um centro umbandista e acabou conversando com uma Pombagira, que, de uma forma direta e impessoal, lhe disse que os impedimentos eram próprios da cliente e que ela, Pombagira, atuava no sentido de conseguir para a moça um bom relacionamento amoroso. A cliente, porém, impedia sistematicamente qualquer aproximação, escondendo-se nas amizades femininas. Não havia espaço para um namorado na vida dela.

Esse diálogo com a Pombagira detonou um confronto com os conteúdos sombrios da personalidade da moça, que foram trabalhados em terapia e muito auxiliaram o seu processo analítico no intuito de poder assimilar a sua própria Pombagira, ou seja, seus aspectos sensuais e eróticos.

A propósito da Pombagira, podemos inferir uma aproximação simbólica dessa personagem com Lilith (figura elaborada a partir da Cabala medieval e atribuída à Torá), além de Hécate (a divindade grega do submundo) ou Caria, deusa ctônica senhora das perversões noturnas, representada com serpentes nos cabelos e uma tocha nas mãos. Ela é a que te encontra pelos caminhos e encruzilhadas. Apesar desse aspecto fantasmagórico, ela era muito popular e recebia adoração familiar em um altar que era erigido em sua homenagem em frente das casas. Também era compreendida como a deusa das encruzilhadas, recebendo o nome de Trioditis, surgindo como uma figura de três cabeças ou três corpos (Lurker, 1993).

Esse terceiro aspecto é representado por um Exu com características muito peculiares. Apresenta o submundo das grandes metrópoles, a malandragem e a boa vida de forma desonesta, e seu personagem clássico é Zé Pilintra. Sua iconografia é a de um homem jovem mulato, com terno de linho branco, chapéu-panamá branco, gravata branca, camisa de seda vermelha e sapatos vermelho e branco ou preto e branco. Geralmente carrega uma bengala branca.

Especialista em negociações com o submundo da malandragem social, muitas vezes serve de intermediário entre níveis sociais diferenciados (classes produtivas e marginalizadas da sociedade, mostrando-se bom mercador e embusteiro). Entendendo esse aspecto do ponto de vista da cosmogonia da umbanda, Zé Pelintra torna-se intermediário entre entidades de luz e sem luz.

Como o próprio nome diz, Zé Pilintra é entendido como peralta, travesso e bem aprumado por Cacciatore (1977), e bem pode lembrar o adjetivo pilantra. Sua figura é a do malandro da década de 1920 que serviu de inspiração para a *Ópera do malandro*, de Chico Buarque de Holanda. Seu Zé é uma figura advinda do catimbó pernambucano e representa a vida de malandragem em Recife dos anos 1920. De modo geral, todos os Exus podem fazer o bem ou o mal. Tudo vai depender de uma barganha: quando bem pagos, podem fazer qualquer coisa. Geralmente são considerados Quiumbas. Por outro lado, há os exus que trabalham para desenvolvimento, cura, e iluminação, os chamados exus de Lei, pois seguem a Lei da umbanda da caridade.

Assim como a sombra pessoal abriga vícios e virtudes, o reconhecimento desses elementos em nós mesmos nos possibilita integrar aspectos negativos no caminho da individuação. Reconhecer e trabalhar esses aspectos compõe o campo de atividade de exu e mais ainda do exu pessoal, que abriga não os males da entidade, mas nossos próprios recalques e idiossincrasias.

Nestes pontos cantados podemos observar a origem de Seu Zé e suas habilidades simbólicas e de *trickster*:

> Seu Zé Pilintra, quando vem de Alagoas,
> toma cuidado com o balanço da canoa!
> Oh, Zé, faça tudo o que quiser,

só não maltrate o coração dessa mulher!
Oh, Zé, peça tudo o que quiser,
"quero dinheiro pra gastar no cabaré!" (sic)

Seu Zé, feche as porteiras, cancelas e tronqueiras,
não deixe o mal entrar!
Que o galo já cantou na Aruanda,
farofa na fundanga quero ver queimar! (sic)

Além da figura masculina de Seu Zé, na malandragem urbana das grandes cidades, perambulando por ruas, bares e cabarés, também temos as figuras femininas; mulheres companheiras dos malandros, sensuais e agressivas, sedutoras e poderosas, sofridas e subjugadas que se erguem fortes e altivas contra injustiças. Representam muito de sentimentos revoltosos que são recalcados na sombra individual; por isso, Maria Navalha faz o que você não faz:

É que eu nasci na rua, eu cresci na Lapa,
Trabalhei de bar em bar, nunca ganhei nada de graça!
Me chamo Maria Navalha, sou a mulher de Zé,
Mas toma cuidado comigo,
que meu coração é na ponta do pé! (sic)

Ela traz uma navalha que corta o mal e a injustiça,
protegida de Zé Pilintra, Maria Navalha não brinca!
Caminhou de rua em rua, em busca de moradia,
foi na beira do cais que conheceu a boemia!
Ela é de Laroiê, ela é de Mojubá,
ela é Maria Navalha que vem aqui nos ajudar!
Laroiê, ela é mulher de fé, Laroiê,
foi na madrugada que a Navalha deu a sua gargalhada!
Trabalhava na madrugada, trabalhava lá no cais,
Maria Navalha da Calunga faz o que você não faz! (sic)

Um outro exemplo trazido por uma colega apresenta o caso de uma esposa que sentia uma verdadeira fobia pela figura de Zé Pilintra, a ponto de perturbar o equilíbrio emocional da cliente. E isso sempre era o mote das sessões de psicoterapia.

Ela era casada com um homem que a traía e muitas vezes ficava em noitadas, deixando-a abandonada em casa. Ela resistia em admitir que seu marido estava sendo desleal e abusivo com ela, e esforçava-se por manter em mente a imagem de bom homem, projetada desde o namoro.

Nesse meio-tempo, ela conheceu a figura do Zé Pilintra, já mencionado, que catalisou os seus pensamentos e sentimentos reprimidos acerca do marido. A base do conteúdo reprimido era de que o seu marido, na verdade, era um pilantra (ou Pilintra?). Mas, como esses eram conteúdos rejeitados da consciência, o Seu Zé tornou-se uma figura ameaçadora.

A amplificação da figura simbólica do Seu Zé e as associações que daí decorreram fizeram com que a cliente encarasse o seu marido, o pilantra com quem ela não admitia ter se casado. A partir de então, desapareceu a fobia pela imagem de Zé Pilintra, e ele não mais apareceu nas sessões. A figura que estava constelada diluiu-se, e em seu lugar surgiu o marido real, em relação ao qual a cliente passou a tomar uma série de decisões de autovalorização e limites.

Com essa breve explanação sobre os exus, na concepção da umbanda, percebemos que eles estão encarnando os aspectos sombrios da personalidade, bem como o potencial para o amadurecimento. A agressividade brutal ou não dirigida e menos refinada, a sensualidade vulgar e promíscua, bem como a malandragem e as atividades fora da lei, são aspectos que compõem a sombra pessoal em nossa cultura, pois em função de uma aparência social (persona) esses aspectos menos morais e cristãos devem ser reprimidos no inconsciente pessoal (sombra). No entanto, a agressividade integrada como autoafirmação e imposição de limites aos outros, a sensualidade e sexualidade igualmente integrada e vivida livremente e a malandragem integrada como não inocência no convívio social são aspectos muito importantes para a manutenção das relações sociais saudáveis e do equilíbrio psíquico.

É de interesse observarmos que as entidades presentes na umbanda, se, por um lado, são configurações míticas de elementos da psique inconsciente, por outro lado, personificam aspectos excluídos e desintegrados da coletividade social e cultural em que se insere.

Como já mencionamos, a umbanda é uma religião urbana, com maior incidência no Sudeste e no Sul do país, que se estruturou à luz do nacionalismo emergente no fim do século XIX e início do XX. Sendo uma religião urbana, agrega fiéis que pouco contato têm com a natureza e com as raízes culturais do Brasil. Assim, o resgate de elementos dissociados nas culturas urbanas do Sudeste e Sul é feito pela personificação das entidades manifestas que, ao mesmo tempo, oferecem um mapa de realidade (complexo cultural) para a expressão de forças inconscientes pessoais e sociais que buscam integrar-se ao ego individual e ao contexto social mais amplo, e muitas vezes essas forças atuam de modo compensatório às atitudes unilaterais da consciência e da cultura.

Entidades como os caboclos resgatam o extermínio sofrido pelo indígena brasileiro, desde a colonização até nossos dias. Na religião ele assume a primazia de principal entidade e muitas vezes Chefe do Terreiro. É consultado para resolver problemas difíceis de contendas ou disputas. Dessa maneira, produz uma ligação mítica com o guerreiro heroico, que batalha, luta e vence, associado a dois princípios básicos, o combate (Ogum e Oxóssi) e a justiça (Xangô), e por esta atividade associando-se também à figura do herói. Além disso, o caboclo redireciona o ego urbano do fiel para o elemento ancestral e vinculado à natureza, que jaz em seu inconsciente.

O Preto-Velho inverte a situação de desconsideração da velhice improdutiva, que destitui o ancião da sua condição de experiente e sábio, para elevá-lo à condição de conselheiro de grande sabedoria. É notório o carinho e respeito dos fiéis pela figura do Preto-Velho, inversamente à atitude da sociedade em geral e das instituições para com os nossos idosos. Na nossa sociedade o idoso geralmente é deixado de lado e desconsiderado, uma vez que ele perdeu o poder de prover materialmente para a família e a sociedade, sendo que inversamente o Preto-Velho é cercado de atenções e respeito.

Por outro lado, a figura de um negro escravizado divinizada é uma forma de resgatar a dívida para com os povos africanos escravizados em terras brasileiras por décadas cujos descendentes, ainda hoje, são alvos de preconceito, exclusão e injúrias do racismo estrutural. Do ponto de vista simbólico, a imagem arquetípica do velho ou velha sábia está impregnada na figura do preto e da preta-velha, que com seu conhecimento, paciência e resignação ouvem e orientam o fiel nas suas dificuldades pessoais. Além disso, o poder mágico evidenciado pelos Pretos-Velhos no conhecimento de mandingas, fetiches e simpatias antigas aponta para a possibilidade de contato com imagens de si-mesmo, na figura mítica do velho mago – talvez um possível Merlin afro-brasileiro.

Igualmente, a linha das Crianças resgata a espontaneidade e alegria natural da psique, em oposição à desconsideração e ao pouco caso com a infância em nossas grandes cidades e em nossa cultura urbana como um todo. Muitas crianças são abandonadas nas comunidades mais empobrecidas ou mesmo em famílias nobres, caso em que raramente veem seus pais, e criadas por babás. Nas sessões em que baixam as crianças, estas são cercadas de atenções e todo tipo de agrado. No contexto do ritual, essas figuras míticas deixam de ser abandonadas e apontam a possibilidade do novo, do nascido inocente e puro. Essa imagem remonta à figura mítica da criança divina, uma das imagens de si-mesmo.

Os Baianos, Boiadeiros, Ciganos e Marinheiros, de certa forma, sofrem uma boa dose de preconceito social das regiões Sudeste e Sul do país. Presentes na umbanda, são reverenciados e amados pelo fiel que no cotidiano desconsidera essa parcela da população brasileira. Do ponto de vista psicológico, o resgate de elementos próximos à sombra cultural pode levar a níveis de integração de personalidade mais amplos; o sagrado passa a ter todas as faces humanas, e não só a europeia. Encarar e compreender a própria sombra sempre é uma forma de elaborar os próprios preconceitos e o contexto sombrio do complexo cultural. Já se disse que a ignorância é a mãe de todos os preconceitos, e a ignorância acerca de si mesmo também o é!

E por falar em preconceitos, as entidades que mais representam os aspectos marginalizados da sociedade são os exus. Marginais, malandros, desassistidos socialmente, prostitutas e até crianças de rua (os Exus-Mirins) formam um contingente de entidades que, no terreiro, são aceitas e necessárias para que os trabalhos deem bons resultados. Em termos de psique, os Exus são representativos dos aspectos mais dissociados da sombra, ou seja, de elementos incompatíveis com a estrutura da persona que foram reprimidos no inconsciente pessoal e cultural. Em nossa cultura é muito comum a repressão da agressividade, da barganha materialista, da malandragem e da sexualidade.

Com esses aspectos podemos perceber uma compensação de poder, pois quem não o tem em âmbito social adquire-o no plano espiritual. Assim, o caboclo, o negro escravizado e outras tantas entidades cultuadas na umbanda acabam adquirindo o poder espiritual, compensando a retirada de visibilidade valorativa desses segmentos na vida social. Por exemplo, os negros, os indígenas, os caboclos (sem-terra, lavradores), as crianças, os baianos (habitantes do sertão nordestino, cangaceiros), os exus (malandros, prostitutas). Podemos identificar que a umbanda promove em seu arcabouço mítico a divinização dos que foram excluídos da sociedade brasileira (Zacharias, 2023b), além de uma comunhão harmoniosa de diferentes tradições religiosas: o caboclos de pena são indígenas e, portanto, xamanistas; os Pretos-Velhos se utilizam do catolicismo popular e das práticas de rezadeiras e benzedeiras; os Semirombas são padres e freiras; os ciganos cultuam Santa Sara Kali; na linha do Oriente temos hindus, budistas e islâmicos; Exus e Pombagiras conhecem magia, e, por fim, as crianças brincam com o Sagrado em todas as suas formas.

Vários aspectos da cultura brasileira estão presentes, de modo vivo, na umbanda. – "A Umbanda não é só religião; ela é um palco do Brasil" (Prandi, 1991, p. 88). Ao longo dos anos, tornou-se uma religião de via de expressão do imaginário brasileiro e seus rituais e doutrina formam um mapa de realidade, em que conteúdos inconscientes individuais ou do complexo cultural do Brasil podem ser assimilados. Mas como o foco deste trabalho não é a sociologia nem a psicologia sócio-histórica, do ponto de vista da psicologia analítica é evidente que o simples fato de alguém frequentar a umbanda não promoverá a integração desses elementos inconscientes, porém uma elaboração profunda sobre essas imagens pode contribuir tanto quanto os mitos gregos ou europeus.

Ainda dois comentários são relevantes neste momento. O primeiro refere-se ao fato de que existem muitas umbandas, diversas formas de exercer a devoção com rituais diferenciados e teologias diferentes. Podemos imaginar um grande leque da umbanda mais africanizada com uso de atabaques, mais próxima ao candomblé, até as de mesa, mais próximas do kardecismo. Hoje temos concepções e práticas como a umbanda esotérica e mesmo a umbandaime. O fenômeno do hibridismo religioso se nota em todo o desenvolvimento da história humana, em várias regiões e passando por vários povos. Mesmo tradições tidas como estáticas têm variações em tempos e lugares, como no catolicismo, budismo, judaísmo e islamismo.

Em relação ao protestantismo, as variações e subdivisões são imensas. Na atualidade, um novo fenômeno de hibridização vem ocorrendo no chamado neopentecostalismo. A teologia da prosperidade, e atualmente a mais recente é a teologia do domínio, evocando mais Javé dos exércitos do Antigo Testamento do que Jesus amoroso do Novo Testamento, atraiu muitos adeptos das camadas mais pobres da população, que levaram suas práticas espirituais, muitas de religiões de matriz africana e de incorporações, para essas novas igrejas.

Como o pentecostalismo admite o êxtase como Espírito Santo, surgiram danças, movimentos e giras similares a qualquer terreiro de umbanda, denominados nessas igrejas de unção do espírito, sapatinho e canela de fogo, unção do manto. Nelas o culto é semelhante a uma gira de umbanda, o que deixaria Lutero estupefato!

Outra prática comum é a venda de objetos ungidos ou consagrados, como águas, óleos e outros itens. Essa prática novamente se assemelha a rituais mágicos bem distantes da teologia protestante original. O estudo da plasticidade e do hibridismo religioso é um campo muito rico de pesquisa.

Apontamos a necessidade de que sejam levados a efeito estudos no sentido de se compreender o universo psicológico da umbanda, que com sua rica simbologia tem servido de via de expressão do inconsciente para muitos que dela se aproximam, haja vista a expansão da religião em países como os Estados Unidos, Suíça e Argentina.

O ponto de vista aqui eleito para abordar o tema foi o da abordagem analítica de Carl Gustav Jung. No entanto, pesquisas a partir de outros olhares da psicologia estão se desenvolvendo no Brasil. Para ampliar este estudo, sugerimos a leitura dos trabalhos da professora Ronilda Iyakemi Ribeiro e dos professores Wellington Zangari e Fátima Machado, docentes do Departamento de Psicologia Social da USP que têm desenvolvido muitos estudos a partir do olhar da psicologia social sobre a construção e o desenvolvimento da umbanda.

Este capítulo consistiu em uma breve explanação sobre a jurema e a umbanda, que, juntamente com o candomblé, formam o conjunto dos cultos de matriz ameríndia-católica-afro mais difundidos em nosso meio.

Saravá!

7 A religião dos Orixás e novos paradigmas

> *A minha vida é um Todo indivisível, e todos os meus atos convergem uns nos outros; e todos eles nascem do insaciável amor que tenho para com toda a humanidade.*
>
> Mahatma Gandhi

Nestas considerações finais, gostaríamos de tecer aproximações entre três olhares muito importantes, o ponto de vista da etnopsicologia, da ecopsicologia e da psicologia da religião.

Concernente ao primeiro e ao segundo olhares, consideremos como a religião dos Orixás se insere no contexto dos novos paradigmas em ecologia, ecopsicologia e preservação da natureza e do planeta. Sendo uma expressão religiosa intimamente conectada com a natureza, uma vez que as divindades são a essência viva dos fenômenos naturais, quais os ensinamentos que podemos adquirir em referência à ecologia? O pesquisador Marco Aurélio Bilibio (2018) assim define ecopsicologia:

> Ecopsicologia é o encontro entre psicologia e ecologia, tanto como ciência como movimento social. Ela extrapola nossos vínculos psicológicos com a natureza, revelando que nesses vínculos a dimensão biológica, psíquica e espiritual se interconectam. Por meio da ecopsicologia amplia-se nosso entendimento sobre quem somos nós e qual nosso papel na teia da vida, além de descobrirmos as origens psicológicas da crise ambiental e no que a psicologia pode ajudar na superação desta crise. Natureza e saúde mental, ser humano em suas relações ecológicas com a teia da vida, crise ambiental e psicologia, natureza e autoconhecimento são alguns dos temas abordados.

Essa nova perspectiva conecta ciências antes tidas como distantes, mas que se mostram interconectadas, uma vez que é a ação humana – com dimensão econômica, política, social e psicológica – que atua em níveis biológicos, naturais e ambientais promovendo transformações no equilíbrio natural com terríveis consequências.

Presenciamos globalmente, desde o fim de 2019, a pandemia de um vírus mortal, o SARS-CoV-2, causador da covid-19, e as consequências de mudanças climáticas agudas como calor ou frio intensos, enchentes ou secas em lugares onde esses eventos não são comuns. Em 2021 a ONU, via o sexto relatório do IPCC, alertou veementemente todas as nações sobre a aceleração e as consequências do aquecimento global. Segundo especialistas, esses alertas vêm sendo emitidos há trinta anos e muito pouco foi feito para minimizá-los, com a desculpa de ser uma consequência do crescimento econômico. Países como os Estados Unidos entram e saem de pactos de controle ambiental, e no Brasil se devastam florestas em favor do agronegócio e dos ganhos com exportação. Todas essas questões têm influência de estruturas culturais que envolvem aspectos psicossociais e de crenças ligados à relação entre ser humano e natureza, uma relação que tem raízes míticas.

Podemos iniciar esta análise seguindo diversos caminhos, mas vamos partir do sistema judaico-cristão, base da cultura moderna econômica, no qual exageros de interpretação levaram o mundo ocidental à exploração indiscriminada da natureza.

No primeiro livro da Bíblia disse Deus: "Sede fecundos, multiplicai-vos, enchei a terra e sujeitai-a; dominai sobre os peixes do mar, sobre as aves dos céus, e sobre todo animal que rasteja sobre a terra" (Gn 1,28). Essa passagem do Antigo Testamento deixa claro o entendimento de superioridade da humanidade sobre tudo o que há na Terra, além de autorizá-lo a dispor de seus elementos indiscriminadamente.

Por que essa relação da humanidade com a natureza aparece diretamente contrária a muitas outras religiões, antigas ou orientais? Pelo que podemos observar de interpretações bem literais em todo o processo de criação do universo, tudo surgiu do absoluto nada, a essência das coisas criadas não comunga com Deus e sua natureza; portanto, o que foi criado não tem ligação direta com o Criador. A natureza não *é* Deus, e não faz parte dele. O mundo material é exterior ao divino, que atua neste mundo assim como as pessoas, mas a divindade judaico-cristã jamais pode abarcar a matéria. Deus é completamente espiritual e o mundo material é forçosamente separado dele (Dourley, 1987).

Essa concepção da relação de Deus com a natureza acarretou uma sequência de posturas religiosas. Podemos começar com a ideia de que a divindade está em algum lugar que não no interior humano. A relação com o sagrado tornou-se externa, assim como a relação humana com a natureza. Deus está no céu, distante, e devemos nos relacionar com ele externamente. Modernamente, muitas posturas religiosas afirmam que Deus pode entrar em seu coração e aí fazer morada. Ora, só pode entrar o que não estava dentro antes! Deus é externo e estranho ao homem.

Outra postura religiosa é a introdução de Deus em templos, desde o antigo Tabernáculo peregrino, que vagou quarenta anos pelo deserto com Moisés e Aarão, passando pelo Templo de Jerusalém, chegando até as basílicas, catedrais e igrejas cristãs.

A ideia mais aceita não é a de que esses lugares se constituíam como lugares propícios para a adoração e para os ritos, preenchidos de simbologia adequada e tornando-se têmenos específicos; mas sim que esses lugares são onde Deus habita, a casa de Deus, alienando-o da natureza e, mais especificamente no cristianismo, do mundo secular, material e sensual demais para ser absorvido pela amplitude da divindade (Dourley, 1987).

Sendo a natureza fruto da construção externa de Deus, e não de sua própria essência, e estando ele a habitar os templos, que problema pode existir na caça esportiva e indiscriminada de animais ou na devastação de uma floresta? Esses elementos que estão sendo destruídos não fazem parte da nossa divindade, adorada e às vezes temida, pois Deus não pode se expressar e ser matéria! Além disso, Deus está nos templos, e não nos campos. Com certeza ele não se importará com isso!

Apesar de o sistema cristão apresentar a manifestação do divino em matéria, isto é, Deus encarnado feito matéria, nos primórdios do cristianismo a questão gerou muitos debates acalorados. Uns, postulavam que Jesus era somente uma sombra de materialidade, permanecendo sempre espírito; outros que Jesus era plenamente humano e material, adotado por Deus como exemplar. Por fim, a corrente que postulava Jesus como plenamente humano e divino ganhou a discussão, no entanto não integrou a questão da materialidade, ficando essa como inferior, negativa e mesmo demoníaca. Nas cartas de Paulo fica bem evidente a luta entre espírito e matéria, e o cristianismo não elaborou a integração desses opostos (Dourley, 1987; Ehrman, 2008, 2014).

Nas religiões originais, xamanismo ou de matriz africana as divindades são a própria natureza. Mãe Stella, inspirada na tradição iorubá, afirma que: "O Deus supremo é Olorum, as demais divindades são os fenômenos da natureza, que têm vida, inteligência, dão respostas a nossas evocações de maneira surpreendente" (Santos, 2010, p. 145), ou como a tradição afirma: "[...] sem folhas não há Orixá".

Orixás são senhores do mundo natural. São guardiães da natureza e, ao mesmo tempo, o que podemos entender como a alma dos elementos da natureza. Quando afirmamos, por exemplo, que Oxum é Senhora das águas doces, estamos dizendo que esse Orixá feminino é guardião das águas dos rios, lagos e cachoeiras e dizendo, ao mesmo tempo, que ele é a essência vital dessas águas. Ossaim é guardião do axé da flora e seu patrono, a quem cabe a força para efetivar, ou não, o poder das plantas. Por esse motivo, sempre que se colhe uma planta para uso no culto aos Orixás deve-se evocá-lo para que a planta preserve sua essência vital. Oxóssi, o vitorioso caçador e guerreiro, discípulo de Ogum na arte da caça, é associado também à capacidade estratégica.

Os Orixás comungam intimamente com a natureza, como podemos observar no mito de Ossaim, senhor das folhas, ou de Oxóssi, ligado à fauna, ou das grandes deusas das águas e dos ventos. A mitologia própria de cada divindade está relacionada a algum aspecto da natureza, seja na forma mineral, vegetal, animal, de eventos climáticos ou processos biológicos, como a doença e a cura, nascimento e morte.

O Orixá participa da natureza externa e interna da humanidade, uma vez que o ser humano faz parte do contínuo da natureza, e a psique é tão natural e participante do potencial da natureza, como o potencial de uma batata para brotar na terra. Essa analogia, do potencial natural para o desenvolvimento e realização dos potenciais intrínsecos tanto das batatas como da psique humana, foi feita por Carl Rogers (1983), e exprime bem o que queremos dizer.

Quando a divindade passa a morar em um templo, a natureza se dessacraliza, e se pode expropriá-la.

A natureza é a morada dos deuses e não pode ser desrespeitada ou devastada abusivamente, é um lugar sagrado! Se a natureza é um lugar sagrado, tudo passa a ser sagrado, uma vez que tudo é natureza. A religião dos Orixás, assim como a vida indígena, depende intrinsecamente dos espaços naturais e, embora ela tenha a prática sacrificial, esse sacrifício não altera o equilíbrio natural, e o que retorna, em termos de ebós ou oferendas, são os mesmos elementos biodegradáveis.

Por exemplo, quando um adepto adentra a mata a fim de apanhar folhas para algum ato religioso, esse processo é bem definido e cercado de senões. Há um conjunto de rezas e preparativos para que se possa apanhar não somente a folha material, mas conservar nela o próprio axé. Nesse processo, forças inconscientes são motivadas, e ao mesmo tempo a reverência e o equilíbrio necessários para a colheita são configurados no ego. Não se retiram folhas aleatoriamente e nunca se destrói a erva.

Geralmente, quando se retira algo da natureza, deve-se pedir licença a Ossaim e dar a ele um presente votivo, restituindo o equilíbrio para o que foi retirado. Essa determinação acaba sendo uma representação da lei de homeostase psíquica, em que o equilíbrio de forças entre consciente e inconsciente deve ser regulado e mantido.

Os Orixás não estão no barracão, eles estão na natureza e na psique dos adeptos, e onde houver natureza e psique aí eles estarão.

Os assentamentos dedicados a cada Orixá nos Ilés (casas de axé ou terreiros) são representações materiais simbólicas da presença da divindade, não sua presença limitada àquele lugar; assim como, para os católicos, a imagem dos Santos representa a presença do símbolo de algo muito maior, a imagem arquetípica expressa o conteúdo arquetípico e é fundamental como elemento de contato e comunicação entre a consciência e os aspectos mais profundos da psique.

É importante afirmar que a concepção de Jung de símbolo é bem diferente da concepção semiótica. O símbolo não está no lugar de algo, mas, em si mesmo, é o conteúdo dinâmico arquetípico e vivo.

Na atualidade os movimentos ecológicos e pela preservação do planeta têm se tornado muito relevantes e de fundamental importância para a vida de todas as criaturas da Terra. Geralmente baseiam seus argumentos em aspectos científicos de cunho biológico e climático, pensando a relação entre as várias formas de vida e condições físicas como um megassistema de relações lógicas racionalmente organizadas e justificadas.

As considerações referentes ao equilíbrio da vida e da sua interdependência conseguem fornecer dados específicos e lógicos às exigências intelectuais e racionais da psique moderna, o que torna os fundamentos ecológicos um tanto mais relacionados com argumentos da função pensamento, e vimos em nossos dias que a ciência não consegue ser ouvida por muitas pessoas comuns e mesmo por muitos governantes.

Do ponto de vista dos movimentos e envolvimentos de pessoas nos atos em defesa da ecologia, podemos identificar mais comprometimento da função sentimento, em que a defesa de uma espécie animal ou de uma área de florestas mobiliza considerável engajamento de valores pessoais e, muitas vezes, extravasamento de afetos.

Em referência ao que foi dito acima, nas religiões originárias, e entre elas as indígenas e de matriz africana, a fundamentação para a defesa ecológica não é racional, mas mítica. Não é uma rede de interdependência vital que é levada em conta, mas sim as relações mágico-religiosas com seus deuses, aspectos vivos da natureza.

Esse dado, que a olhos ditos mais eruditos não passa de animismo primitivo e superado com o desenvolvimento da ciência e da tecnologia, é a base do respeito mítico pela natureza e as raízes mais profundas de uma ecologia ancestral.

Em sua obra, Jung deixa bem claro que o homem primitivo que habita todos nós não deixou de existir só porque o ego distanciou-se de suas origens inconscientes e tornou-se racional e tecnológico. Essa psique primitiva é atuante e muitas vezes nos assombra com sua conduta, pois estamos muito longe dela, dissociados das forças inconscientes, e dessa maneira nos tornamos estranhos a nós mesmos.

Sabemos que, desde o princípio, as religiões ofereceram suporte e condições para que os diversos aspectos da alma pudessem ser expressos e vivenciados, possibilitando níveis de integração entre consciente e inconsciente, cultura e instinto, natureza coletiva e indivíduo.

Posto isso podemos afirmar que há a necessidade de se resgatar o sentido espiritual da natureza. Uma ecologia baseada somente em pressupostos racionais não se torna tão efetiva quanto ao associarmos a ela os aspectos irracionais da psique.

A racionalidade reducionista parece oferecer menor sustentação para motivos e atos do que o instinto! Resgatar a dinâmica mítica da natureza, nas diversas culturas e religiões, parece-nos a maneira mais eficaz de se construir uma ecologia ampla e atuante em todos os níveis da psique.

O culto aos Orixás é um exemplo de natureza mítica, porém isso não quer dizer que outros sistemas, como o judaico-cristão, não tenham condições de fazer o resgate do que foi deixado de lado. Apesar de leituras de textos da Bíblia como em Gn 1,28-29: "Tenham muitos e muitos filhos; espalhem-se por toda a terra e a dominem. E tenham poder sobre os peixes do mar, sobre as aves que voam no ar e sobre os animais [...] e todas as árvores [...]". Nessa perspectiva a dominação humana sobre a natureza é evidenciada, denotando a separação entre a natureza e a humanidade. Porém, outras perspectivas podem realocar a manifestação do Sagrado na natureza; tomemos como exemplo o *Cântico do Irmão Sol*, de São Francisco de Assis (1182-1226), que realça a irmandade do ser humano com os elementos da natureza e com a ideia de que somos todos filhos de um pai criador:

> Altíssimo, onipotente, bom Senhor, teus são o louvor, *a glória e a honra e* toda *bênção*. Somente a ti, ó Altíssimo, eles convêm, e homem algum é digno de mencionar-te. Louvado sejas, meu *Senhor*, com todas *as tuas criaturas*, especialmente o senhor irmão sol, o qual é dia, e por ele nos iluminas. E ele é belo e radiante com grande esplendor, de ti, Altíssimo, traz o significado. *Louvado* sejas, meu Senhor, *pela* irmã *lua e pelas estrelas*, no céu as formaste claras e preciosas e belas. Louvado sejas, meu Senhor, pelo irmão vento, e pelo ar e pelas nuvens e pelo sereno e por todo tempo, pelo qual às tuas criaturas dás sustento. *Louvado* sejas, meu Senhor, *pela* irmã *água*, que é muito útil e humilde e preciosa e casta. *Louvado* sejas, meu Senhor, pelo irmão *fogo*, pelo qual *iluminas a noite*, e ele é belo e agradável e robusto e forte. *Louvado* sejas, meu Senhor, *pela* irmã nossa, a mãe *terra*, que nos sustenta e governa e produz diversos *frutos* com coloridas flores e *ervas*. Louvado sejas, meu Senhor, por aqueles *que perdoam* pelo teu amor, e suportam enfermidade e tribulação. Bem-aventurados aqueles que as suportarem em paz porque por ti, Altíssimo, serão coroados. Louvado sejas, meu Senhor, pela irmã nossa, a morte corporal, da qual nenhum homem vivente pode escapar. Ai daqueles que morrerem em pecado mortal: bem-aventurados os que ela encontrar na tua santíssima vontade, porque *a morte segunda* não lhes fará mal. *Louvai* e *bendizei* ao meu *Senhor*, e rendei-lhe graças e servi-o com grande humildade (Teixeira, 2023, pp. 82-83).

Possíveis ampliações na perspectiva religiosa das pessoas conduzem a mudanças de atitudes muito significativas e muito mais permanentes.

Outro tópico que gostaríamos de enfocar é concernente a aspectos da psicologia da religião. Em um primeiro momento é importante identificar um comportamento próprio de nossa mentalidade, que ainda é muito forte em alguns grupos de fiéis ou pesquisadores, e que se origina no Século das Luzes e no triunfo da deusa da razão.

Principalmente nos séculos XIX e XX, a ciência ganhou uma credibilidade muito abrangente, a ponto de ditar o que é real, verdadeiro, digno de confiança. O autêntico cientista sabe que a ciência está sempre se construindo ao sabor de descobertas e de paradigmas de cada período, o que lhe dá um *status* de verdade transitória, sujeita a questionamentos e reformulações. Porém, a representação social do que é ciência vai muito além disso, conferindo a esta o dom de definir as verdades da existência. Nesse sentido, seja uma ciência positivista ou dialética, ela será suficiente para explicar toda a vida e como ela se processa no seu íntimo.

No âmbito desse paradigma podemos ver expressões religiosas esforçando-se para serem tidas como científicas, sem se cansar de procurar provas científico-racionalistas para confirmar seu *status*. Podemos tomar como exemplo o esforço de algumas correntes do kardecismo para se identificar com uma ciência, e não com uma religião ou aporte filosófico; ou muitas vezes correntes do catolicismo romano colocando a tônica do cristianismo somente em aspectos sociológicos, esquecendo-se dos aspectos místicos e espirituais da religião, ou ainda o peso à compreensão lógico-racional das Escrituras, dado pelo protestantismo histórico, esquecendo-se dos aspectos simbólicos e míticos.

A religião não é menos importante à humanidade do que a ciência, a arte ou a filosofia. Esses quatro campos de expressão da alma humana compartilham do mesmo conjunto vital do existir e constituem intimamente o fenômeno da Alma.

A religião nunca será ciência, nem arte, nem filosofia; muito embora seja legítimo o campo das ciências da religião, que é onde se insere este trabalho, bem como correlações entre arte e religião e filosofia das religiões. O mesmo ocorre com as outras fontes (ciência da arte e da filosofia, por exemplo). Temos graficamente um quadrado central e um círculo de possibilidades englobando os ângulos desse quadrado. A arte e a religião atendem a aspectos mais irracionais da vida, enquanto inspirações mais diretamente ligadas às forças do inconsciente, ao passo que a filosofia e a ciência correspondem a aspectos mais racionais, enquanto compreensão e análise objetiva da vida.

Acreditamos que nenhuma dessas quatro expressões existenciais humanas sozinha pode abarcar a esfera da fenomenologia humana, mas em conjunto formam um *mandala* mais apropriado, inclusive simbolicamente, para a compreensão do fenômeno humano, incluindo toda a fenomenologia da psique e corpo.

Tudo isso para afirmar que a expressão religiosa é genuína em si mesma, não se constituindo em sublimação ou distorções patológicas, como a entendiam pesquisadores nos princípios do século XX. Parece-nos que não há por que o indivíduo racional contemporâneo e culto negar-se à religião, pois parece que populações menos contaminadas com a arrogância de uma ciência racional-reducionista são mais abertas a desenvolver contatos com sua religiosidade. Vale notar que não nos referimos a movimentos radicais e fundamentalistas que vemos crescer na atualidade. Fazemos referência à experiência simbólica e profunda da religiosidade natural expressa nas mais diferentes formas e tradições.

Aproveitamos para, mais uma vez, afirmar que este trabalho lança olhos científicos sobre a religião dos Orixás, porém de forma alguma reduz sua fenomenologia a simples aspectos psicológicos. Esse é um enfoque possível entre outros, porém mantemos constante respeito e afeto a essas tradições de matriz africana, afro-indígenas, cristãs e a outras aqui mencionadas, pois são vivências espirituais e ancestrais da própria humanidade.

Por último, abordaremos a questão do diálogo entre as religiões, ou os movimentos ecumênicos.

Muitos esforços têm sido realizados para a aproximação e o diálogo entre os sistemas religiosos, que resultam em discussões, encontros e liturgias ecumênicas. Nas várias divisões do segmento cristão isso parece ser mais fácil e vai se tornando mais difícil à medida que engloba outras manifestações religiosas. Aproximações entre a Igreja Católica Romana e as igrejas protestantes históricas, como a metodista, luterana, anglicana, presbiteriana, entre outras, têm se mostrado mais fáceis, pois a linguagem é muitas vezes a mesma. Já aproximações com o judaísmo, o budismo e o islamismo, em relação ao candomblé e à umbanda, são bem mais problemáticas, por serem tradições fortemente monoteístas as primeiras e politeísta as segundas.

Do ponto de vista das religiões dos povos originários, de matriz africana e afro-indígenas, o que antes era perseguição tornou-se diálogo e esforço de compreensão. Construindo-se uma linha imaginária com graduações entre a umbanda e o candomblé, temos graus de aproximação das linguagens, graças principalmente ao processo de sincretismo ocorrido ao longo dos séculos.

Muitas vezes esses diálogos resultam em cultos ecumênicos que denotam o esforço por se construir o diálogo, mas que, a nosso ver, ainda não é um culto, e sim uma roda de conversações, uma vez que não se realiza nenhum ritual específico de uma ou de outra das religiões presentes. Em termos de ritual não é nem uma coisa, nem outra. Não retiramos o seu valor enquanto intenção de aproximação e respeito, mas parece que fica um tanto na superfície do envolvimento religioso dos participantes.

Gostaríamos de postular o conceito de indivíduo ecumênico, ao invés de ecumenismo institucional. O diálogo entre as religiões é muito salutar e importante, porém não nos parece adequada a ideia de unificação dogmática e ritual. Caso isso ocorra, e talvez receba impulso pelo sentido geral de globalização presente na atualidade em nossa sociedade, entraremos em uma indiferenciação das religiões.

É legítimo o esforço de pessoas como Mãe Stella e outras por manter as tradições do culto, impedindo que se percam suas raízes míticas e históricas. Nessa postura, é importante que cada segmento religioso se mantenha fiel à sua tradição espiritual. Não nos parece possível criar racionalmente um rito que englobe, por exemplo, o catolicismo romano e o budismo tibetano, uma vez que se originam de estruturas históricas, antropológicas e sociológicas diferentes. Um rito assim não satisfaria nem a um, nem a outro, mas servirá de demonstração de diálogo, correndo o risco de se tornar um ato determinado somente pela persona, sem participação da Alma.

Por outro lado, se o sentimento ecumênico for desenvolvido nas pessoas, por meio do conhecimento de sua própria religiosidade interior e da compreensão de que a divindade tem muitas máscaras, nas palavras de Campbell (1999), será possível identificar a presença imanente do Sagrado em todas as expressões religiosas.

Nessa linha de pensamento, podemos afirmar que as várias estruturas religiosas, com seus mitos e ritos, são linguagens diferenciadas por aspectos culturais e antropológicos (filtros culturais) para se acessar conteúdos espirituais da Alma humana. Uma postura ecumênica proporcionará o trânsito nos diversos sistemas e linguagens religiosas, compreendendo seu paradigma e estrutura. Estamos falando da lógica de redes, em que, estando de posse de uma chave de identificação e conhecendo a linguagem dos sistemas da rede, é possível transitar por elas sem muitos problemas.

Um sistema de chaves que propomos para esse trânsito é o conhecimento da profundidade religiosa da própria Alma e dos aspectos simbólicos e arquetípicos constituintes da psique humana, bem explanados por Carl Gustav Jung.

Finalizamos este breve trabalho sugerindo àqueles que se interessam pelos temas aqui expostos que se aprofundem no estudo da psicologia arquetípica e das religiões. Nas referências são indicadas obras de cunho psicológico, social e antropológico de muito valor para o pesquisador.

Acreditamos que, muito longe de fechar este assunto, tenhamos contribuído para acrescentar reflexões sobre o culto aos Orixás e suas relações com a psicologia analítica, e esperamos que este trabalho sirva de incentivo aos psicólogos e pesquisadores brasileiros para novas e mais aprofundadas pesquisas. Esperamos que também seja útil para os analistas que trabalham em nossa sociedade, para compreenderem melhor a profundidade de símbolos ocasionalmente presentes em sonhos ou no atendimento de pessoas que tenham experiência com esta forma de expressão religiosa.

Este trabalho foi impulsionado pela necessidade de se construir uma compreensão mais aprofundada das representações simbólicas presentes na história que forma o complexo cultural brasileiro, sejam conteúdos indígenas, europeus ou africanos, com suas maravilhas, sofrimentos, cores, sabores e dores, e muita dívida a ser resgatada. Nesse contexto, o presente trabalho se insere na construção do resgate de aspectos desvalorizados e discriminados da nossa cultura.

E ainda há muito por se construir.

Orí Àṣẹ!

Referências

3333 pontos cantados e riscados. (2006). Pallas.

Adékòyà, O.A. (1999). *Yorubá: tradição oral e história.* Terceira Margem.

Aflalo, F. (1996). *Candomblé: uma visão do mundo.* Mandarin.

Alva, A. (2006). *O livro dos Exus.* Eco.

Armstrong, K. (1994). *Uma história de Deus.* Cia. das Letras.

Augras, M. (1980). *A dimensão simbólica: O simbolismo nos testes psicológicos.* Vozes.

Bastide, R. (1985). *As religiões africanas no Brasil.* Pioneira.

Bernd, Z. (1988). *O que é negritude.* Brasiliense.

Bíblia Sagrada (2016). *Nova tradução na linguagem de hoje.* Paulinas.

Bilibio, M.A. (2018). *Ecopsicologia.* Sítio Amazoel. Recuperado em 10 de agosto de 2021 www.sitioamazoel.wordpress.com/2018/05/27/introducao-a-ecopsicologia-com-marco-aurelio-bilibio

Birman, P. (1985). *O que é umbanda.* Brasiliense.

Braga, J. (1995). *Ancestralidade afro-brasileira – O culto de Babá Egum.* Edufba, Ianamá.

Bueno, E. (2012). *Brasil: uma história.* Leya.

Byington, C. (1984). A psicose matriarcal. *Junguiana,* (2), 2-42.

Cacciatore, O.G. (1977). *Dicionário de cultos afro-brasileiros.* Forense Universitária.

Cambray, J., & Carter, L. (Orgs.). (2020). *Psicologia analítica*. Vozes.

Campbell, J. (1999). *A imagem mítica*. Papirus.

Campbell, J., & Moyers, B. (1990). *O poder do mito*. Palas Atena.

Carneiro, E. (1991). *Religiões negras – Negros bantos*. Civilização Brasileira.

Cascudo, L.C. (1993). *Dicionário do folclore brasileiro*. Itatiaia.

Chevalier, J., & Gheerbrant, A. (1990). *Dicionário de símbolos*. José Olympio.

Contrucci, V.S.S. (1995). *Ao passar das caravanas... ciganas...* Zenda.

Cordeiro, T. (2018). *Os primeiros brasileiros*. Abril.

Damaso, C.R., Hendges, I.M., & Castro Jr. T. (2007). *Hermes, Tot, Ganesh e Exu: os mensageiros dos deuses, psicopompo* [Monografia, Facis e Icep].

Davidson, H.R.E. (2004). *Deuses e mitos do norte da Europa*. Madras.

De Lascio, E. (2000). *Candomblé: um caminho para o conhecimento*. Cristális.

Dourley, J.P. (1987). *A doença que somos nós*. Paulinas.

Ehrman, B.D. (2014). *Como Jesus se tornou Deus*. Leya.

Ehrman, B.D. (2008). *Evangelhos perdidos*. Record.

Eliade, M. (1987). *Imágenes y símbolos*. Taurus.

Fausto, B. (1995). *História do Brasil*. Edusp.

Filloux, J. C. (1988). *O inconsciente*. Martins Fontes.

Frisotti, H. (1996). *Passos no diálogo – Igreja Católica e religiões afro–-brasileiras*. Paulus.

Gaeta, I. (Org) (2024). *A clínica junguiana no século XXI: Jung hoje*. Stacchini.

Gambini, R. (1988). *O espelho índio*. Espaço e Tempo.

Giovannini, L, & Sgarbossa, M. (1997). *Um santo para cada dia*. Paulus.

Groesbeck, C.J. (1983). A imagem arquetípica do médico ferido. *Junguiana, 40*(1), 11-32.

Hampâté Bâ, A. (1982). A tradição viva. In J. Ki-Zerbo (Ed.). *História geral da África I: Metodologia e pré-história da África. Ática/*Unesco.

Harner, M. (1989). *O caminho do xamã.* Cultrix.

Hinnells, J.R. (1989). *Dicionário das religiões.* Cultrix.

Jacobi, J. (1986). *Complexo, arquétipo, símbolo na psicologia de C.G. Jung.* Cultrix.

Julien, N. (2002). *Minidicionário compacto de mitologia.* Rideel.

Jung, C.G. *Obra completa (OC).* Vozes.

Jung, C.G. (1975). *Memórias, sonhos, reflexões.* Nova Fronteira.

Jung, C.G. (1980). *O homem e seus símbolos.* Nova Fronteira.

Kidder, D. P. (1941). *O Brasil e os brasileiros: esboço histórico e descritivo.* Companhia Editora Nacional.

Kloppenburg, B. (1964). *Espiritismo: orientação para os católicos.* Loyola.

Lara, S.H. (2021). *Palmares & Cucaú: o aprendizado da dominação.* Edusp.

Ligiéro, Z. (1993). *Iniciação ao candomblé.* Record.

Ligiéro, Z. (2004). *Malandro divino.* Record/Nova Era.

Lurker, M. (1993). *Dicionário dos deuses e demônios.* Martins Fontes.

Marques, R. (2008). O *benzimento cristão – Um estudo arquetípico da arte de benze* [Monografia, Instituto de Psicologia Analítica de Campinas].

Martins, A. (2005). *Lendas de Exu.* Pallas.

Meyer, M. (1993). *Maria Padilha e toda a sua quadrilha.* Duas Cidades.

Miranda, P. (2008). *Todo mundo quer umbanda* [CD registro fonográfico]. Ayom Records.

Moreno, D.C. (2022). *Mitos iorubás sob a ótica da psicologia analítica* [TCC de conclusão de especialização, Universidade Estadual de Campinas].

Moura, C.E.M. (Orgs.). (2004). *Candomblé, religião de corpo e alma.* Pallas.

Mussa, A. (s.d.). O mito de Elegbara. *Orixás Especial, (13)*.

Oliveira, H. (Org.). (2020). *Morte e renascimento da ancestralidade indígena na alma brasileira*. Vozes.

Passos, M.M. (2003). *Exu pede passagem*. Terceira Margem.

Pereira, C.C. (1991). *Lendas e histórias ciganas*. Imago.

Pieri, P.F. (2002). *Dicionário junguiano*. Paulus/Vozes.

Prandi, R. (1991). *Os candomblés de São Paulo*. Hucitec/Edusp.

Prandi, R. (Org.). (2001a). *Encantaria brasileira*. Pallas.

Prandi, R. (2001b). *Mitologia dos Orixás*. Cia. das Letras.

Prandi, R. (2005). *Segredos guardados*. Cia. das Letras.

Redinha, J. (1984). *Instrumentos musicais de Angola*. Instituto de Antropologia.

Ribeiro, L.M.P. (2011). Negros islâmicos no Brasil escravocrata. *Cadernos Ceru, 22*(1), 287-304.

Rivas, M.E.G.B.M. (2013). *O mito de origem*. Archè.

Rogers, C.R. (1983). *Um jeito de ser*. EPU.

Rolim, F.C. (1987). *O que é pentecostalismo*. Brasiliense.

Salami, S., & Ribeiro, R.I. (2011). *Exu e a ordem do universo*. Oduduwa.

Samuels, A., Shorter, B., & Plaut, F. (1988) *Dicionário crítico de análise junguiana*. Imago.

Sangirardi Jr. (1988). *Deuses da África e do Brasil*. Brasileira.

Santos, D.M. (1988). *História de um terreiro nagô*. Max Limonad.

Santos, J.E. (2012). *Os nagô e a morte*. Vozes.

Santos, M.S.A. (2010). *Meu tempo é agora*. Assembleia Legislativa do Estado da Bahia.

Segato, R.L. (1995). *Santos e daimones*. UnB.

Serra, O. (1995). *Águas do rei*. Vozes/Koinonia.

Sharp, D. (1990). *Tipos de personalidade.* Cultrix.

Sharp, D. (1993). *Léxico junguiano.* Cultrix.

Silva, D.A. (s.d.). *Chica da Silva.* Brasil Escola. Recuperado em 15 de dezembro de 2021 de https://brasilescola.uol.com.br/historia/chica-silva.htm

Silva, P.R. (1986). *Jung, a gente se vê em Olinda.* Brasiliense.

Silva, V.G. (1995). *Orixás da metrópole.* Vozes.

Simas, L.A. (2022). *Umbandas, uma história do Brasil.* Civilização Brasileira.

Sodré, M., & Lima, L.F. (1996). *Um Vento Sagrado.* Mauad.

Spalding, T.O. (1965). *Dicionário de mitologia greco-latina.* Itatiaia.

Stewart, R.J. (1989). *Música e psique.* Cultrix.

Stumer, T.C.F. (1995). *Contos da América do Sul.* Paulus.

Tame, D. (1986). *O poder oculto da música.* Cultrix.

Teixeira, C.M. (Org.). (2023). *Fontes Franciscanas* (4. ed.). Vozes.

Tommasi, T. (1992). *Santa Bárbara.* Paulinas.

Trepach, R. (2018). *Histórias não contadas.* Harper Collins.

Valla, V.V. (Org.). (2001). *Religião e cultura popular.* DP&A.

Van der Poel, F. (1988). *O negro e a religião* [artigo sem fonte].

Van der Poel, F. (1979). Com Deus me deito, com Deus me levanto. *Coleção Estudos da CNBB*, (17).

Van der Poel, F. (2013). *Dicionário da religiosidade popular.* Nossa Cultura.

Verger, P.F. (1986). *Orixás, deuses iorubás na África e no Novo Mundo.* Corrupio/Círculo do Livro.

Verger, P.F. (1994). *As senhoras do pássaro da noite.* Edusp.

Verger, P.F. (1987). *Lendas africanas dos Orixás.* Corrupio.

Vogel, A., Mello, M.A.S., & Barros, J.F.P. (1993). *A galinha d'angola – Iniciação e identidade na cultura afro-brasileira.* UFF/Pallas.

Wulfhorst, I. (1989). *Discernindo os espíritos – O desafio do espiritismo e da religiosidade afro-brasileira.* Vozes.

Zacharias, J.J.M. (2002). *Vox Dei, o simbolismo do órgão no cristianismo ocidental.* Vetor [Sattva, 2021 (eBook)].

Zacharias, J.J.M. (2006). *Tipos, a diversidade humana.* Vetor.

Zacharias, J.J.M. (2010). *O Compadre, uma análise psicológica possível de Exu.* Vetor.

Zacharias, J.J.M. (2014). Uma breve análise psicológica de Exu. In W. Boechat (Org.). *A alma brasileira: luzes e sombra.* Vozes.

Zacharias, J.J.M. (2018). O tecido multicultural brasileiro. In H. Oliveira (Org.). *Desvelando a alma brasileira.* Vozes.

Zacharias, J.J.M. (2019a). *Exu, meu compadre, uma abordagem analítica.* Sattva.

Zacharias, J.J.M. (2019b). *Os tipos psicológicos junguianos.* AJB/Sattva.

Zacharias, J.J.M. (2020). A divinização do excluído, o caboclo na umbanda. In H. Oliveira (Org.). *Morte e renascimento da ancestralidade indígena na alma brasileira.* Vozes.

Zacharias, J.J.M. (2021). *Monoteísmo e politeísmo: um ensaio em psicologia analítica.* Sattva.

Zacharias, J.J.M. (2023a). Obá: O trauma do abandono e a fúria projetada no masculino. In I. Gaeta (Org.). *Jung na clínica: trauma.* Stacchini.

Zacharias, J.J.M. (2023b). Umbanda a divinização dos excluídos. *Patrimônio e História, 19*(1), 217-236.

Conecte-se conosco:

 facebook.com/editoravozes

 @editoravozes

 @editora_vozes

 youtube.com/editoravozes

 +55 24 2233-9033

www.vozes.com.br

Conheça nossas lojas:

www.livrariavozes.com.br

Belo Horizonte – Brasília – Campinas – Cuiabá – Curitiba
Fortaleza – Juiz de Fora – Petrópolis – Recife – São Paulo

  Vozes de Bolso

EDITORA VOZES LTDA.
Rua Frei Luís, 100 – Centro – Cep 25689-900 – Petrópolis, RJ
Tel.: (24) 2233-9000 – E-mail: vendas@vozes.com.br